문학, 서사, 기호

문학 서사 기호

LITERATURE
NARRATIVE
SIGN

정경운 지음

문학들

| 머리말 |

서사학을 공부한답시고 시작한 것이 벌써 십수년이 넘었다. 그동안 우여곡절, 좌충우돌도 많았다. 서사학에 관련된 번역서가 별로 없었던 시절엔 짧은 영어로 띄엄띄엄 배워나가다가 지금은 웬만한 연구서는 다 번역되었을 정도로 이 분야에 관한 연구자들도 제법 많아졌다. 전문 학회도 생겼으니 상전벽해라 할 수 있겠다.

이 책은 상전벽해가 일어나기 전 내 좌충우돌의 결과물인 셈이다. 수년 동안 그저 부딪쳐 보자는 심정으로 한 무식한 공부 끝에 나온 학위논문과 여러 논문들을 모은 것이다. 학위논문 나온 지 꽤 오랜 시간이 지났음에도, 이 논문에 사용된 여러 가지 서사학 방법론들은 여전히 쓸 만한 도구라고 판단해 책으로 묶을 생각을 해보았다.

책 내용의 핵심이 되고 있는 역사서사물은 우리나라 근대문학기에서 아주 독특한 집단적 특성을 보여주고 있는 양식이라 할 수 있다. 자본주의적 경제 양식이 정착되던 단계에 신문이나 잡지에 연재되었다는 점, 그리고 일제의 문화정치가 막을 내리고 국내외 정세가 급격하게 경색되던 30년대에 들어와 본격적으로 쏟아져 나왔다는 점이 우리나라 근대 역사서사물이 가진 태생적 조건이었다. 이 조건은 당대 일제 언론탄압으로 인한 검열상의 문제와 역사에로의 현실도피, 독자들의 복고적 취향에 영합하는 문학적 형태라는 혐의로 이어지면서 역사서사물에 대한 부정적 시각을 갖는 데 톡톡한 몫을 하게 된다. 그럼에도 불구하고 30년대 신문연재소설란을 뒤덮으면서 당시 우리 민족들에게 일말의 역사의식을 만들어냈던 것 또한 바로 이 역사서사물들이었다.

이 책은 근대기 당시 범 대중적 문화로 자리 잡고 있었던 역사서사물이 갖고 있는 가독성(readability)에 주목, 그 대중적 기호를 잡아내기 위해 어떤 서사적 요소들이 사용되고 있는지를 살피고 있다. 당시 문단의 대중스타라 할 수 있는 이광수, 김동인, 박종화, 현진건의 작품들을 대상으로 했다. 이들의 역사서사물에서 보이는 여러 가지 대중적 서사 요소들은 21세기에도 유효한 방법들이라는 점에서 대중 서사물에 관심 있는 이들에게 도움이 됐으면 하는 게 최소한의 바람이라면 바람이겠다.

덧붙여진 뒷부분 글들은 역시 서사구조에 관한 분석 논문들과 그동안 여기저기 학회에 발표했던 논문들을 모은 것들이다.

묶어놓고 보니 심히 부끄러운 생각이 든다. 그렇지만 내 지나온 흔적들을 한번쯤은 정리해놓아야 다음 계단을 밟을 수 있으리라는 우둔한 생각에 마음을 먹고 말았다. 다만 이 흔적들을 만들어내는 데 기반이 되어주신 손광은 교수님께 부끄러운 마음과 함께 엎드려 절을 올리고 싶다. 또 같이 밤을 새워 공부해준 여러 동문선배들과 동료들의 애정이 이 책 행간들 안에 그대로 녹아있음을 잊지 않고 있다. 그리고 무엇보다도 불안한 딸을 노심초사 말없이 바라보시는 우리 부모님. 그 눈길이 내 어깨에 머물러 있는 한 삶의 긴장 또한 늦출 수 없음을 안다.

2005년 9월
정경운

| 차례 |

머리말 • 4

제1부 역사소설의 서사와 기호, 그리고 대중성
  역사소설의 서사와 기호, 그리고 대중성 • 11

제2부 근대 투영으로서의 서사 읽기
  한승원의 『불의 딸』 의미구조 분석 • 235
  '섬'의 신화적 모성성 • 263
  한국 소설에 나타난 테러리즘 • 287
  소설과 폭력 • 311

역사소설의 서사와 기호, 그리고 대중성

역사소설의 서사와 기호, 그리고 대중성

Ⅰ. 서론

1. 문제 제기 및 연구 목적

우리나라에서 근대역사소설은 대략 1920년대부터 창작되기 시작하여 1930년대에 접어들면서 본격적으로 성행하게 된다. 이것들이 갖는 몇 가지 특징은 한국 문학사에서 간과할 수 없는 논의 대상이라는 사실과 동시에 논란의 여지가 있는 문제들을 내포하고 있다는 것을 보여준다.

먼저, 근대역사소설을 창작했던 대부분의 작가들이 근대소설 양식을 주도한 당대 대표적인 소설가들이었다는 점이다. 그리고 문학사적으로 볼 때, 20년대 근대소설의 맹아기에 습작기를 거친 후 30년대 들어 본격적으로 소설의 장편화가 이루어지게 되는데 역사소설 또한 거의 장편형식으로 씌어졌다는 점이다.[1] 세 번째로, 이 소설들이 개화기 전기역사소설들과는 구별되게 이미 자본주의적 경제 양식이 정착되던 단계에 신문이나 잡지에

---

[1] 이광수는 데뷔부터 장편으로 승부를 내고 있지만, 현진건·김동인 등은 20년대에 단편 형식에서 이미 기법적으로 독자적인 위치를 구축해 낸 작가들이었다.

연재되었다는 점, 그리고 시기적으로 20년대에 산발적으로 시작을 보이고는 있지만, 일제의 문화정치가 막을 내리고 국내외 정세가 급격하게 경색되던 30년대에 들어와 본격적으로 쏟아져 나왔다는 점 등이다.

첫 번째는 근대역사소설에 대한 논의의 필요성과 문학사적 위상의 정도를 가늠하는 데 기여할 수 있으며, 두 번째는 작품의 완성도에 대한 신뢰성의 문제와 장편양식과 관련된 주제화의 문제를 내포하며, 세 번째는 상업성의 문제와 결부된다. 그리고 네번째는 당대 역사소설이 갖는 장르론적 존재로서의 정당성 여부[2]와 관련된다.

그러나 이러한 내재적 성격에도 불구하고 식민지라는 특수한 정치적 상황 속에서 근대역사소설이 갖는 양식적 특성 때문에 지금까지의 대부분 논의들은 작품이 드러내는 민족의식 발현 정도와 이를 작가의 역사의식에 결부시키는 데 집중될 수밖에 없었다. 그러나 당대 일제 언론탄압으로 인한 검열상의 문제와 역사에로의 현실도피, 독자들의 복고적 취향에 영합하는 문학적 형태라는 복병이 이 논의의 토대에 의문을 제기해 온 것이 사실이며, 또한 이렇게 작품의 주제의식에 천착하는 시각들은 분명 상당한 성과물을 수반하고 있긴 하지만, 유사한 논의의 수준을 넘어서지 못하고 있는 한계를 지니고 있다.

또 한편으로, 근대역사소설에 대한 접근시각으로 뚜렷하게 자리 잡고

---

[2] 이는 당대에 역사소설이 보여주는 양태에 대해 두 개의 대립적인 견해로 나타나게 되는데, 하나는 30년대의 정치적 위기 속에서 보여지는 일종의 '현실 도피'의 형식이라는 측면과 또 다른 하나는 '당대 현실의 문제를 객관화시켜 효과적으로 제시'(한식)한 형식이며 또한 당대 현실에 대해 직접적인 비판이 불가능한 경우에 과거에서 소재를 빌어 표현한 것(현진건)이라는 측면이다. 이는 후에 연구자들의 논의에까지도 영향을 미치게 되는데, 후자는 이후의 역사소설에 대한 연구자들의 논의 속에서 민족정신의 고취라는 측면으로 수렴되며, 전자는 역사소설에 대한 의의에 대해 끊임없이 의문을 제기하게 만드는 근본 원인으로 작용하여 역사소설을 본격문학의 영역에서 제외시키는 경향을 배태시키게 된다.

있는 것이 루카치의 역사소설론[3]에 기댄 논의들이다. 이들의 초점은 '인물'에 맞추어져 있다. 루카치의 이론의 핵심개념인 '중도적 주인공'이라는 잣대로 근대역사소설에 대한 분석을 시도하는데, 특히, 조선조 영웅소설의 영향을 받은 우리나라 근대역사소설들의 대부분의 주인공들이 역사상의 지도자에 해당하는 인물들이라는 사실에서, 그 논의의 결론을 쉽게 짐작할 수 있다. 그들의 재단비평은 기실 홍명희의 『임꺽정』을 제외하고는 근대역사소설에 대한 객관적 접근의 통로를 사전에 폐쇄시켜버리는 우려를 범하고 있다.

따라서, 지금까지의 연구들이 주제의식과 관련된 논의를 중심으로 진행되어 온 바, 한편으로는 역사소설이 갖는 집단적인 특질이라든가 주제화에 기여하는 여러 가지 형식적 기능들에 대해 도외시해 왔던 것이 사실이다. 특히, 당대 역사소설이 갖는 형식적 특질들에 대한 해명 없이 당대 논평들에 기대어 궁중비화 중심의 서술, 삽화의 무차별 사용, 인물 심리의 파탄 과정, 남녀 애정의 파행적 전개 등을 이유로 역사소설이 갖는 특질들을 '통속성'으로 싸잡아 매도하는 문제점을 노출하고 있다. 이러한 비합리적 시각은 문학사내에서 근대역사소설의 존재의 정당성을 무력화시키는 데 일조해 온 것이 사실이다. 근대역사소설이 통속성의 혐의를 받는 한 정당한 문학사적 위상을 정립한다는 것은 요원할 수밖에 없으며,[4] 논의의 초점 또한 주변화될 수밖에 없다.

---

[3] 루카치는 역사소설의 목적이 시대의 문제를 요약하고 있는 개인의 운명을 묘사하는 것이라고 주장한다. 이때 시대의 문제란 노동계급이나 민중적 환경에 의해서만 묘사될 수 있으며, 민중적 혹은 하층계급이 소설의 중심이 되어야 한다고 본다. 따라서, 역사에 있어서의 위인은 소설에 있어서 주된 인물이 되어서는 안 되며, 부수적 인물로서 삽화적으로 등장해야 하며, 진정한 역사소설이란 '중도적 주인공'이 등장해야 한다고 역설한다. (G. Lukacs, 『역사소설론』, 이영욱 역, 거름, 1987, 참조.)

이에 본 서는 근대기의 역사소설의 형식적 특질을 구명하는 데 목표를 두고, 이러한 특질들이 텍스트의 주제화에 어떻게 기여하고 있는 지를 밝힐 것이며, 나아가 근대역사소설이 작가의 창작의도와 독자들의 기대지평의 관계 속에서 어떻게 사회적 기능을 담당하게 되었는지를 고찰하고자 한다. 논의의 전개는 물론 근대역사소설이 갖는 대중성과의 관련 속에서 진행될 것이며, 이러한 일련의 작업은 지금까지 통속소설로 치부되어 온 근대역사소설의 문학적 위상을 자리매김하는 데 일조하게 되리라 생각한다.

먼저 형식적 측면의 고찰을 위해, 소설은 하나의 '허구적 서사물'[5]이라는 전제하에 역사소설에 대한 서사학적 접근을 시도한다. 역사소설이라는 것이 결국은 역사에서 소재를 취하여 허구적으로 꾸며놓은 이야기로 구성되어 있다는 점에서 역시 서사물의 형식으로 존재한다. 허구적 서사물은 '누군가'가 '무엇'인가를 '이야기'한다는 점에서 사건과 그 언어적 재현, 구술 또는 기술의 행위 등 그 기초적인 국면들이 구분된다. 이 국면들은 각각 '이야기(story)', '서사(text)', '서술(narration)'[6] 명칭으로 불리운다. '이야기'는 기의 혹은 서사내용에 해당되며, '서사'는 기표 혹은

---

4) 당대의 논평들은 신문소설=대중소설=통속소설이라는 공식화를 보여주고 있는데, 사실 이러한 공식화가 다양한 층위의 요소들을 지니고 있는 문학적 상황을 한 가지 현상으로 일반화시켜버리는 오류를 범할 수 있음에도 불구하고, 이에 근거해 작품에 대한 면밀한 분석 없이 통속적 요소에 부합되는 것처럼 보이는 몇 가지 장면들만 제시함으로써 이를 증명하려드는 연구 태도는 지양되어야 할 것이다.

5) 롤랑 바르트는 신화·전설·우화·설화·소설류·서사시·역사·비극·추리극·희극·무언극·회화, 영화, 뉴스, 일상 대화 등과 같은 무수한 형식의 서사물이 세상에 존재하며, 이러한 형식들을 통해 초국가적·초역사적·초문화적으로 존재한다고 보았다.(롤랑 바르트, 『이야기의 구조적 분석 입문』, 김치수 편역, 『구조주의와 문학비평』, 홍성사, 1987, pp. 91~92. 참조.)

서사물은 "현실 또는 허구의 사건(events)과 상황들(situations)은 하나의 시간연속(a time sequence)을 통해 표현한 것"(G. Prince, 『서사학-서사물의 형식과 기능』, 최상규 역, 문학과 지성사, 1988, p.12.)이라고 정의할 수 있다. 이 중에 '허구적 서사물(narrative fiction)'은 특히 '일련의 사건들'을 재현시킨다는 의미에서 다른 문학 텍스트와 구별된다.

6) S. Rimmon-Kenan, 앞의 책, p.14.

우리가 읽는 대상물 그 자체로서, 사건들을 이야기하는 행위의 기능을 하는 구술 또는 기술된 담화이며, '서술'은 서술행위를 생산해 내는 것을 의미한다. '허구적 서사물'의 세 가지 국면 가운데 독자가 직접 접할 수 있는 것은 '서사(text)' 뿐이다. 그리고 독자가 '이야기'와 그 '서술'에 관한 지식을 획득하는 것 또한 이 '서사'를 통해서이다. 그러나 다른 한편으로 '서사'는 그 자체가 이 두 가지 국면에 의해 한정된다. 즉, 서사가 이야기를 말해 주지 않는다면 그것은 서사물이 될 수가 없고 서술되거나 기술되지 않는다면 '서사'가 될 수 없는 것이다. 사실 이야기와 서술은 서사의 두 가지 환유라고 볼 수 있는 것으로, 이야기는 그 서술 내용을 통하여 서사를 환기시키고, 서술은 그 제작과정을 통하여 서사를 환기시킨다.[7] 이렇듯 세 국면은 각각 서사와 이야기의 관계, 서사와 서술의 관계, 서사 담론 속에 새겨진 이야기와 서술의 관계 등을 통해 서사학적 접근의 통로를 제공한다.

그러나 이 모든 관계들은 서사물이 구술이든 기술(언어적 서사물)이든 간에 '무엇'이 '누군가'에 의해 전달된다는 의미에서 소통상황 속에 놓여 있음을 간과해서는 안된다. 모든 진술들은 누군가에 의해 매개되기 마련이다. 그리고 전달한다는 행위는 전달받는 대상을 전제한다. 즉 서사물은 송신자와 수신자를 내포한 커뮤니케이션 상황 속에 놓여 있는 것이다. 이를 정리하자면, 전달내용으로서의 '이야기'가 송신자에 의해 수신자에게 전달되는 소통과정 안에 '서사'가 존재하며, 그 전달내용을 전달하는 데 사용되는 매체의 언어적 성질이 '서술'인 셈이다.

---

[7] 위의 책, p.15. 참조.
G. Genette, 『서사담론』, 권택영 역, 교보문고, 1992, p.18. 참조.

이에 본 서는 이러한 소통상황 안에 서사물이 놓여 있음을 전제하고, '이야기'와 '서사'에 관련된 형식의 문제, 즉 '서사 전략(narrative strategy)'[8]이랄 수 있는 서사구조의 층위와 이를 이끌어가는 '서술'의 주체인 서술자[9]의 층위가 어떻게 소통적 기능을 하는 지를 구명하게 될 것이다. 이 연구는 당대 대중성을 확보하고 있었던 역사소설의 양식적 특질을 밝힘과 동시에 통속성의 혐의를 벗기는 데 일조하게 될 것이다.

2. 연구 범위 및 연구방법

앞에서 밝혔듯이 본 서는 텍스트를 특수하게 구조화된 사건이나 줄거리 연관 관계로 하나의 소재나 서술대상을 '옮겨놓고', 동시에 특정 소통상황에서 출발하고 있는 것으로 이해한다. 이때 특정 소통상황이란 작가가 특정한 서술방식을 사용하여 자신의 독자나 청자로 하여금 하나의 사건을 상징적으로 변형된 의미 전체로 인식할 수 있게 하는 상황[10]이다.

작가가 작품을 통해 독자에게 전달하고자 하는 의도를 가지고 있다는 사실은 명백한 것이고, 그것은 하나의 의식, 의미를 전달하려는 의도로 귀결된다. 모든 담론과 마찬가지로 서사는 반드시 누군가에게 말을 보내며

---

[8] "이야기를 보고할 즈음에 지키는 일련의 수속, 혹은 어떤 특정한 목적을 달성하기 위해서 사용되는 이야기의 일련의 궁리"를 의미한다.(G. Prince, 『서사학사전』, 이기우·김용재 역, 민지사, 1992, p.175. 참조.)

[9] 서술자가 작가와 구별된다는 것은 명백하며, 이때 "서술자는, 그의 목소리가 아무리 최소한으로 환기되고 또 그것을 듣는 청중들의 귀가 아무리 드물게 환기될지라도, 실제적으로 이야기를 청중에게 말해주는 누군가만을 의미"(S. Chatman, 『영화와 소설의 서사구조』, 김경수 역, 민음사, 1992, p.37.)하는 것이다.

[10] 허창운 편저, 『현대문예학의 이해』, 창작과 비평사, 1989, p.214.

그 이면에 늘 누군가를 향한 호소가 담겨 있다는 것은 새삼 강조할 필요조차 없다. 즉 하나의 서사물은 송신자와 수신자를 상정하는 일종의 커뮤니케이션이다. 바로 이런 측면에서 채트먼(S. Chatman)은 서사적 의사소통 상황을 다음과 같이 제시하고 있다.

서사적 텍스트

실제작가 ┈┈▶ │ 내포작가 → (서술자) → (수화자) → 내포독자 │ ┈┈▶ 실제독자[11]

서사물을 경험하는 데 결정적인 이들의 관계는 송신자와 수신자라는 관계로 대응되어 있으며, 실제작가와 실제독자는 '서사 거래(narrative transaction)'에서 제외된다. 텍스트 안에서 이 둘은 '내포독자'와 '내포작가'라는 대리자에 의해 대표된다. 오직 내포작가와 내포독자만이 작품에 내재적이며, 텍스트를 통한 서사적 관계를 구축한다. 실제작가와 실제독자도 대화를 하긴 하지만, 그러나 그들의 내포된 대응인들을 통해서만이다. 수화자, 내포독자, 실제독자가 모두 소통과정의 수신자임에도 불구하고, 수화자는 임의적으로 나타나며,[12] 실제독자는 텍스트에서 제외되고 그 대리인이 내포독자이기 때문에, 사실상의 수신자는 '내포독자'로 집중

---

[11] 사각형은 내포작가와 내포독자만이 서사물에 내재적인 것이며, 서술자와 수화자는 임의적임을 나타낸다. 실제작가와 실제독자는, 비록 궁극적으로는 실제적인 의미에서 서사적 교호작용에 불가결하기는 하지만, 서사적 교호작용 외부에 처한다.(S. Chatman, 앞의 책, p.183. 참조.)

[12] 텍스트에서 수화자가 인물로 명시되어 드러난다 할지라도, 이때 인물인 수화자는 내포작가가 실제독자에게 내포독자로서 수행하는 역할을 알려주는, 즉 어떤 세계관을 채택해야 하는 지를 알려주는 단 하나의 장치일 뿐이다.(위의 책, p.182. 참조.) 만약 수화자가 인물이 아니라면 그때 수화자는 내포독자와 동일한 존재이다.

될 수밖에 없다.

볼프강 이저는 '내포 독자'를 독자의 형태·역할이 미리 결정지워져 있지 않고 텍스트 구조의 결과로 생겨나는, 즉 아직 정해져 있지 않은 텍스트의 구조에 얽혀져 생겨날 '연루된 독자'로 설명한다. 이것은 텍스트가 그 수용 조건으로 제시하고 있는 가능한 독자로 텍스트 구조의 방향 제시에 따라 생겨나게 될 독자이다. 즉 독자가 '구조'의 정리된 지시에 따라 텍스트의 의미지평으로 기능을 구성할 수 있는 가운데서 텍스트를 수용한다는 뜻이다. 작가를 통해 이루어지는 텍스트의 의미생산은 독자의 형태와도 관련되어 있으므로 '내포 독자'는 창작 작품 속에서 이루어지는 의미 생산의 대상이다. 다시 말해, 이 독자의 역할은 바로 텍스트 구조의 안 자체에 들어 있는 셈이며, 텍스트 구조의 심미적 효과에까지 연루되어 있다. 따라서 텍스트 구조의 안은 곧 독자 구조의 안이며, 동시에 텍스트 구조의 안이기도 하다. 이와 같이 텍스트에 의해 제안된 '내포 독자'는 결코 '실제 독자'를 추상화한 것이 아니고, 오히려 '실제 독자'가 이 제안된 역할에 맞추려 할 때 생기는 알력을 전제 조건으로 한다. 다시 말해서, 내포 독자는 텍스트에 의해 제공된 역할과 실제독자 자신의 기질 사이의 생산적인 긴장에서 생겨난 개념인 것이다. 따라서 그는 텍스트 수용자에게 제시된 가장 적극적인 구성 행위를 할 수 있다.[13] 이후 본 서에서 쓰이는 '독자'는 바로 이러한 성격의 내포독자를 의미하게 된다. 그리고 앞으로 논의는 서사의 주요 구성인자들과 위에서 설명한 독자와의 관련 하에서 그 소통기능의 가능성들을 살피게 될 것이다.[14]

---

13) 차봉희 편저, 『수용미학』, 문학과 지성사, 1985, pp.77~78 참조.
    S. Chatman은 내포독자를 '서사물 자체에 의해 예상된 청중'으로 규정한다.

먼저, 누가 독자에게 전달하느냐는 서술자의 층위에 관련된 논의이다. 여기서는 서사시간과 이야기시간 사이의 불일치 때문에 필연적으로 생겨나는 서술 수준과 관련된 서술자 유형과 서술자의 지적 수준과 관련된 신빙성의 문제, 이야기에 대한 침입 정도, 서사 대상이나 수화자로부터의 거리 등을 고찰한다. 이러한 서술의 유형들은 독자가 이야기를 이해하는 정도나 그 이야기에 대한 태도를 결정하는 중요한 요인이 될 수 있다.

두 번째로, 독자가 독서과정을 통해 의미를 축조화낼 수 있는 통로인 서사의 구조와 구성방식에 관한 것이다. 서사가 그것이 생겨난 세계와 관련되어 있다고 볼 때, 서사 바깥세계로부터 어떤 요소들이 서사 내에 취해졌는가, 이 요소들은 서사 내에서 어떤 유형의 창작과정을 거쳤는가, 이와 같은 요소들의 정리·조립 과정에는 어떤 절차가 주축을 이루고 있는 가를 밝혀야 할 것이다. 소통 개념에는 텍스트와 독자 간의 상호작용의 모델이 기초를 이루고 있다. 이것은 독자가 텍스트를 수용한다는, 즉 독자가 '구조'의 정리된 지시에 따라 텍스트의 의미지평으로 기능을 구성할 수 있는 가운데서 텍스트를 수용한다는 뜻이다. 소통중심적인 관찰은 문학텍스트를 하나의 과정이라고 볼 수 있게 한다. 이 과정성은 텍스트와 독자 간의 관계를 결정하고 있는 상호작용의 개념으로부터 생겨난다.[15]

세 번째, 서사 내의 하나의 구조물로서의 인물 구성에 관한 문제이다. 인물은 독자들에 의해 원래의 구성에서 공표되고 암시된 증거로부터 재구되는 것으로, 결국 서사의 진행은 인물의 행위와 관련되는 것이기 때문에

---

14) 서사 내에서 구성인자들이 독자와의 관련 하에 있다는 것은 다양하게 제시될 수 있다. 소급제시는 흔히 독자에게 필요한 정보를 제공하기 위해 사용되고, 사전제시는 독자의 예상을 유발하기 위해 사용된다. 또 스토리는 독자에 의해 추상(abstract)되고, 작중 인물들은 텍스트-연속을 따라 산재해 있는 여러 가지 지시 사항들을 근거로 해서 구성된다.

텍스트의 구성요소로서 간과될 수 없는 요소이다.

본 서의 텍스트 분석은 이와 같이 텍스트를 구성하는 각 층위에 대한 면밀한 검토를 바탕으로 행해지게 된다.

먼저, Ⅱ장에서는 역사소설에서 전반적으로 보여지는 형식을 중심으로 구조와 인물구성에 관련된 서술 특징들을 다룰 것이다. Ⅲ장에서는 각 작가의 독특한 서술방식과 서사구조를 밝히는 데 주력한다. 이는 작가들의 변별성과 더불어 역사소설을 통해 의도한 작가의 주제의식까지 드러내는 데 도움을 줄 것이다. Ⅳ장에서는 이러한 형식과 기능들이 역사소설이라는 독특한 장르와 긴밀하게 연결되면서 당대에 어떤 담론적 위치와 기능을 가지고 있었는지를 살핀다. 서사 소통 연구는 서사적 메시지가 형성되는 과정뿐 아니라, 그 메시지의 기능까지도 내포[16]하기 때문이다. 이와 같은 연구는 근대역사소설이 당대에 갖는 존재론적 의미를 밝혀내는 데 중요한 단서가 될 수 있다.

연구 범위는 1920년대부터 해방 이전까지 발표되었던 역사소설 중 지금까지 연구자들에 의해 지속적으로 연구되어 온 작품을 대상으로 한다. 이광수의 『원효대사』, 『이차돈의 사』, 『단종애사』, 김동인의 『젊은 그들』, 『운현궁의 봄』, 박종화의 『다정불심』, 『금삼의 피』, 『전야』, 『여명』, 현진건

---

15) 이는 언어가 가진 배열의 선조성과 긴밀한 연관을 갖는데, 이러한 성격 때문에 사물에 대한 정보도 선조적으로 제시될 수밖에 없다. 또 그것은 글자에서 글자로, 단어에서 단어로, 문장에서 문장으로 옮아가는 점차적 진행을 명할 뿐만 아니라, 정보의 분편들이 스토리 속에서 동시적으로 이해되어야 할 때에도 독자들로 하여금 그것들을 순차적으로 지각하지 않을 수 없게 한다. 그러나 서사 텍스트는 이 매체의 선조성으로부터 여러 가지 수사적 효과를 얻어낼 수 있다. 텍스트는 일정한 순서로 항목을 설치함으로써 독자의 이해의 방향이나 태도를 지시하거나 통제할 수 있다. 서두나 말미에 어떤 항목을 갖다 놓는다는 것은 최종적 결과뿐만 아니라 독서과정 자체에 근본적인 변화를 가져오게 된다.(S. Rimmon-Kenan, 앞의 책, pp. 174~176 참조.)
16) D. Cost, *Narrative as Communication*, Minneapolis : Minnesota Univ., 1989, p.4.

의 『무영탑』 등 대략 10여 편을 중심으로 하는데, 이 외에도 서사구조와의 관련성 때문에 원칙적으로 미완성된 작품은 제외되어야 하지만, 꼭 필요할 경우는 서술자의 측면에서만 다루기로 한다.

Ⅱ. 근대역사소설의 서술 양식과 인물 구성

1. 서술 양식

1) 다층적 서술 층위 양상

(1) 서술자 이중조망에 의한 액자구조화

서술하는 관찰자의 위치가 3차원적 공간에 고정될 수 있는 것과 같은 방식으로, 관찰자의 시간적 위치도 많은 경우에 있어서 규정될 수 있다. 작가는 시간을 헤아릴 수도 있으며 그리고 인물들 중 한 사람의 위치에서 연대기적 사건들을 질서있게 정리할 수도 있으며, 또는 그 자신의 시간 계획을 사용할 수도 있다. 서술자가 시간을 조직화하는 방법에는 두 가지가 있을 수 있다. 먼저 다른 시간적 위치에서 사건들의 묘사가 겹치거나(서사물의 전개과정에서 동일한 사건이 다른 시점들로부터 제시됨) 또는 서술자가 철저하게 그 사건들에 가담하는 것(서사물은 완고한 연쇄적 질서 속에서 서술되며, 다른 인물들의 시점들은 다른 설명의 단계에서 사용됨)이다. 그러나 보다 복합적인 형태는 동일한 사건이 동시에 여러 시간적 위치에서 서술되는 경우이다. 즉, 다른 시간적 시점들이 섞여서,

묘사가 일종의 이중노출로 나타나게 되는 경우인데, 이때, 서사물은 이중적 전망 속에 놓이게 된다. 즉 그것은 행위에 가담한 인물 가운데 한 사람 또는 다른 사람의 시간적 전망과 동시에 작가의 시점으로부터 서술될 수 있다.

따라서 이렇게 서술의 형식이 이중적 조망위에 놓이게 되었을 때 서사구조는 필연적으로 액자구조화하게 되어 있다. 텍스트 내에 서술자의 회고를 나타내는 문장이나 양상어들이 들어있음에도 불구하고, 동사의 종지형이 현재형으로 진행되는 장면이 들어있다면 그것은 분명 두 개의 서술자를 전제하기 때문이다.

액자구조를 가진 소설은 흔히 한 명의 서술자가 하나의 이야기를 전달하는 단일구조를 가진 소설에 비해 둘 이상의 서술자를 갖게 된다. 다시 말해서, 액자소설의 서술방식의 특징은 이야기 속에 하나 또는 여러 개의 비교적 짧은 내부이야기를 내포하는 구성형식으로서 내부의 핵심적인 이야기의 바깥에 또 하나의 서술자 시점을 설정함으로써 이중의 서술형태를 드러낸다[17] 는 것이다. 『운현궁의 봄』과 『젊은 그들』은 이러한 액자구조를 비교적 선명하게 보여주고 있다.

①
무술년 이월 초이틀**이었다**.…… **그 날** 운현궁 안의 공기는 그다지 좋지 못하였다.……이 날이 조선 근대의 괴걸이요,……이하응이 별세한 날이다.
조선 오백년 역사에 있어서 조선을 사랑할 줄 알고, 왕가와 서민, 정치가와 백성, 윗사람과 아랫 사람의 지위를 참으로 이해한 단 한 사람인 **우리의**

---

17) 김용재, 『한국 소설의 서사론적 탐구』, 평민사, 1994, p.81. 참조.

위인 이하응의 그 일생을 마친 날이다.

— 『운현궁의 봄』, p. 5

②

…… 그 때에 이활민이라 하는 노인을 당수로 조직된 활민당이라 하는 비밀 결사가 있었다. 벌써 오십여 년을 지난 옛날이며, 그 당수 이활민은 그 당시에 자손이 없이 죽어버렸으매, 활민의 내력은 지금 상고할 바이 없다. ……다만 작자가 이리 저리 모은 것으로 아래와 같은 것만은 독자에게 말할 수가 있다. …… 이것이 광무주 십팔년까지의 활민의 경력의 대략이었다.

— 『젊은 그들』, pp. 6~7

①은 작가적 서술자의 회상으로 시작되는 『운현궁의 봄』 서두로, 작품의 주인공이 되는 이하응의 죽음이라는 역사적 사실을 밝혀놓은 부분이다. ②는 마치 영화의 기법처럼 먼저 과거 이야기가 제시된 뒤 그 인물들이 이제는 모두 죽고 없는 현재에 작가적 서술자가 이야기의 의도를 설명하고 있는 『젊은 그들』의 서두부분이다.

이야기가 앞으로 듣게 될 인물의 죽음으로부터 시작되는 서사물은 이미 주인공의 죽음을 알고 있는 서술자가 그 주인공의 생전의 행적을 회상해나가는 형식을 취하는 게 일반적인데, 이때 서술행위는 주인공의 죽음을 이미 알아버린 서술자와 생전의 주인공의 행적을 현재로 서술하는 서술자에 의해서 이중적으로 이루어지게 된다. 전자는 외부서사를 후자는 내부서사를 각각 이끌면서 텍스트를 액자구조화한다.

『운현궁의 봄』은 시간적으로 후에 일어났던 이하응의 죽음을 먼저 진술하고 난뒤, 생전의 이하응의 행적을 그리는 액자구조를 갖고 있다. 그러나 주인공의 죽음으로 시작되는 서사물들이 대부분 주인공의 죽음 자체가 현재로 제시됨에 비해 『운현궁의 봄』은 내부서사의 주인공이 되는 이하응의 죽음 자체도 회상의 구조 속에 들어가고 있음을 알 수 있다. 외부서사를 이끄는 서술자의 시제는 주인공의 죽음에서 출발하는 현재가 아니라 작가적 서술자의 현실적 시간을 의미한다. 따라서 텍스트가 작가적 서술자의 현실적 시간에 의해 회상되는 주인공의 죽음과, 그 주인공의 죽음보다 더 과거인 생전의 행적 이야기라는 중층적 액자형식을 갖고 있음을 알 수 있다. 주인공의 죽음자체도 회상임을 알리는 지표는 외부서사에서 보여지는 '그 날'이라는 지시소나 '-이었다'라는 종지의 과거형에 의해 뒷받침되고 있다.

　『젊은 그들』또한 "벌써 오십년이나 지난" 지금 작가적 서술자의 현실적 시간에서는 이미 없어져버렸다는 정보와 함께 활민당의 내력에 대해 독자에게 간략하게 설명해주는 부분을 서사물의 초반부에 삽입시키고 있다. 오히려 작품의 서문 정도에 어울릴 만한 이 부분이 서사의 한 부분으로 들어옴으로써 텍스트를 액자구조화시킨다.

　한편, 대부분의 역사소설들은 위의 작품들처럼 선명하게 액자구조를 취하고 있지는 않지만, 서두나 결말부분에 이야기가 서술자의 회상임을 알리는 표지가 삽입되어 있어 액자구조의 가능성을 보여주고 있다.

　　　지금부터 일천 사백년쯤 전 신라 나라 법흥왕때 팔월 가윗 때.
　　　　　　　　　　　　　　　　　　　　　- 이광수, 『이차돈의 사』, 시작 부분

　　　지금부터 사백 구십년 전, 조선을 가장 잘 사랑하시고 한글과 음악과 시표를 지으시기로 유명하신 세종대왕 이십 삼년 칠월 이십 삼일.

- 이광수, 『단종애사』, 시작부분

때는 일천 이백여 년 전, 신라 서울 서라벌.

- 이광수, 『원효대사』, 시작부분

붓대를 마감하여 책상에 던지고, 다시 한번 돌아보니 망망한 상하천고의 사람들의 발자취는 이 여덟가지 정근과 한 속에 헤메이고 있다.

- 박종화, 『금삼의 피』, p. 403

'~년 전'이라는 양상어는 분명 서술자의 회상을 나타내는 기호로 읽힐 수 있으며, 이야기를 끝내고 '그때부터' '지금까지'라는 시간의 경과를 내포한 회상 표현, '다시 한번 돌아보니'라는 명백한 회고적 표현 등 또한 마찬가지다. 따라서 텍스트의 서사는 서술자의 회상 이야기라는 두 겹 이야기 구조가 될 수 있는 것이다. 이는 회상하는 서술자와는 다른 또 다른 서술자 즉 인물의 현재 시간을 따르는 서술자가 있음을 확인하는 데서 더 분명해진다.

그런데 이 기쁜잔치에 그는 또 무슨 궁상을 피우느라고 저 모양을 하는고.

- 『단종애사』, p. 206

이 사람들은 장차 이 일에 어떤 태도를 취할는고.

- 『단종애사』, p. 233

여기서 인용된 문구에서 보여지는 발화의 주체는 회상하는 서술자도 아니고 등장 인물의 발화도 아니다. 이는 인물의 시간차원에 또 다른 서술자가 존재하고 있음을 나타내준다. 결정적으로 인물의 시간과 같은 차원에 놓여있기 때문에 인물과 마찬가지로 서사와 관련된 정보에 관해 동일하게 무지한 양상으로 나타날 수밖에 없는 것이다.

이렇듯 텍스트가 액자구조화된다는 것은 결국 수화자를 향해 무엇인가를 전달해주려는 서술자의 의도가 편재되어 있음을 의미하는데, 근대기의 거의 모든 역사소설들이 액자구조의 형식을 취하고 있다는 사실은 서술자와 작가를 구별하고 문학의 허구성에 대해 더 깊이 다가서는 근대적 인식보다는 오히려 서술자의 전달의도에 대한 강한 집착으로 보여진다. 그리고 그 집착은 '역사적 사실'에 대한 전달 의욕으로 나타나고 있다. 외부서사 서술자의 회상 속에 내부서사가 들어왔다는 사실은 이야기가 실제로 일어난 사실에 기초한다는 신뢰감을 확보하며, 특히 서사의 대상이 역사라고 할 때 이는 텍스트가 문학적 허구보다는 '사실'의 재현과 전달에 서술자의 노력이 기울고 있음을 쉽게 짐작할 수 있다. 나아가 외부서사와 내부서사의 서술자가 모두 서사세계에 대해 외적인 '이종서술자'(heterodiegetic)들로서 서사내 인물이 이끄는 서술의 형태보다는 일어난 사건을 객관적으로 진술하는 보고적 기능이 강한 성격을 지니고 있다.

한편, 일정 정도의 허구성을 상실하면서까지 무엇을 전달하는 데 목적을 두고 있다는 것은 한편으로는 액자구조를 이야기 자체를 전달해주는 형식으로 볼 수도 있지만, 다른 한편으로는 바로 이 형식으로 인해 주제화를 동반할 수밖에 없는 경향을 가지게 된다. 내부서사는 외부서사를 이끌고 있는 서술자의 세계관이나 가치관의 통로를 통해 초점화되기 때문이다. 이는 뒷장에서 논의하게 될 근대역사서사물에서 발군의 능력을 발휘하는 외부서사 서술자의 우월성의 여지를 암시해주고 있다.

(2) 서술의 경계 해체[18]

일반적으로 위와 같은 형식의 액자구조를 갖는 서사물은 그 구조의 특성상, 다른 서사물에 비해 작가적 서술자의 노골적 침투를 막을 수 있는 장치를 스스로 마련하여 이야기를 객관화시키게 된다. 즉 작가와의 친연성이 강한 서술자가 이끄는 외부서사에 대해 내부서사는 외부서사의 시간과는 다른 차원의 독자적인 시간을 마련함으로써 외부서사 – 서술자의 간섭을 차단하게 되는 것이다. 이미 처음과 끝을 알고 있는 외부서사의 시간과, 독자적인 이야기를 갖고 현재로 출발하고 있는 내부서사의 시간은 서로 다른 차원의 시간개념을 바탕으로 하고 있기 때문에 서술자의 상호침투가 용이치 않은 것이다.

그러나 역사서사물에서는 외부서사의 서술자가 내부서사에 자기고유의 시간을 가지고 그대로 침투하면서 서술의 경계가 무너지고 있는 것이 특징이다.

①

『우 – 위!』

내일 모래면 섣달 그믐이라는 대목**이었다.**

---

18) 경계 해체(Metalepsis)는 예상(prolepsis), 회상(analepsis), 겸용(syllepsis), 용설(paralepsis) 과 더불어 "변화하는 차원에 의해 (말하기를) 파악하는 것"이라는 독특한 의미에서 하나의 체계를 형성한다. 즉, 어떤 존재가 소여의 서사세계에서 다른 서사 세계로 침입하는 일이다. 2개의 분명히 다른 서사세계의 수준의 혼교가 일어나는 상태다. 예를 들면, 서사세계외적인 서술자가 돌연히 스스로 보고하고 있는 상황·사건의 세계에 참여하는 경우가 해당된다.(G. Genette, 앞의 책, pp.224~227., G. Prince, 『서사학사전』, p.143. 참조.)

『우 - 위!』

꽤 깊은 밤이었다. 큰 길이라야 **당시의** 장안의 길은 그다지 크지를 **못하였다.** ……

『우 - 위! 백설이 만건곤하니……』

아까 어느 기생집에서 기생이 부르던 노래를 코로 흥얼거리면서 얼음진 대지를 비틀비틀 어두움 가운데로 사라졌다.

- 김동인, 『운현궁의 봄』, p.6

②

사월 초파일이 **내일 모레**. 서라벌 서울에는 석가 탄일 준비가 한창 **바쁘다.**

…… **그 당시** 초파일이라면 설, 대보름, 팔월 한가위보다 더 큰 명절**이었다.**

- 현진건, 『무영탑』, p. 5

③

당대는 말할 것도 없지마 4백여년이 지난 오늘날까지도 제안을 옳게 알아맞힌 사람은 하나도 없다. 제안의 성격은 그대로 한 개 수수께끼인 채 남아있다.

- 박종화, 『금삼의 피』, p. 113

①은 외부서사에서 보여지는 서술자의 회상에 관계된 시제지시소들이 인물의 현재로 이끌어지고 있는 내부서사의 서두에서부터 나타나고 있다. 서술문에 나타난 '-이었다', '당시의', '-하였다' 등의 시제지시소는 명백히 서술자의 회상시제를 나타낸 것으로 볼 수 있다. 여기까지는 내부서

사만 독립적인 구조물로 두고 보았을 때, 서술자의 시간과 서사 시간이 과거회상이라는 형식에 의해 만나고 있다고 생각할 수 있다. 그러나 바로 뒤이어 회상하는 서술자가 아닌 또 다른 서술자의 존재를 나타내는, 즉 서술자와 서사가 현재라는 동일한 시간차원에 놓여 있음을 보여주는 '아까' 라는 시제지시소가 나타나고 있어 이 텍스트들을 단순한 시간개념으로 이해하기에는 다소 복합적인 양상을 보여주고 있다. ②도 마찬가지다. 현재를 기준으로 미래를 나타내는 '내일 모레', 그리고 현재를 의미하는 '바쁘다'라는 서술어가 과거 회상 양상어인 '그 당시에'와 같이 쓰이고 있음을 볼 수 있다. ③은 내부서사를 현재로 이끄는 서술자에 외에 다른 시간차원을 가진 외부서사-서술자가 침투하여 두 가지 서로 다른 차원의 시간이 공존하는 다층적 시간 현상을 보여주고 있는 것이다.[19] 이러한 다층적 시간 공존 현상은 한 문장안에서도 보여진다.

> **어제 밤**에 고요히 내려 쌓인 눈은, **그 날** - 신사년 섣달 스무날 - 온 세계를 은세계로 만들었다.
>
> - 『젊은 그들』, p. 17

---

19) 편의상 외부서사의 시간을 가지고 침투한 서술자를 제1서술자로, 내부서사를 현재로 이끌고 있는 서술자를 제2서술자로 부르기로 하자. 이때 제1서술자는 이야기가 어떻게 끝이 날 것인지를 알고 있기 때문에 제2서술자와는 본질적으로 구분된다. 제2서술자는 마치 그가 인물의 '현재시간'을 채택하고 있는 것처럼 인물의 시점과 동시적이기 때문에 시간적인 수준에서 그 서사물에 내적인 것이라고 말할 수 있다. 따라서 제2서술자는 그가 서술하는 삶 내부로부터 세계를 보며, 사건이 어떻게 될 것인가에 대한 인물의 무지 혹은 제한된 지식이라는 본래적 한계를 받아들인다. 이에 반해 제1서술자는 내부서사 내에서도 자신의 시간 안에 위치하기 때문에 진행 중인 서사에 대해 외적인 것이다. 때문에 그는 회고적인 시점을 채택해서, 미래의 시간으로부터 인물의 현재를 되돌아보게 된다.
'다층적 시간'에 관한 것은 B. Uspenskij, 『소설구성의 시학』, 김경수 역, 현대소설사, 1992, pp.117~121. 참조할 것.

서사물 내에서 오늘이라는 현재를 기점으로 한 '어제 밤'과 회상에 의한 '그 날'이라는 표현은 서로 다른 시간차원을 갖는 서술자의 공존을 의미한다.[20]

한편, 제1서술자의 내부서사에 대한 침투는 액자구조가 갖을 수 있는 이야기의 객관성의 정도를 무너뜨리면서 자신이 가지고 있는 전지적인 시간 능력으로 독특한 형식의 의사소통구조를 마련하게 된다. 제1서술자는 내부서사에서 특정인물의 시간적 전망을 가장하면서, 갑작스럽게 앞으로 도약해 독자에게 그 인물이 알지 못하고 제2서술자로서도 짐작 못할 정보를 폭로하는 양상을 보인다.

그 흥분된 눈을 치뜰 때에는, 그 눈에는 **장래** 이삼백여 주를 호령한' 운현대감 이하응의 위임이 드러나는 것이었다.

— 『운현궁의 봄』, p. 13

이날에 경복궁 안 자선당에서 **큰 슬픔의 주인될 이**가 탄생하시니, 그는 세종대왕의 맏손자님이시고 **장차 단종대왕이 되실** 아기시었다.

— 『단종애사』 상권, p. 7

장차 푸른 하늘을 향하여 끝없는 허욕을 달리고 대지를 짓굴러 뜻대로 아니됨을 한탄하다가 센머리털 흰수염으로 빈손을 탁탁 털어 푸른 산 한 줌을 흙을 보태지 않고는 **못 배길** 한 개의 세기의 업원 새 사람이 나타난

---

[20] 이 문장이 단일한 시간차원을 갖기 위해서는 '그 날'이 '어제 밤'에 대응되는 '오늘'로 바뀌든지 '어제 밤'이 '그 날'에 대응되는 '그 전날 밤'으로 바뀌든지 해야 할 것이다.

것이다.

— 『전야』, p. 6

윤필상은 **내일 자기의 운명이 어찌될 것도 모르고**, 허연 센머리에 백수를 흩날리며 조금이라도 연산께 고이 보일 양으로……

— 『금삼의 피』, p. 299

장차 조선 팔도를 흔들려는 큰 뇌성벽력과 폭풍 광장이 지금 이 자리에서 비롯한 것이다.

— 『단종애사』 상권, p. 73

이 인용문들은 모두 서술하는 도중 내부서사의 중간이나 끝에서 밝혀질 서사 정보가 미리 제1서술자에 의해 독자에게 알려지는 지점이다. 대부분의 역사서사물에서 빈번히 보여지는 이러한 침투형식은 '후일', '장차 ~하게 될', '장래' 등의 양상어를 동반하여 이루어지는데, 이 정보 제공의 대상이 되는 독자의 존재를 지속적으로 확인시키는 기능을 하며, 독자 또한 서술되는 사건을 이중적으로 독서하게 되는 분열된 양상을 경험하게 된다. 즉 독자는 인물의 지각을 통해서 사건들을 감지하며, 그 인물의 현재시간 속에 살아가는 동시에, 인물이 인지하는 방법과는 다르게 사건을 인지하게 된다. 왜냐하면 독자는 제1서술자의 존재에 의해 인물의 미래시간으로부터 사건을 거꾸로 보게되기 때문이다. 다시 말해, 독자는 서술자의 특권화된 서술을 공유하는 것이다. 이러한 방식으로 독자에게 부여된 서사 능력은 텍스트 전반적인 서사 코드나 특정한 작업에 적합한 코드를 점점 더 빠르게 읽어내게 해주는 효과[21]를 갖는다. 독자와 서술자와의 친밀한 관계는 텍스트외적 사실에 대한 독자의 암묵적 공동이해까지도 서사 내에 포섭하는 경향으로 발전하고 있다.

①

이 때의 이 소녀의 환경과 입장과 읽은 책과 경험한 경력이, **후일 대원군의 간택을 받아서 왕비로 책립된 뒤에 그가 사용한,** 그 놀랄만한 권모술수적 정치-정치라기 보다 오히려 술책-을 낳은 것이었다.

- 김동인, 『운현궁의 봄』, p. 227

②

후세에 이곳을 열녀문이라고 부른 것은 난영을 두고 이른 말이요, 난영이 타죽은 자리에는 열녀정문과 '난영낭자사'라는 것이 있는 것이 이 까닭이다. 지금도 그 자리를 파면 난영의 피 묻은 흙이 나온다.

- 이광수, 『마의태자』, p. 306

③

그러나 그는 대세가 이미 이리 된 바에 부질없이 왕께 동정하는 뜻을 보이다가 장래에 화를 사는 것이 극히 어리석은 일인 것을 깨닫고 빨리빨리 걸음을 옮기어 무서운 데서 달아나는 사람과 같았다. 이날 이때의 말할 수 없이 슬픈 인상은 일생 신숙주의 가슴을 떠나지 아니하고 그를 괴롭게 하였다. 그가 임종(그는 오래 살지도 못하였다)에 가장 괴로움 받은 것이 이 때 생각이었다.

- 이광수, 『단종애사』, 하편, p. 70

---

21) G. Genette, 앞의 책, p.65. 참조.

①은 민소저에 관한 서술을 하다가 후에 그녀가 왕비가 되었을 때, 시아버지인 이하응과 한판대결을 벌일 무렵에 대한 정보를 알려주고 있다. 그러나 이 정보는 텍스트의 어떤 부분에도 속하지 않은, 외부서사와 내부서사 사이의 생략된 부분에 해당된다.[22] 외부서사는 흥선의 죽음만을 말하고 있을 뿐이고, 내부서사는 흥선의 파락호시절부터 정확히 섭정을 시작한 부분에서 끝나고 있기 때문에 섭정 시절부터 죽음까지는 텍스트 내에 명시되어 있지 않은 부분이기 때문이다. ②, ③ 또한 마찬가지다. 마의태자인 김충을 연모하던 난영이 김충의 집이 불탈 때 그 집에 뛰어들어 타죽은 장면과 단종이 수양에게 양위를 결심한 뒤 곡성을 하는 것은 신숙주가 듣고 달아나는 장면이다. 이 부분들도 마찬가지로 모두 텍스트내에 들어있지 않은 내용들이다.

서술자와 독자와의 텍스트 외의 역사적 사실에 대한 암묵적 이해가 텍스트 내에 그대로 삽입되어 독자에게 단편적인 정보로 전달된다는 것은, 텍스트 외적 사실에 대한 전후맥락을 이미 이해하고 있는 독자의 텍스트 내로의 유도를 꾀하고 있다는 점에서 역사서사물이 적극적인 의사소통구조를 취하고 있음을 알 수 있다. 이는 역사서사물이 다른 서사물에 비해 적극적인 청중을 전제한 야담이나 강담적 요소를 구조를 통해 잘 보여주고 있다는 점에서 그 대중성의 가능성을 열어놓는다고 할 수 있다.

---

[22] 이와 같은 서술행위는 외부서사 또한 회상시점으로 이끄는 작가와의 친연성이 강한 제1서술자에 의해 행해진 것이라고 볼 때, 제1서술자는 외부서사에만 국한된 것이 아니라 이미 외부서사와 내부서사의 시간을 모두 관할할 수 있는 작가적 서술자의 현재적 시간을 전제하고 있다는 본서의 논리를 뒷받침하고 있다.

2)「전」의 서술형식과 연대기적 구성[23]

근대 역사소설들은 대부분 유명 인물의 행적을 중심으로 시간의 역전 없이 순차적으로 서술해 나가는 형식을 보이고 있다. 출생부터 죽음까지 그 행적 전체를 다루거나, 성장기부터 죽음까지 혹은 출생부터 입사까지 등 여러 가지 유형으로 나타나긴 하지만 큰 시간착오 없이 연대기적으로 서술해 나가고 있는 것이 특징이다. 이는 조선시대에 실존인물의 생애를 일차자료로 하여 생전의 행적을 연대기적으로 기술해나가는 「전」의 양식을 일정 부분 수용하고 있다는 증거이기도 하다. 「전」은 교훈성에 입각하여 실존인물의 행적을 충실히 기록한 것이 대부분인데, 이 양식은 개화기의 역사전기소설에서 수용되어 나타나다가 근대 역사소설에 영향을 미친 것으로 추정할 수 있다. 전 양식 수용의 증거로 보이는 형식적 측면중 가장 두드러지게 드러나는 것은 바로 '서두'의 존재이다. 흔히 전 양식의 구성 방식은 '도입부-서두부-전개부-결말부-논찬부'로 나누어지는데, 도입부에서는 창작동기나 입전의도, 그리고 내용이 간략하게 소개된다.[24] 역사소설에서 도입부는 대개 작품의 서문에 해당된다. 작가들은 '서사', '내가 왜 이 소설을 썼나', '머리 말씀', '서문', '서장' 등 다양한 이름의 도입부 형식을 통해 자신의 창작의도나, 그 인물을 고른 이유, 그리고 시대배경에 대한 간략한 해설 등을 보여준다. 도입부 형식은 텍스트의 장 구

---

[23] 연대기적 순서(chronological order)는 여러 상황이 일어나는 순서대로의 배열을 의미한다.
[24] 서두부에서는 출생, 성명, 先系, 官閥 등 人定이 기술되고, 전개부에서는 출세, 성공, 업적, 頌德, 일화 등 행적사항이 그려지며, 결말부에서는 죽음, 妻子孫錄, 사후평가가 행해지며, 논찬부에서는 작가의 간단한 논평이 뒤따르게 된다.(이동근, 『조선후기「전」문학연구』, 태학사, 1991, p.17.)

분에서 벗어난 것이 대부분이지만, 장 안에 포함되어 나타나기도 한다.

①

지금엔 연산이 또한 간지 사백 삼십년이다. 백의서생이 옛 역사를 뒤적거리다가 넘치는 정열에 끌리어 붓대를 잡아 소설을 얽으니, 일만 일이 모두 다 공인 방에야 정만이 그대로 남을리 없다. 또한 한 개 부질없는 장난이 아니고 무엇이랴.

— 『금삼의 피』, 序詞 중

②

나는 나의 부조한 몸의 힘과 마음의 힘이 허하는 대로 조선 역사의 축도요, 조선인 성격의 산 그림인 단종대왕 사건을 그려보려 한다. 이 사실에 드러난 인정과 의리 — 그렇다, 인정과 의리는 이 사실의 중심이다 — 는 세월이 지나고 시대가 변한다고 낡아질 것이 아니라고 믿는다. 사람이 슬픈 것을 보고 울기를 잊지 아니하는 동안, 불의를 보고 분 내는 것이 변치 아니하는 동안 이 사건, 이 이야기는 사람의 흥미를 끌리라고 믿는다.

— 『단종애사』, 서문 중

①은 단종의 죽음부터 이후의 왕조사를 대략 개괄한 후 역사책을 뒤적이다가 우연히 소재를 발견하여 창작에 임한다는 창작의 동기가 가볍게 소개되어 있다. ②는 단종의 비참한 운명과 사육신의 충절에서 조선인의 장단처가 분명히 드러난다고 보고, 단종의 사건을 통해 인정과 의리를 독자가 한번쯤 생각했으면 하는 의도가 드러나 있다.

이외에도 『전야』의 序章에서 작가는 한반도의 지세에 대해 장황한 설명을 늘어놓은 뒤 이하응의 탄생과 그 31년 후에 태어나는 민비의 출생을 각각 장면화하여 제시하고 있으며, 「원효대사」의 '내가 왜 이 소설을 썼나' 라는 머리글에서 작가는 원효를 소설의 주인공으로 택한 이유를 제시한 뒤, '원효를 그림으로 불교에 있어서는 한 중생이 불도를 받아서 대승보살행으로 들어가는 경로를 보이는 동시에 신라 사람을 보이고, 동시에 우리 민족의 근본정신과 그들의 생활 이상과 태도를 보이려 하는데' 창작의 목적이 있음을 밝히고 있다. 그리고 인물과 불가분의 관계에 있는 문화와 언어에 대한 고찰과 그에 대해 독자가 가져야 할 태도 등 작가의 세심함이 잘 드러나 있다.

살펴본 바와 같이 이러한 도입부의 형식은 당대의 작가들이 역사소설 집필 의도를 효과적으로 전달하는 데 기능하고 있다. 작가는 이러한 공간을 통해 자신의 작품에 대한 관념적 태도를 분명히 밝힘으로써 텍스트의 교훈적 계몽성을 높이게 되고 동시에 독자에게 독서의 방향을 제시할 수 있다. 텍스트의 창작의도, 주제의 설명 등은 독자가 작가의 신념과 주제에 맞추어 스토리를 이해하도록 만들며, 따라서 작가의 의도가 최대한 반영된 독서 행위를 유도하게 되는 것이다.

「전」의 기술에서 작자는 자신의 사고·감정·의도·목적에 따라 혼합된 방식으로 기술을 해 나가는데, 그 종류는 대략 설명·서사·논증·묘사[25]의 4가지로 나눌 수 있다. 여기서 「전」은 서술자가 노출되어 역사적 사실을 전달하는 양식이기 때문에 설명은 필수적인 요소라고 할 수 있다. 이때

---

[25] 설명은 주제 혹은 주제를 드러내는 제재를 해석하고 설명함으로써 독자의 이해력을 높이려는 목적으로 쓰여지며 직접적이고 논리적이며, 논증은 명백하지 않은 사실이나 진실여부를 증명하는 소극적 방법과 더 나아가 필자가 증명한대로 독자가 믿고 행동하게까지 하는 방법이다. (위의 책, p.266. 참조.)

설명은 서사와 관련되어, 사건에 대한 이해를 증진시키고 단계적인 이해를 도모시키고자 활용되기도 하는데, 역사적 사실에 대한 해명이나 설명이 위주이다. 그러기 위해서는 상상이나 암시가 아닌 사실적 정보와 근거·고증에 입각하여 지식을 제공해야 함은 물론이다. 이러한 전의 독특한 서술방식이 역사적 사실을 바탕으로 한 역사소설에도 마찬가지로 보여진다.

> 왕도를 한양에 정하면서 왕실의 위엄을 백성들에게 보이기 위하여 꾸민 이씨 조선의 궁궐이 얼마나 찬란하였는지, 우리는 우리의 조상의 기록을 보기보다 오히려 남의 손으로 된 기록을 살펴보자. 임진왜란 때에 왕은 멀리 북으로 피하고, 빈 한양에 입성한 왜장 가운데 나베지마 나오시게의 기록을 보면 이러하다.
>
> — 『운현궁의 봄』, p. 77

> 작자는 붓대를 잠깐 멈추고 폐비에 관한 정사 한토막을 읽어보기로 하자.
>
> — 『금삼의 피』, p. 88

> 서양 방물이 조선에 들어오기는 병자호란이 일어나기 다섯해 전, 인조대왕 구년 때의 일이니 실록을 들추어보면 이러하다.
>
> — 『여명』, p. 190

대부분 서술자의 노골적 침투를 동반하는 이러한 설명 형식은 사건을 객관적으로 이해시키고자 할 때 나타나게 되는데, 객관적 사료의 제시는 서술자의 지적 권위를 동반하면서 독자의 신뢰감을 만들어내게 된다.

또한 교훈지향적이고, 공백을 메울 수 없을 때는 삽화제시적 방법을 택한다거나 이미 존재했던 사실을 개괄적으로 해설하는 설명적 서사의 방법을 주로 채택하고 있는 「전」의 성격과 역사소설의 내적 특징은 아주 유사하게 나타나는 부분이다.

한편, 전 양식의 논찬부에 해당되는 역사소설의 결말은 개화기의 역사전기물들이 보여주는 결말부처럼 정확하게 부합되는 형식으로 나타나지는 않는다. 다만, 서술자의 자신의 서술행위에 대한 간단한 감상의 형식이라든지, 텍스트의 스토리 층위에는 소속되지 않는 사족이나 사후 평가 등에서 논찬부의 잔영을 짐작할 수 있다.

> 폐비 윤씨의 한조각 원통한 피눈물 수건은 얼마나 길고 파란만장의 어지러운 곡절을 일으켜 놓았더냐. 우는이 있고, 사는이 있고, 죽는이 있고, 슬픔이 있고, 환락이 있고, 의기가 있고, 간흉이 있다. 붓대를 마감하여 책상에 던지고, 다시 한번 돌아보니, 망망한 상하천고의 사람들의 발자취는 이 여덟가지 정근과 한 속에 헤매이고 살 뿐이다.

이 인용문은 『금삼의 피』 마지막 부분으로 서술자의 텍스트에 대한 평가가 간략하게 드러나 있으며, 바로 다음에는 장순손의 일화가 사족으로 붙어있다. 『다정불심』의 결말부분 또한 인물의 사후에 일어난 일에 대해 서술자의 설명이 첨가된다. 공민왕 시후, 우왕의 통치와 이성계의 회군, 이후 이성계가 우왕과 그의 아들 창왕을 공민왕의 자손이 아닌 신돈의 자손이라 꾸미고 죽여버렸다는 일과 공민왕이 노국공주 사후에 그린 초상화는 잃어버리고 자화상은 화장사가 불나는 바람에 타버렸다는 것, 그리고 오직 남은 것은 천산대렵도와 군양도뿐이라는 사실을 설명하고 있다. 일종의 사족이라 할 이러한 형식들은 분명 스토리 층위에서 벗어나는 것들로 논찬부의 원래의 성격은 약화되거나 상실된 채 나타나긴 하지만, 일종의 변형들로 간주할 수 있다.

3) 고차서사기호들의 소통 기능

사실상 많은 서사물들은 하나의 질문과 그에 대한 대답 사이에 뻗쳐 있는 공간으로 간주될 수 있고, 서사물의 전개방식은 그 질문에 대한 대답을 제시하는 데 사용되는 지연 수법의 종류에 의해 특징의 일부가 결정될 수 있다. 독자가 그 대답을 찾아나가는 과정 중에 서술자는 여러 가지 형태로 여기에 간여할 수 있다. 예를 들어 새로운 정보를 제시함으로써 이제까지 만들어놓은 대답의 일부를 무효화시킨다든지, 처음에는 명료한 대답을 제공했다가 나중에 그것이 틀린 것이므로 전면 수정을 요구할 수도 있으며, 또 때로는 독자에게 텍스트의 해독을 위한 친절한 인도를 제공하기도 한다. 본 장에서 논의할 것은 서술자의 세 번째 태도와 관련된다. 근대역사소설에서 특징적으로 나타나는 서술자의 형태는 서술자가 자신의 존재를 드러내어 독자의 독서행위에 직·간접적인 간섭을 지속적으로 행한다는 것이다.

①
공주의 남편이 영양위 정종인 것은 **독자도 기억할 것이다.**
금성대군은 벌써 순흥에 귀양가 있는 것은 **독자가 기억하실 바다.**

— 『단종애사』 하권, p. 94

②
(이제부터는 중전을 폐비라 쓴다.)

— 『금삼의 피』, p. 91

(아무리 폐하신 임금이라 하나 그래도 성종대왕의 적자시요, 임금의 자리에 계신 지가 열두해다. 감히 공경하는 말을 소홀히 할 수가 없다.)

— 『금삼의 피』, p. 156

①은 '독자는 —를 기억하고 있을 것이다.' '—은 이전에도 말한 것이다.' '앞에서 지적한 바와 같이……' 등과 같이, 어떤 정보가 새로운 사건이나 상황을 이해하는 데 필요한 것일 경우에 이미 그 정보가 제시되었던 것일지라도 그것을 다시 되풀이 해주는 경우이다. 이때 서술자는 흔히 자신이 작가인 듯 가장하여 나타나곤 하는데, 자신이 서술된 사건과 인물들의 원천임을 수시로 공개하여 서사물의 조작에 대한 자신의 역할을 보여주는 숨김없이 보여주기도 한다.

김종서의 하회가 어찌된 것은 후에 말하기로 하자.

— 『단종애사』 상권, p. 153

이야기는 잠깐 신라로 돌아온다.

— 『이차돈의 사』, p. 61

작자는 붓대를 잠깐 멈추고 폐비에 관한 정사 한토막을 읽어보기로 하자.

— 『금삼의 피』, p. 88

이렇게 서술자는 자신의 서술방식에 대한 고충을 털어놓거나, 서술의 동작버튼을 눌러야 할 필요성을 자유스럽게 이야기하기도 하며, 이따금씩 그러한 서술을 정지시켜야 할 필요에 대해 이야기한다. 이와 같이 주어진 하나의 서사물에는 어떤 세계에 관하여 무엇인가를 알려주는 많은 요소들이 있을 수 있는데, 어떤 담화에서 다루어지는 대상이 서사물일 때, 즉 텍스트의 자체 언급적 국면들을 고차 서사적(metanarrative)이라고 한다.

그러나 역사소설에서는 이러한 단순한 자의식적 서술과 관련된 텍스트의 자체 언급적 국면뿐만 아니라, 해독행위와 관련된 텍스트의 규약에 관해 명시된 부분들이 존재하는 것을 확인할 수 있다. 텍스트의 여러 부분들과 그 밑바탕이 되고 있는 규약들에 대한 일종의 주석이라 할 수 있는 이것을 고차서사기호(metanarrative sign)[26]라고 한다. 근대역사소설에서 가장 흔하게 드러나는 형식적 특질이 바로 이러한 고차서사기호들이다. 고차서사기호는 텍스트가 전개되고 의미를 가질 수 있게 해주는 일련의 규범이나 제약을 지시해주기도 하며, 텍스트의 해독을 위한 하나의 모델을 제시하고 그 해독의 프로그램을 제시하는 기능을 하는데, 근대역사소설에서 이 기호들은 필요에 따라 앞에서 진술했거나 일어났던 사건을 요약해주거나, 복잡한 논의의 요점만 간추려주기도 하며, 인물에 의해 제공된 정보의 진위 여부를 가려주기도 하고, 나아가 상황에 대한 가치판단까지 내려주는 등 다양한 양태로 드러나고 있다.

---

[26] 고차서사기호를 흔히 서술자의 침입의 형태와 혼동하는 경우가 있는데, 이 둘은 명백히 구별된다. (G. Prince, 『서사학』, pp.175~194. 참조.)

①

　서현이 아직 젊었을 때에 갈문왕 선마로의 아들 숙흘마로의 딸 만명과 서로 사랑하여서, 대문에 벼락이 떨어져서 소란한 틈을 타서 만명이 집에서 도망하여 만노군 태수인 남편을 따라가서 유신을 낳은 것은 이전에도 말한 것이다.

- 『원효대사』 상권, p. 89

②

　우찬성 손순효는 폐비에게 사약을 내리셨다는 소리를 듣고 목을 놓아 통곡하며,

　『어허! 나라 일이 장차 어지럽겠구나』

하고 또다시 상고를 올려 극진히 간하였다. 오산설림과 병진정사록에는 손순효가 인정전에서 상감을 모시고 술을 먹다가 술이 얼근하여, 어탑에 올라 동궁이 나중에 임금 노릇을 감당 못할 것을 짐작하고 용상을 어루만지며 이 자리가 아깝습니다 하고 아뢰니, 성종께서는 나도 알기는 알지만 차마 폐할 수가 없노라 하시었다는 소리가 씌어있다. **그러나 이 손순효가 폐비께 사약 내릴 때 두번씩이나 통곡하고 상소를 올려 극간한 것을 보아, 순되고 정성스럽고 경성직행하는 성격을 가진 사람으로 동궁을 폐합시사 권하여 사뢸 리가 만무하다.** 연려실기술에 쓰인대로 어느 곳에서 빙거하여 왔는지 모를 소리다.

- 『금삼의 피』, p. 111

③

　기실 고이할 것은 조금도 없다. 이것이 다 한명회가 수양대군에게 준 꾀다. 만일 승규가 종서의 곁을 떠나지 아니하거든 사모뿔을 떨어뜨리라, 그

리하면 반드시 종서가 승규를 시키어 가져오게 하리라, 이렇게 꾀를 정한 것이다. 승규가 종서의 곁에 있고는 비록 양정, 유수, 임운이 합력을 하더라도 종서를 당하기 어려운 줄 안 것이다.

종서는 무론 그 꾀를 알았을 리가 없다.

－『단종애사』 상권, p. 145

④

이것은 병기의 슬기로운 성격을 말하는 이야기인 동시에 또한 당시 병기뿐만 아니라, 김씨 일문의 세도가 얼마나 당당하였는 지를 말하는 것으로써, 김씨 일문의 일거일동의 반향은 이만하였다. 진실로 밝은 하늘조차 흐리게 할 만한 세도였다.

－『운현궁의 봄』, p. 231

⑤

이 교서로 보건대, 상왕은 나이 어리시고 일을 모르시므로 덕망이 많고 국가에 공로가 큰 숙부 수양대군에게 무거운 짐을 옮기신다는 뜻이다. 어리신 왕이 그대로 가시면 흉악한 무리들 때문에 장차 종묘와 사직이 위태할 것이니 이때를 당하여 종묘와 사직을 안보할 사람은 수양대군밖에 없다 하여 스스로 마음이 나시어 선위하신 것 같다. 그렇지마는 실상에 들어가 보면 이렇게 하고 싶어하는 선위가 있을 리가 없다. 또 이 교서라는 것은 정인지가 앞서서 시키고 수양대군이 한번 읽어본 것이요, 왕(상왕)은 한번 보신 일도 없는 것이다. 만일 상왕이 보시었던들 반드시,

『이런 거짓말이 어디 있으랴』

하고 찢어 버리시었을 것이다.   －『단종애사』 하권, p. 84

①은 요석공주인 아유다의 외조모이자, 아유다의 외삼촌인 유신의 어머니가 되는 만명부인과 화랑 서현의 사랑에 대해 앞에서 서술한 것을, 김유신에 대한 개인사 서술 도중 그의 출생 경위와 관련하여 이를 다시 요약해 독자에게 상기시켜 주고 있는 대목이다. ②는 폐비에게 사약을 내린 성종의 부당한 처사에 대해 두 번이나 상소를 올릴 정도로 강직한 손순효가 실록에서 보이는 것처럼 연산의 인간됨을 나쁘게 고하지는 않았을 것이라는 서술자의 해석이다. 후에 이러한 기록 때문에 연산이 손순효를 처벌하는 행위에 대한 부당함을 주장하기 위해 다른 실록의 근거까지 제시하는 서술자의 태도는 독자의 가치판단의 문제와 결부된다. ③은 수양대군이 김종서를 죽일 기회를 얻기 위해 자신의 사모뿔이 부러졌다고 거짓말로 둘러대는 장면이다. 이러한 계략이 사실은 한명회의 꾀었다는 정보를 독자에게 알려주는데, 이는 물론 인물들에게는 알려지지 않은 사실이라는 점에서 하나의 해석기능을 갖게 된다. ④는 김병기의 집에 자주 드나드는 원모라는 사람에 대한 일화를 서술한 뒤, 이 일화가 갖는 의미에 대해 직접 서술자가 판단을 내리는 경우이다. ⑤는 단종이 세조에게 선위를 내리는 내용이 들은 교서에 대해 서술자의 주석이 따르고, 바로 뒤에 이 교서가 작성된 진짜 경위에 대해 밝히면서 선위의 진실에 대한 판단을 내리고 있다.

이렇듯 근대역사소설에서 빈번히 사용되고 있는 고차서사기호들은 역사소설이 어떻게 이해될 수 있으며, 또 어떻게 이해되어야 하는가라는 서술자의 주관적 의도와 깊게 맞물려 있어 독자의 해독행위가 텍스트의 궁극적 지향점을 향해 나아가도록 하는 데 기여하고 있음을 알 수 있다.

한편 근대역사소설들에서 발견되는 고차서사기호의 사용 수준은 당대 역사소설 창작에 임했던 작가들의 역사소설 양식에 대한 인식과 독자들에 대한 계몽적 태도를 알 수 있는 단서가 된다. 서술자에 의한 모든 설명은 그 설명을 받아 해석해내는 수화자와의 관계를 전제하고 있다는 점에서, 설명의 수준이나 그것을 제시하는 중에 드러내는 솜씨의 정도는 서술자가 수화자의 지식 정도나 지성을 어느 수준으로 생각하느냐 하는 것을 보여주는데, 근대역사소설들에서 드러나고 있는 고차서사기호들은 서술자가 자신의 수화자와의 관계를 수직적으로 파악하고 있음을 여실히 보여주고 있다.

①
양녕대군이 왕위를 피한 것에는 또 한 가지 이유가 있다. …… 이러한 내력을 가진 이이기 때문에, 평소에 궁중출입이 없었으나, ……

— 『단종애사』 상권, pp. 60~61

②
여기서 작자는 지극히 간단히 조선과 청국과의 역사적 관계를 적겠다.

— 『젊은그들』 하권, p. 108

대동강 푸른 물결 위에 화공을 당하여 한 줌 재가 되어 스러진 미국배 셔먼호가 조선을 침범한 것은 두 가지 이유가 있었다.

— 『여명』, p. 289

당시에 있어서 가장 업적이 많았다는 수령 방백은, 가장 많이 벗겨 먹었다는 것을 말하는 것이었다.

— 『운현궁의 봄』, p. 240

③
이것을 우리말로 옮기면,

이렇게 요샛말로 하면,

이 교서의 대의를 우리 말로 쓰면 이러하다.

이 편지를 우리글로 옮기면 이러하다.

이것을 우리말로 번역해보면,

(이 때는 지금처럼 돈을 쓰지 않고 피륙을 가지고 돈 대신으로 썼다.)

— 『금삼의 피』, p. 26

「요새두 날마다 댁대령*을 하구 있니.」

*댁대령(宅待令) : 세도집에 가서 벼슬을 하나 얻어 할 양으로 날마다 청지기 방에 턱을 쳐들고 있는 일.

— 『전야』, p. 15

    독자가 텍스트를 독해하기 위해서는 그 서사물이 만들어진 문화적 규약에 대해 많은 것을 알고 있어야 하는데, 위 인용문들은 대부분 독자들로 하여금 그 이야기의 배경이 되는 세계의 문화적 규약에 익숙해지게 하는 고차서사기호로 볼 수 있다. ①과 ②는 텍스트를 이해하는 데 필요한 사전 지식에 관해 서술자가 독자에게 직접 전달하는 경우이다. ③은 순수한 주석의 형태로 텍스트 내에 존재하는 것들이다. 상황을 쉽게 이해시키기 위해 체계적으로 분석하여 설명해준다든지, 한문 자료를 우리말로 번역해준다든지, 상황이나 사건에 대한 문화적 이해에서 나아가 단어에 대한 사전적 의미 해석에 이르기까지 이것들은 모두 서술자의 객관적 지식의 정도를 드러내는 동시에, 수화자에 대한 서술자의 지적 우월성을 나타낸다고 볼 수 있다. 비단 근대기의 소설들뿐만 아니라 많은 소설들에서 이러한 성격을 가진 기호들이 존재하는 것이 사실이지만, 여타의 소설들에서는 문학의 개연성을 확보하기 위한 장치로 쓰이는 반면에 근대역사소설에서는 오히려 '사실' 그 자체에 대한 정확한 이해를 위한 의도에 의해 쓰여지고 있기 때문이다. 이를 텍스트 밖에서 이해할 때, 당대 작가들의 역사소설 양식에 대한 효용론적 기본 인식을 엿볼 수 있다.

한편, 고차서사기호의 이러한 기능이 근대역사소설 텍스트에 대한 가해성의 정도를 높여 독자가 텍스트를 제대로 이해하는 데 도움이 되는 것은 사실이다. 고차서사기호가 텍스트내에 들어 있다는 것이 곧 최소한 그 일부는 어떤 방식으로든 독해가 가능하다는 사실을 나타내기 때문이다. 그러나 고차서사기호는 이렇게 우리가 어떤 서사물을 어떤 방식으로 이해한다는 것을 도와주는 반면, 역으로 다른 방식들을 다 제쳐놓고 어떤 특정 방식으로만 그것을 이해하도록 이끈다는 점에서 근대역사소설의 소통구조의 권위적 성격과 일방성의 정도를 유추할 수 있다. 하나의 텍스트를 읽어낸다는 것이, 그 텍스트로부터 독자가 끌어내는 의미가 최소한 부분적으로는 그 텍스트에 의해 조절된다는 의미를 갖는다고 볼 때, 그것들은 어떻게 텍스트를 해석해야 할 것인가라는 질문에 대한 텍스트의 대답을 준비하게 되는데, 근대역사소설은 양적으로는 너무 많은 대답과 질적으로는 너무 심도 깊은 해답이 제시되고 있는 것이 사실이다. 이는 근대역사소설의 가해성의 정도가 자칫 '투명성'[27]으로 전이될 여지가 있다는 사실과 상통한다. 즉, 독자를 자신의 서술 상황 속에 끌여들였다 뿐이지 이것이 독자의 상상력의 문제라든가, 의미해석의 적극적 개입의 문제와 관련된다

---

27) '투명하다(transparent)'는 것은 문장의 내용파악이 정확히 이루어지는 문체를 가리키는 말로 독자의 상상력이 요구되어지지 않는 문체, 의미전달이 명확한 문체를 가리킨다. (T. Todorov, 『산문의 시학』, 신동욱 역, 문예출판사, 1992, p.52. 참조.)

는 것은 아니다. 오히려 서술상황에 대한 투명성으로 인해 독자의 상상력은 폐쇄되는 동시에 서사성마저 훼손될 수 있기 때문이다. 근대역사소설은 고차서사기호의 사용으로 그 소통의 가능성을 열어놓으면서도 위와 같은 위험성을 노정하고 있음은 분명하다.

4) 이질적 구성 요소와 텍스트 긴밀성

소설은 그 장르가 갖는 본래의 개방성 때문에 다양한 층위의 문학적 관습들과 접촉할 수 있다. 소설 내의 문학적 관습의 차용 범주는 서간이나 일기문과 같이 청중에게 이야기를 전달하기 위한 텍스트 형식부터 시나 노래나 극양식같이 텍스트 내에 삽입되어 서술자나 인물의 의도를 효과적으로 전달하는 형식까지 무한정하리만큼 넓은 편이다. 우리나라 소설양식의 전통 속에서도 이와 같은 문학적 관습의 형태들이 빈번하게 차용되고 있음을 찾아 볼 수 있으며, 근대역사소설 내에서도 마찬가지로 보여진다. 중요한 것은 일종의 이질적 목소리에 해당하는 이러한 항목들이 텍스트 내에서 서사의 흐름을 방해하는 것이 아니라, 오히려 텍스트의 소통적 기능을 강화시키는 데 기능한다는 것이다.

근대역사소설 속에서 발견되는 이질적 구성 요소들로는 먼저, 역사소설이라는 양식의 특성상 서술자에 의해 제시되는 역사적 사실에 해당하는 기록물들을 들 수 있다.

①
이번 수양대군의 정난 통에 원통하게 죽은 사람을 아는 대로 적어 보자.
안평대군 용(安平大君 瑢) 의춘군 우직(宜春君 友直)

황보인(皇甫仁) 황보석(皇甫錫) 황보흠(皇甫欽) 황보갓난이(皇甫加느耳)

황보경근(皇甫京斤)

......

정효전(鄭孝全) 정원석(政元碩)

박계우(朴季愚)

이름 옆에 이어 쓴 것은 자손을 표한 것이다.

- 『단종애사』, 상권, pp. 280~282

②

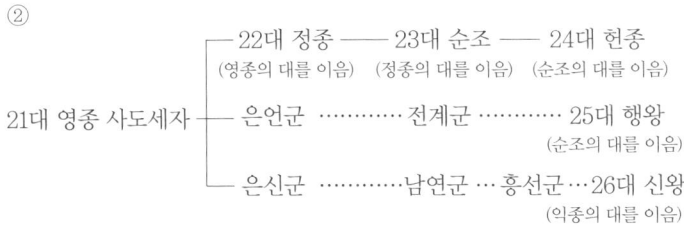

- 『운현궁의 봄』, p. 255

③

이 사화를 빚어낸 술의 누룩과 같은 조의제문은 다음과 같다.

정축 시월일에 내가 밀양으로부터 경산에 가다가 답계역에서 자니 꿈에 신인이 임금의 예복을 입고 헌출하게 찾아와서 스스로 말하기를, 나는 초회왕 손심이라. …… (중략) …… 주자의 노필을 본받아 따르니 생각이 아찔하여 마음이 편안치 않다. 술잔을 들어 땅에 부으니 영령이 계신가, 와서 흠향하시라.

이것이 점필재가 지은 조의제문의 전편이다. 진시황을 세조에게 비하고

의제를 단종에게 빗댄 것이며, 관군을 무찔렀다 한 것은 세조가 김종서를 죽였다는 것이요, 젓국이 되고 초가 되어 도리어 후회했느니라고 한 것은 단종의 신하 김종서가 일찍이 세조를 처치하지 못하고 그 임금 단종으로 하여금 도리어 세조에게 처치를 당하게 했다는 뜻을 쓴 것이라 한다.

- 『금삼의 피』, p. 204

①은 수양대군이 왕위를 찬탈하기까지 과정 중 죽인 사람들의 실제 명단을 서술자가 정리하여 제시해 준것이고, ②는 김씨일문이 허수아비로 내세운 철종이 건강악화로 승하하자 평소 김문들의 세력화에 불만을 품고 있던 조대비가 어보를 차지한 후, 후일을 위하여 흥선과 밀의를 나누던 중에 역대 이씨 왕가의 계보를 끼워넣은 것이다. ③은 연산군때 무오사화가 일어난 근본적 원인인 김종직의 글을 사건 종결이 된 뒤에 서술자가 덧붙여 놓은 것이다. 더불어 완전히 비유로만 된 글에 대해 서술자의 자세한 해설까지 곁들여 있다. 역사소설에 빈번히 발견되는 이러한 기록물들은 텍스트 내의 인물의 발화나 요약에 의해 제시되는 것이 아니라 거의 대부분 서술자에 의해 제공된다. 이와 같은 자료제시는 인물들이 갖는 행위의 폭으로는 모든 것을 다 설명해줄 수 없을 때, 독자가 텍스트의 내적 계보를 이해하는 데 도움이 될 수 있다. 더구나 서술자의 친절한 주석까지 덧붙여져 있다는 것은 독자의 해석행위에 서술자의 의도가 얼마만큼이나 적극적으로 간여하는 지를 잘 말해주고 있다.

다음으로 텍스트 내에 수용되고 있는 문학적 관습들은 한시나 시조와 같은 시양식과 그리고 동요나 민요와 같은 노래들이다. 이들은 대부분 인물의 발화를 통해 이루어지지만 필요에 따라서 서술자에 의해 직접 제시되기도 한다. 운문이라는 양식의 특성상, 흔히 인물의 정서적인 심리상태를 드러낸다거나, 인물을 소개하는 데 적절히 이용되고 있으며, 때로는 텍스트 내의 서사정보를 제공해주기도 한다.

①
「천리 머나먼 길에 고운 님 여의옵고/이 마음 둘 데 없어 냇가에 앉았으니/저물도 내 안 같도다 울며 밤길 예노매라」

— 『단종애사』 하권, p. 155

갈까나 갈까나/남교로 갈까나/이몸이 늙었거든/머물러 무엇하리/세상을 하직하고/남료로 돌아 갈까나/남교가 어드메냐/구름 밑에 밭이로다/남교의 거츤 밭을/소 몰아 갈까나/봄바람 불어오니/만물이 즐기거든/수심 둔 마음이매/즐길 줄 모르놋다/왕사를 못 잊으니/봄바람도 시름인저/언덕에 외로이 앉아/슬픈 노래 부르더라

— 『마의태자』, p. 273

②
푸른 산 퍼런 물은 내집의 경계어니/밝은 달 맑은 바람 누구가 주인인고/

— 『금삼의 피』, p. 151

사람이 잘나서/서불한이더냐/못나신 덕택에/서불한이러라/
어화야 슴겁기/준네 집 홍도령/남의 집 잔치에/동동걸음이라/

— 『마의태자』, p. 134

떵딸보 땅딸보/배통만 커서/삼만명 녹미를 /다 삼킨다/네 땅딸보 배통

이 왜 저리 큰가/삼만명 군사가 /들어 있다네/

— 『마의태자』, p. 136

③

석남사 깊은 밤에/눈 헤쳐 찾던 사람/아슬라 머나먼 길/어이하여 오다 던고/독한 칼 품은 옛 벗을/삼가소서 함이라.

— 『마의태자』, p. 186

①은 인물의 심리적 상태를 전달하고 있는 것으로, 첫 번째는 노산군이 영월에 유배올 때 모시고 온 금부도사 왕방연의 심정을 나타내는 시조이며, 두 번째는 계영이 사월 초파일날 불국사에서 김슬의 무리에게 봉변을 당하고 있는 것을 김충이 구해준 후, 이에 감사하여 김충을 초대한 날 저녁에 아버지와 김충 앞에서 부르는 노래이다. 아버지 시중 유렴이 손수 지어 계영에게 부르게 한 것으로 당대의 세태에 대한 자신의 심사가 잘 드러나 있다. ②는 인물에 대한 설명을 시나 동요로 대치하고 있는 예이다. 첫 번째 시는 홍유손의 인물의 기걸함을 설명하기 위해 제시한 것이며, 두 번째는 진헌과 궁예가 신라를 동서로 위협하며 공격해 들어오자 왕이 대책을 고심할 때, 이러한 위기상황에 아무런 힘이 되지 못하는 무능한 신하 중의 하나인 줏대없는 서불한 이손 준흥에 대해 놀려대는 민요들이다. 그리고 세 번째는 나라의 위태로움은 외면한 채, 군사의 녹을 혼자 다 차지하는 데에만 여념이 없는 병부령 맹공에 대한 비판적인 동요이다. 인물의 시와 당대의 노래들을 통해 서술자는 자신의 간섭을 최소화하면서도 인물을 효과적으로 압축 설명하는 데 성공하고 있다. ③은 난영이 궁예를 찾아 아슬라 성으로 찾아와서 전한 시로, 궁예를 죽일 계획을 갖고 궁예를 찾아

온 벗 원회의 계략을 시로 일러주고 있다. 원회와 같이 술을 마시던 중에 이 시를 들은 궁예는 위기를 모면하게 된다.

이외에도 사회적 상황을 전달하거나, 서술자의 논증을 뒷받침하기 위한 예증으로 시나 노래가 쓰이는 현상을 볼 수 있다.

①

나라이 기울어짐이어/하늘이 기울어짐 같도다/하늘이 무너짐이어/창생을 어이하리오./내 몸이 늙고 병 듦이어/오래 머물지 못하리로다./나라를 두고 가는 혼이 황천에 어이 눈을 감으리오./나라를 두고 감이어/피눈물이 흐르도다/남산이 높고 오램이어/국운이 그와 같기를 빌었더니/동해의 깊고 푸름이어/오직 추신의 한만 끝이 없도다/죽는 이 만일 혼이 있을진댄/아홉 번 죽고 열 번 다시 나/천년 종사를 지키고자 하거마는/혼이 홀로 넋이 슬진대/아아 창천 어이하리오

— 거인의 시

②

이 때문으로 해서 선조대왕은 임진난 때 의주로 파천을 하여 쫓기시는 길에서 신하들을 돌아보시고 시 한 수를 지으셨다.

「痛器關山月/傷心鴨水風/廷臣今日後/寧復更西東」

(관산 달을 우러러 아프게 울고/압록강 찬바람에 마음 상한다./신하야 오늘 뒤에도 /또다시 동인 서인을 찾으려 하느냐)

얼마나 기막히게 아픈 시인가, 오장육부가 쏟쳐지는 듯한 글귀마다 한이 서리고 맺은 피를 뿜는 듯한 소리다.

— 『전야』, p. 26

그런지라, 후일에 가객이 철종 재위 십 사 년간의 태평상을 노래하여 가로되,

錦繡江山春似海/鶯花巷陌日中天

이라 한 것은, 그 십사 년의 태평상을 노래하였다기보다도, 오히려 아무 정치도 없이 무사히 지나간 양을 비웃었다는 편이 옳은 지도 알 수 없다.

— 『운현궁의 봄』, p. 196

①은 나라에서 동요가 늘고 풍자하는 글과 말들이 유행하자 이를 식자층의 소행이라 판단한 신라왕은 지식인들을 모두 잡아들이라 명하는데, 이때 잡혀들어온 거인선생이란 사람의 시로서, 신라의 국운의 쇠퇴와 어지러운 사회상을 여실히 보여준다. ②는 모두 흥선의 낙척시절과 집권을 배경으로 하고 있는 작품들로 첫 번째 시는 서술자가 직접 조선조의 당쟁사를 요약하면서 당쟁의 결과가 얼마나 뼈아픈 교훈을 남겨주는 지를 예증하기 위해 제시한 것이다. 두 번째 역시 이러한 당쟁의 결과로 왕실의 외척인 김씨일족이 권세를 잡게 된 배경을 설명한 뒤, 김씨 일족에 의해 꼭두각시로 왕위에 오른 철종의 정치적 무능함과 동시에 김문일가의 거리낌없는 세도와 부도덕성을 예증하는 데 인용되고 있다. 서술자가 직접 인용한 이 시는 결국 김씨일족의 부도덕성과 이들의 권력장악이 결국 잘못된 역사의 결과물이라는 생각을 갖게 만듦으로써, 독자로 하여금 서술자의 의도대로 텍스트를 해독하도록 유도하는 데 기여한다.

텍스트를 구성하고 있는 이러한 이질적 요소들은 근대역사소설이 갖고 있는 연대기적 성격과 밀접한 연관을 갖고 있다. 즉, 한 인물을 중심으로 한 일대기를 모두 담아내기 위해서 서술자는 그 서술의 부담감 때문에, 서술방식으로 장면화보다는 주로 논평과 요약에 의존하게 된다. 그러나 논

평이나 요약은 서술자의 간섭을 최대화시키면서 서사적 흐름을 방해할 수밖에 없는데, 이때 시나 노래 등의 삽입은 논평이나 요약과 같은 효과를 가지면서도 동시에 서술자의 간섭을 최소화하게 된다. 이는 시나 노래 등 운문형식이 가지고 있는 장르적 특징과도 관련된 것으로, 암시적이면서도 동시에 직접적이고 자발적인 표현방법이라 할 수 있는 민요와 동요와 같은 노래나 시 등은 서술자의 과도한 개입 없이도 상황이나 개인의 정서적 상태를 가장 효과적으로 드러내는 장치가 되는 것이다. 특히 개인의 발화에 의해 드러난 이와 같은 형태는 매개화되지 않고 직접적인 통로를 통해 제시되기 때문에 서술자의 간섭적이면서 동시에 간접화되는 논평보다도 훨씬 강력하게 인물의 정서 상태가 독자에게 전달된다. 또 한편으로 이 형식들은 인물의 직접적 발화이면서도 동시에 서술자의 의도가 내재되어 선택된 형식이기 때문에 같은 지향점을 갖는 두 개의 목소리와 더불어 두 개의 의도가 합해져서 보다 강력한 흡입력을 갖게 되는 것이다.

2. 인물 구성

텍스트에서 행위는 인물에 의해 이루어진다. 즉 텍스트 내에서 전개되는 사건은 모두 인물을 통하여 일어나기 때문에 인물에 대한 고찰은 서사구조와도 밀접한 관련이 있다. 이렇듯 하나의 서사물에서 인물과 행위는 분리될 수 없다. 또 한편으로 인물에 대한 정보의 형태는 서술자에 의해 이루어지기 때문에 마찬가지로 서술형식과 인물의 제시 방법 또한 서사물에서 긴밀한 상관관계를 형성한다. 결국 인물이란 텍스트 전체에 흩어져 있는 이러한 여러 가지 층위의 관계에서 발생하는 암시로부터 독자가 스스로 재구해내는 구성물이라 할 수 있다.

본 장에서는 근대역사소설에서 인물 구성의 특성들을 서술 행위와의 관련하에서 고찰해 보기로 한다.

1) 서술의 직접한정과 인물의 단일성

근대역사소설에서 인물에 대한 정보나 제시는 대부분 권위적 서술자의 논평을 통해 요약되거나, 이러한 서술자의 권위를 내재한 인물의 시각을 통해 드러나기도 하는 특징을 보이고 있다.

추상된 스토리내의 하나의 구조물로서의 작중인물은 여러 성격-특성으로 이루어진 하나의 조직체라고 기술될 수 있다. 그러나 이 특성들은 텍스트내에 그러한 특성으로서 나타날 수도 있고 그렇지 않을 수도 있는데, 이 구조물들은 텍스트-연속(text-continuum)을 따라 배열되어 있는 여러 성격 지표(character-indicator)를 한데 모으고, 필요한 경우에는 그것들로부터 특성을 추출해냄으로써 얻어질 수 있다. 텍스트에 나타나는 성격지표에는 두 가지 기본 유형이 있는데, 하나는 직접한정(direct definition)이고 또 하나는 간접제시(indirect presentation)이다.[28] 작중 인물의 특성을 지목하는 방식은 텍스트에서 가장 권위있는 목소리를 통해 말해질 때에만 직접-성격 구성이라고 간주될 수 있다. 근대역사소설에서 인물을 묘사하는 데 가장 흔하게 기대고 있는 방식은 바로 이러한 직접한정의 형식이다.

---

[28] 간접제시는 인물의 행동, 외양, 환경, 유비(명칭유비, 인물유비, 풍경유비) 등을 통해 독자가 인물의 성격을 재구해내는 방법이다.(Limmon-Kenan, 앞의 책, pp.92~108 참조.) 다시 말해서, 직접한정은 요약에 간접제시는 장면묘사에 가깝다고 할 수 있으며, W. C. Booth의 용어로는 각각 '말해주기(telling)'와 '보여주기(showing)'에 해당된다.

그런데 거칠마로는 기골이 장대하고 눈과 목소리가 크고 과연 무장감이 지마는, 이차돈은 미목이 청수하여 여자같이 아름다운 사람이었다. 게다가 이차돈은 무장에게 필요한 억세인 생각이 적고 자비심이 많아서 도저히 천만인의 목숨을 파리 죽이듯하는 일은 할 수 없을 것 같았다.

- 『이차돈의 사』 p. 16

그리고 이차돈의 조부 한마로는 학자님이요, 엄격한 도덕가로 공명도 바라지 아니하고 임금의 신임을 얻으려고 애를 쓰지도 아니하였다. 그래서 지혜가 좋고 사람도 잘났건마는 세상의 존경은 받을지언정 세력가는 아니었다. 공목과 알공은 다소 음험하나 수완이 많은 정치가요, 따라서 대단히 야심이 많은 사람이었다.

- 『이차돈의 사』 p. 21

둘이 한 나이나, 젊었을 적에는 다같이 화랑으로 돌아다니면서 같은 풍월당에서 노래도 읊조리고 활쏘기도 겨루며 술을 나누기도 하였고, 그 후 한 조정에 서서 피차에 귀밑털이 희어졌으니 바이 안 친한 터수도 아니지만 속으로는 맞지 않는 두 사이였다. 금지는 철저한 당학파요 유종은 어디까지나 국선도를 숭상하는 터이니 주의부터가 달랐다. 금시중은 얼굴빛이 노리캥캥한데다가 수염도 없어 얼른 보면 고자로 속게 되었는데 이손 유종은 긴 수염이 은사실같이 늘어지고 너그러운 두 뺨에 혈색도 좋으니 풍신조차 정반대였다. 더구나 하나는 깐깐하고 앙큼스럽고 하나는 괄괄하고 호방하여 두 성격이 아주 틀렸다.

- 『무영탑』 상권 p. 162

외모에서부터 품성에 이르기까지 인물에 대한 정보가 서술자에 의해 간단명료하게 제공되고 있음을 볼 수 있다. 특히 인물 제시는 대부분 대조를 바탕으로 이루어져 있어 독자들은 쉽게 기억할 수 있으며, 단순한 분류에 의한 제시로 인해 서사의 흐름을 빠르게 추적할 수 있게 된다. 특히 남성 주인공이나 여성 주인공에 대한 한정 방식은 대부분 고소설에서 보이는 형태에서 그리 크게 벗어난 것은 아니며, 오히려 다른 소설의 형태들과는 달리 역사소설에서는 고소설 특히 영웅소설의 인물에 대한 제시방법을 계승하고 있음을 알 수 있다.

누구나 그중에서 깨어진 철바가지 투구를 쓰고 긴 환도를 둘러 진군을 호령하는 애꾸눈이 아이를 보았을 것이다. 비록 애꾸눈일망정 두 귀 위에 달린 윤 흐르는 검은머리의 쌍쌍투라든지 장대한 골격이며 위풍 있는 용모와 풍채라든지, 그 어리지마는 웅장한 음성이라든지 나이는 십삼 세밖에 안 되어 보여도 어딘지 모르게 점잖은 태도가 있는 것이라든지, 누가 보아도 범상한 아이가 아닌 것은 짐작할 것이다.

— 『마의태자』, p. 12

육십보 밖에서 칼을 던져서 한 치의 어그러짐이 없이 목적물을 맞추느니만치, 무술에 능하고 쾌활하고도 침착하며, 또한 가무에도 능하며 태공에게 극진한 사랑을 받아서 그의 직전인 남추도 또한 볼 만한 말하자면 온갖 방면에 당시의 공자로서 갖추어야 할 자격을 필요이상으로 가지고 있는 젊은이였다.

…… 그러나 아무곳도 의지할 곳이 없는 이 어린 공자에게는, 영리함과 총명함이라 하는 가장 보배로운 무기가 있었다. — 『젊은 그들』, p. 12

① 나이 열 여덟이 되어 **아침 이슬 떨치는 꽃송이 같은 난영**은······

- 『마의태자』, p. 117

② 과연 그 처녀의 풍후한 두 뺨이라든지 우뚝 선 코라든지 가늘한 눈이라든지 인자하고도 꼭 맺힌 얼굴 모양이며 천간 같이 무겁게 땅을 턱 내려 누르고 선 몸이라든지 그러면서도 탁한 기운은 한 점도 없고 맑고 영채나는 기운이라든지 석굴암 석불을 보는 듯하였다.

- 『마의태자』, p. 248

③ 이윽고 시녀의 부액을 받아 **꽃같이 아름다운 왕건의 맏딸 낙랑공주**가 들어와 왕의 앞에 섰다.

- 『마의태자』, p. 313

남성 주인공은 대부분 비범함과 용맹성에 여성 주인공은 절세가인에 비견되는 등 근대역사소설에서는 이러한 유사한 묘사방법이 주로 쓰여져 인물을 유형화시키고 있다. 이렇게, 한 인물이나 배경을 한 마디 혹은 짧은 구절로 요약하는 것은 분명 서술자의 목소리를 환기시키며, 동시에 보다 큰 힘을, 따라서 보다 큰 가청도를 암시한다. 텍스트를 통해 암시에 의해 분산된 '그들은 어떤 사람들이었는가' 라는 것은 분명히 말해 한마디로 '그들은 어떤 사람들인가' 라는 말, 즉 전체적인 줄거리에서 서술자가 적용하려고 한 말이 된다. 근대역사소설의 서술자들은 고도로 그러한 개요를 배치한다. 문제는 작중인물의 도덕적 내지 지적 특성에 대한 작자의 논평이 언제나 그 인물들이 행동을 하는 사건들에 대한 독자의 관점에 영향을 끼칠 수 있다는 사실이다.

또 한편으로, 근대역사소설은 인물의 품성에 관해 독자에게 전달해 줄 수 있는 경제적인 방법으로, 서술자가 설명해주고 그 설명을 정당하게 선택된 삽화로서 뒷받침하는 방식을 보여주고 있다.

> 이렇기 때문에 세상 사람들은 제안을 가리켜 일부러 바보인 체하는 사람도 있다. 그것은 예종의 아들로 아무리 평원대군에게 출계를 하였지만, 설불리 똑똑한 체하는 날이면 목숨을 보존하기가 어렵게 되는 처지에 있는 때문이라고도 한다.
> 어떻든 제안대군은 이렇게 바보와 성인인 어느 편의 한 사람이었다.
> ─『금삼의 피』, p. 116

연산의 숙부가 되는 제안대군의 품성에 대한 설명을 서술자가 요약하지 않고, 대신 제안에 관련된 거지와 여자에 관한 삽화 두 개를 제시하여, 제안의 품성을 짐작케 하고 있다. 이러한 방식도 명백하게는 서술자의 의도에 종속된다고 할 수 있다. 이렇게 서술자는 이미 독자에게 인물을 어떻게 생각해야 할 것인가를 설명한 다음 그러한 서술자의 주장을 뒷받침하기 위해 인물을 간략히 제시해주었기 때문에, 독자는 명확하고 집중적인 예상을 가지고 가장 중요한 삽화로 접근해 갈 수 있다.

이러한 인물들의 특성이 권위있는 화자의 입에서 나온다면 독자는 자신도 모르는 사이에 이 한정을 그대로 받아들이게 될 것이다. 이 한정이란 일반화(generalization)나 개념화(conceptualization)와 유사하며 동시에 초속적(超俗的)이기 때문에 만일 이 한정이 구체적인 자질구레한 자료들로부터 서서히 나타나거나 어떤 특수한 행동에 의해 직접 예증되거나 다른 인물 구성의 수단과 함께 제시되거나 한다면 그러한 인상은 경감될 것이지만, 이 한정이 텍스트에서 우세할 경우에는 이성적이고 권위적이고 정적인 인상을 만들어내게 된다.

직접한정은 간단 명료하게 작중인물의 성격을 독자가 파악할 수 있도록 하는 이점이 있다. 텍스트내에 흩어져 일종의 혼란스러움까지 동반하는 간접제시보다 명백하고 완결된 모습으로 독자에게 직접 제시되기 때문에 경제적이며, 또한 독자의 반응을 쉽게 유도할 수 있게 된다. 그러나 인물에 대한 직접한정의 방식이 텍스트 내의 사건 자체의 의미나 중요성에 대한 직접적인 진술의 성격을 갖게 된다는 측면에서 근대역사소설은 인물의 단일화와 동시에 독자의 해독행위 자체를 단순화시킬 수 있는 부담을 안는 것은 사실이다.

근대역사소설들이 대부분 장편으로 씌어졌다는 점에서 서술자의 요약이나 논평이 없이도 인물의 성격화를 이루어낼 수 있는 여유를 가지고 있음에도 불구하고 인물에 대한 정보가 직접한정에 기대고 있다는 사실은 고소설의 영향관계에 있음을 의미하지만, 한편으로 인물들의 대화나 독백, 내적 독백의 서술, 행동과 심리의 묘사 같은 간접제시 형식인 근대적 소설기법을 통해 한정을 보완하고 있다.

2) 대칭적 인물 구도의 환유적 기능

문학 텍스트에서 의미 동위체 구성 반복소로 사용되는 의인화된 허구적 개체를 문학적 인물이라고 하는데, 주어진 한 텍스트에 나타나는 문학적 인물 전체를 인물구도라고 한다. 인물 구도 내에서 인물들은 특정한 법칙에 따라 이원적, 삼원적 또는 다원적 대립을 이루는 것이 보통이다. 이때 인물구도의 대립이 동시에 줄거리를 구성하는 반복적 대립을 결정할 경우 이를 줄거리 구조를 구성하는 대립이라고 부르는데, 인물들이 갖는 구성 자질들이 화해할 수 없도록 구도가 짜여진 경우 적대적 대립[29]이라 한다. 한 인물구도 속에서 서로 대체하고 있는 인물집단 소유의 의미론적 자질들이 적대적 대립을 나타낸다는 점은 서술텍스트에 있어서 줄거리의 시작과 진행을 위한 가장 본질적인 전제들 중의 하나라고 할 수 있다.

이렇게 서술텍스트에서 인물들의 구도는 흔히 둘 혹은 그 이상의 부분으로 된 대립을 통해 그 인물 그룹들이 대치됨으로써 하나의 정돈된 세계 모델을 기획하는 데 기여한다. 역사소설의 인물구도는 대개 두 인물그룹으로 나뉘는 인물구도 와 구성적인 이원적 대립을 통해 규정된다. 텍스트들에서 보여지는 인물구도는 한 가지 준거를 중심으로 대칭적 구도를 보여주고 있으며, 이는 당대 작가들의 이원적 세계인식을 드러낸다. 그 준거들은 대부분의 고소설들이 선악의 개념에 그리고 영웅소설들이 충의 개념에 일관되게 대칭구도를 보여줬다면, 근대역사소설들은 이러한 고소설적 요소들이 한 텍스트에 복합적으로 드러나 있는 것이 특징적이다.

『전야』, 『운현궁의 봄』의 흥선과 안동김씨와의 대립, 『젊은 그들』의 흥선과 민비당과의 대립, 『이차돈의 사』의 이차돈과 선마로·거칠마로·공목·알공의 대립, 『무영탑』의 경신·유종과 금성·금지의 대립, 『마의태자』의 김충과 김술의 대립, 『단종애사』의 단종·사육신과 세조의 대립, 『다정불심』의 공민왕·노국공주와 기철을 비롯한 친원세력과의 대립 등이 이에 해당된다.

먼저 가장 뚜렷하게 드러나는 대립의 형태는 주체와 외세와의 대립이라고 볼 수 있다.

---

[29] J. Link, 『기호와 문학』, 고규진 외 공역, 민음사, 1994, pp.331~360.

모두들 기철의 세력을 두려워한 때문이다. 원나라라는 크나큰 강국을 등에 진 기철, 기황후의 형이라는 서슬 푸른 세력이 넉넉히 고려 왕을 능가한 때문이다. … 왕은 기로에 섰다. 강하게 싸워서 최후에 자기의 몸을 불행의 구렁에 떨어뜨린다 하더라도 기철 같은 무리를 단연히 처치해 버리고 강성한 고려, 밝은 고려, 즐거운 고려를 만들 것이냐, 그렇지 않으면 부귀영화와 평안한 왕의 자리를 탐내어 그대로 어리석은 채 한평생을 용렬한 임금으로 보낼 것이냐.
― 『다정불심』, pp. 44~45

노국공주와 결혼하여 고려로 귀국한 공민왕은 첫 정사로 변정도감을 설치하여 그동안 국내의 친원세력들이 부정한 방법으로 축적해 놓은 재산을 돌려받기 위해 안간힘을 쓰지만, 대사도 기철을 중심으로 인승단 등 대부분의 고위대관들은 뒤의 원세력을 믿고 방약무인하게 이를 저지하려고 한다. 『다정불심』의 전반부는 이렇게 공민왕이 국내의 친원세력을 하나하나 처치해 나가는 데 초점을 맞추면서 서사가 진행된다. 그 서사진행의 중심축은 인승단과 기철을 비롯한 친원세력과 공민왕과 노국공주를 중심으로 한 반원세력으로 나누어진 인물그룹에 의해 형성된다.

『무영탑』은 당학파와 국선도파의 대립을 배경으로 하고 있다. 당시의 신라 귀족사회는 이찬 유종으로 대표되는 국선도파와 시중 금지로 대표되는 당학파로 분열 대립된 것으로 설정되어 있다.

"도대체 당학이 무에 그리 좋은고. 그 나라의 바로 전 임금인 당 명황만 하더라도 양귀비란 계집에 미쳐서 정사를 다스리지 않은 탓에 필경 안녹산의 난을 빚어 오랑캐의 말굽 아래 그네들의 자랑하는 장안이 쑥밭을 이루고 천자란 빈 이름뿐, 촉나라란 두메 속에 오륙 년을 갇히어 있지 않았는가.

근지가 당대 제일 문장이라고 추어올리는 이백이만 하더라도 제 임금이 성색에 빠져 헤어날 줄 모르는 것을 죽음으로 간하지는 못할지언정 몇 잔 술에 감지덕지해서 그 요마한 계집을 칭찬하는 글을 지어 도리어 임금을 부추겼다 하니 우리네로서는 꿈에라도 생각밖이 아니냐.

그네들의 한문이란 난신적자를 만들어내기에 곡 맞은 것이거늘 이것을 좋아라고 배우려 들고 퍼뜨리려드니 참으로 한심한 노릇이 아니냐. 이 당학을 그대로 내버려 두었다가는 우리나라에도 오래지 않아 큰 난이 일어날 것이요, 난이 일어난다면 누가 감당해낼 자이랴."

— 『무영탑』 p. 176

유종은 이렇게 "삼한 통일 당년의 늠름하고 씩씩하던 기풍이 당학에 지질리고 문약에 흐르는" 나라를 바로잡고자 국선도를 숭상하는 주체적 인물인 반면, 금지는 "상무지품을 누르시어 혈기방장한 젊은 무리의 예기를 꺾으시고, 성경현전에 잠심케" 가기를 간언할 만큼 국선도를 비방하고 당의 문물을 숭배하는 사대주의자이다. 금지의 아들인 금성은 당에 유학했을 뿐 아니라 한림학사라는 벼슬까지 얻어 자부심이 대단하나, "장부의 기상이라고는 찾으랴 찾을 수 없는" 인물이다. 그러므로 유종은 그의 딸 주만을 금성과 결합시킴으로써 국선도파의 세력을 꺾으려는 금지의 계략을 물리친 뒤, "신라를 두 어깨에 짊어질 만한 인물, 밀물처럼 밀려들어오는 고리타분한 당학을 한 손에 막아내고, 지나치게 흥왕하는 불교를 한 손으로 꺾으며, 기울어져 가는 화랑도를 바로잡을 인물"을 찾다가, 전 이찬 김양상의 아우 경신을 자신의 후계자이자 사윗감으로 선택했다. 경신은 무술에 뛰어난 청년 낭도를 대표하는 인물이다. 그는 고구려의 옛땅을 되찾자는 북벌론을 주장하고, "촉나라까지 쫓겨난 당 명황에게 꾸벅꾸벅 문안 사신까지 보내는" 조정의 사대주의적 태도를 비판한다.

『마의태자』는 후삼국시대에 점차 붕괴되어 가는 신라사회를 배경으로 주체적인 입장을 견지하지 못하고 주변정세에 지나치게 휩쓸리면서 신라 조정의 대신들이 자신들의 안위를 위해 왕건이나 후백제의 진헌에게 빌붙은 인물군과 이에 신라의 내부적 힘의 축적과 주체성의 견지를 주장하는 인물들이 대립되어 있다. 그 가장 중심인물로 마의태자인 김충의 고뇌가 지속적으로 나타나 당대의 주체의 문제에 대한 심각성을 보여준다.

"천년 종사가 만일 불의를 용허하는 고식지계로 태산반석같이 편안할 수 있다 하면, 신은 차라리 말하지 아니하려 하나이다. 그러나 오늘에 왕건을 용납하고 내일에 진헌을 용납한다 하면, 혹은 왕건이, 혹은 진헌이 군사를 끌고 거룩한 서울을 말 발굽 밑에 밟을 날이 멀지 아니하여 이를 것을 신의 눈에 보나이다. 폐하께옵서 일월같으신 위로 진헌 적과 왕건 적에 임하시오면 비록 두 도적의 마음을 화하시지 못하여 그 천하의 의인의 마음을 거두시려니와, 혹은 이 도적을 친하고 혹은 저 도적을 화하시면 오직 하늘과 백성의 뜻을 잃을 뿐더러, 또한 두 도적의 원망을 부르실 것이오니, 이 어찌 슬픈 일이 아니오리까. 두 도적이 비록 강하고 무섭다 하오나 천명과 민심은 그보다도 더욱 두렵고 더욱 힘있는 것이라 의로써 천명과 민심을 거둠이 국가 만년의 대계인가 하오니, 복원 폐하는 역적 왕건의 사자를 베어 의 있는 곳을 천하게 보이시고, 또 백관 유사에게 명하시와, 진헌과 왕건을 불의로써 서로 통하기를 금하시고 널리 천하에 의인·지사를 모아 십년 쟁취, 십년 교훈의 지혜를 본받아 일월 같은 대의의 왕사로 진헌·왕건 등 도적을 진명하시고 천년 종사를 태산 반석위에 놓으심이 선명하옵신 폐하의 하오실 일인가 하나이다"

신라가 진헌과 왕건 사이에서 힘이 움직이는 편에 따라 오락가락하는 와중에, 신하들 또한 두 편으로 갈라져 신라 안위엔 관심이 없을 때, 왕이 김충의 의견을 듣게 되는 부분으로, 당시 신라의 정치적 세태가 잘 요약되어 나타나 있다. 왕건의 세력을 뒤에 업은 김성과 김술 집안세력과 이러한 외세와의 결탁에 단호히 반대하는 김충과 시중 유렴의 대립은 마의태자를 주인공으로 한 텍스트 중반부터 주요 줄거리를 형성한다. 사월초파일 계영을 야료한 김술이 김충과 충돌하여 무안을 당한뒤, 이에 격분한 김성이 계영의 아버지 시중 유렴을 계책을 써서 잡아들인다. 이때 김술은 계영을 납치할 계획을 세우지만, 김충의 도움으로 이 위기를 벗어나 후에 김충과 결혼까지 하게 된다.

『젊은 그들』은 민비세력이 조선을 집권한 후 칩거생활에 들어간 흥선 세력과의 대립을 배경으로 한다.

> 태공의 정치는 그것이 좋건 싫건 모두가 조선과 백성을 위한 것이었다. 그렇거늘 왕비의 정치에는 나라라는 것과 백성이라는 것이 안중에 없었다. 일에는, 자기네의 부귀와 영화를 누리는 것, 이에는 정치와 세력을 꺾는 것, – 이것이 왕비의 정치의 전부였다.
>
> – 『젊은 그들』, p.70

지금 국난이 아침, 나라이 힘을 합하여 외국에 대항하여야 할 이 때, 구내에서 더구나 국민과 왕가의 사이에, 그런 불상사가 생기는 것이 태공의 마음에 맞지 않았다. 불구대천의 원수! 나라를 망치게 한 간당의 수령! 이런 의미로 볼 때에 그 간을 꺼내어 먹는다 할지라도 시원치 않지만, 수레바퀴를 밀려는 당랑과 같은 자기의 처지를 생각할 때에, 비록 저편에서는 자기를 배반하고 자기에게 원수진 행동만 했다 할지라도, 태공은 저편을 밉게만 볼 수 없었다.

— 『젊은 그들』, pp. 484~485

작가는 병인, 신미양요 등을 통하여 보여준 대원군의 쇄국주의를 주체적인 민족의식으로 파악하여 대원군의 입장을 강화하는데, 흥선에 정치적으로 동조하는 활빈당과 민비세력의 대응이 텍스트를 이끌고 있다. 위의 인용문에서 보는 바와 같이 당시 외부적으로 위기상황에 놓인 조선에 대해 흥선은 민비와의 합심도 생각해보지만, 결국 청을 등에 업은 민비에 의해 어처구니 없이 흥선은 청에 납치되고 마는 비운을 겪게 된다. 국권이 외세 열강의 침탈의 대상으로 비쳐진 당시의 상황과 결부하여 파악할 때, 민족의 자주성과 주체성의 확립이란 측면에서 이 대립의 핵심을 파악할 수 있다.

『단종애사』는 조선유학사의 핵심을 이루어 온 '의리명분론'을 중심으로 인물들의 대립이 확연히 드러난다. 단종의 폐위와 죽음에 대해 성삼문, 이개, 박팽년, 그리고 단종 주변의 인물들에게 가장 중요한 것은 '의리'이다.

수양대군이 국가에 어려운 일이 많은 것을 말하고 이러한 난국에 처하려면 큰사람이 필요한 것을 말하여 은연히 시국이 이대로 갈 수가 없는 것과 그 시국을 처리할 사람이 자기밖에 없는 것과 그러므로 나라에 뜻이 있는 사람은 자기를 도와야 할 것을 비추면 조상치는 엄연히,

「국가에 어려운 일이 많으되 의리가 무너지는 것보다 어려운 일은 없고, 국가가 큰사람을 기다리거니와 그 큰사람은 의리를 으뜸으로 하는 사람이외다.」

하고 듣기에는 비록 부드럽지마는 속에는 추상 열일 같은 무서움을 품은 대답을 하였다.

— 하권, pp. 17~18

왕은 위지를 보시고,

「이놈 너도 저놈들과 같이 역모를 하였지?」

하고 물으신다.

「참칭왕을 폐하고 상왕을 복위하시게 하려고 하엿지요.」

하고 위지는 한숨을 쉰다. 불행히 실패하였다는 뜻이다.

「어찌해서 그랬어? 벼슬이 부족해서 그랬느냐?」

하고 다시 물으신다.

「벼슬? 나으리가 영의정을 주기로 받을 내요? 악을 치고 의를 붙들자는 것이오.」

하고 극히 선선하게 대답한다.

— 하권, pp. 117~118

이 의리에 배치된 행동을 하는 수양대군, 한명회, 권람 등이 서로 대립하여 명확하게 선악의 개념을 형성한다.

『이차돈의 사』의 인물들의 대립은 고소설적 선악의 구분을 가장 충실하게 담아내고 있어 텍스트의 설화성을 높이는 데 기여한다. 위의 텍스트들에서 보이는 것과는 달리 뚜렷한 정치적 명분 없이 각기 개인적 동기에 의해 이차돈과 대립하는 인물들인 거칠마로, 선마로, 공목, 알공 등은 서사를 이끄는 데 주요동인이 되는 인물들이다.

서술텍스트에서 등장인물은 텍스트상의 통합적 담화 속에 위치할 수 있고, 그 담화 속에서 수사학적 요소로 나타나기 때문에, 한 계합적 집합의 환유나 혹은 현실의 여러 삶에 속하는 질서들의 은유가 될 수 있다. 다시 말해서 등장인물을 하나의 지시대상, 즉 하나의 역사적·사회적 지시대상의 은유이자 환유로서도 간주할 수 있다는 것이다. 등장인물의 도움에 의해 과거의 사회문화적 지시대상과 현대의 어떤 지시 대상 사이의 근접 가능성이 있다. 지시 대상의 환유로서의 등장인물의 기능 작용도 역시 텍스트상의 요소들과 일람표를 작성할 수 있는 텍스트 외적인 요소들에 입각해 구축된다. 이 구축은 단지 텍스트적 일람표뿐만이 아니라 작가나 독자가 알고 있거나 체험했던 과거와 현재의 이야기에도 의존한다. 그것은 수사학적 기능작용이고 좀더 엄밀히 말해 상이하고 서로간에 관련이 없는 문맥들 사이에서 매체의 기능을 담당하는 등장인물의 환유기능이다.

역사소설의 인물들은 분명히 텍스트 내에서 환유 기능을 가지고 있으며, 이는 텍스트가 1930년대의 정치적 상황에 대한 작가와 독자의 체험, 그리고 역사적 사실에 대한 공통된 정서와 이해를 바탕으로 하고 있다는 사실에서 그 근거를 찾을 수 있다. 위에서 살핀 바와 같이 텍스트들의 주요 배경들이 대부분 주체와 외세의 대립을 핵심축으로 삼고 있다는 데서, 대부분의 독자들은 민족주체의 당위성과 조선의 식민지적 상황을 발견할 수 있을 것이다. 더군다나 '의리명분론'을 중심으로 한 『단종애사』까지도 단종의 실국이 일제 침략에 의한 망국에 대응되고, 수양대군 추종파와 사육신의 대결이 친일파 대 항일파의 대립에 대응되는 일종의 비유임이 짙게 암시되고 있으며, 당시의 독자들에 의해서도 그렇게 읽혀졌다는[30] 사실에서 역사소설 인물들의 환유적 기능을 충분히 발견할 수 있는 것이다.

---

30) 박종화, 「단종애사 해설」, 『단종애사』 하권, 우신사, 1991, pp.190~197.

지금까지 살핀 바와 같이 텍스트의 주요 배경을 형성하고 있는 인물들의 대립은 대개 선악의 형태로 표현된다는 것이다. 특히 대립을 중심으로 한 인물들의 형상화에 있어서 인물의 외모 차이부터 시작하여 적대적 인물의 오만하고 방자한 행위라든지 도덕적 품성의 결격이라든지 대부분은 독자의 즉발적인 판단을 이끌어낼 수 있는 고소설적 요소에 상당히 기대고 있음을 알 수 있다.

> 환갑을 지냈을까 말까한 늙은 얼굴은 윤기가 흐르지 않고 조금 옹졸한 편이었다. 여기다가 노랗게 뻗힌 털보 구레나룻은 사람에게 부드러운 인상을 풍기기 어려웠다.
>
> — 『다정불심』: 인승단에 대한 묘사, p.33

> 그의 눈앞에는 경신의 모양이 완연히 나타났다. 후리후리한 키에 떡 벌어진 어깨판, 트인 이맛전과 너르거운 뺨은 언제든지 싱글싱글 웃는 듯 하였으나 어딘지 늠름한 위풍을 갖추어 대하는 이의 머리를 절로 수그리게 한다.
>
> — 『무영탑』: 경신에 대한 묘사, p.180

> 더구나 더 우습기는 그 도적놈의 차림차림이었다. 달빛에도 웃옷이 윤이 질질 흐르는 것을 보면 한다하는 당나라 비단이요, 게다가 복두를 젖혀 쓰고 제 딴에는 한창 거드럭거리느라고 공작 꼬리까지 뻗쳐 꽂은 것이 정말 가관이었다. 그 버둥버둥하는 가죽 목화도 가소로왔다.
>
> — 『무영탑』: 금성에 대한 묘사, p.149

너그러운 뺨에 자이 넘은 흰 수염이 은사실같이 늘어진(유종에 대한 묘사)…… 고자처럼 노리캥캥하고 수염도 없이 맹숭한 시중 금지가 한문 문자를 써가며 맞방망이를 올린다(금지에 대한 묘사).

- 『무영탑』 상권, pp. 26~27

기철이란 원나라 기황후의 오라비로 원나라와 고려에 세도가 혁혁한 인물이었다. 모두 잘난 체하는 기씨네 중에도 그중 잘난 머드러기 인물이다. 세도가 고려 일국을 진동하는 첫손을 꼽는 사람이었다. 학식과 얼굴은 그리 보잘 것 없으나 누이 기황후를 잘 둔 덕으로 해서 벼슬이 대사도까지 올랐다. 기철은 부리부리한 불량한 눈을 휘번득거리고 큰기침을 한번 한 뒤에 전상으로 오른다. 어전이언만 방약 무인한 태도는 보는 사람의 마음을 서늘하게 만든다.

- 『다정불심』 ; 기철에 대한 묘사, p. 38

하나의 문학적인 인물 구도에서 특정한 자질들이 적대적으로 취급되는가 아닌가는 그 밑바탕에 놓여 있는 이데올로기의 영향을 받게 마련인데, 이는 민족주체사관에 작가의 시각이 머물러 있기 때문에 가능한 것이다. 특히 인물들에 대한 묘사방법은 위의 인용문에서 볼 수 있는 것처럼, 다양한 특징 중의 하나만이 과장되거나 두드러지게 만들어져 있는데 이는 두드러진 어떤 특질이 순전히 개별적인 특질로서가 아니라 전체 집단을 나타내는 것으로 파악된다는 측면에서 스스로를 초월하여 어떤 기능을 한다는 점이다. 이 인물들은 오직 하나의 특성만이 존재하기 때문에, 그의 행동은 고도로 술어적일 수밖에 없으며, 따라서 독자는 그들에게서 뚜렷한 방향성을 읽게 되며, 분명하게 기억된다는 것이다.

정돈된 세계모델의 조망가능성은 수용자가 재빨리 제 길을 찾고 스스로를 쉽게 동일시하는 일을 가능케 해준다. 이로써 독자는 어떤 고유한 행위에 대한 대체행위로서의 문학적 행위 속에 들어서고 인물들간의 관계, 독자·인물 그리고 작가간의 관계를 현실의 대응관계로 쉽게 바꿔치기 할 수 있는 가능성도 동시에 열려지게 된다. 줄거리의 전개 없이도 역사소설의 인물구도는 의미론적 이원대립들을 긍정적이고 부정적으로 그려진 인물들에게 귀속시킴으로써 그들을 가치평가하고, 또 그것을 통해 가치에 부합되게 정돈된 인간상과 세계상을 만들어냄으로써 사회화 작용을 하고 있는 것이다.

Ⅲ. 근대역사소설의 서사 양상 분석

1. 계몽 서사를 위한 '말하기(telling)' : 이광수

이광수는 박종화의 「목매이는 여자」와 우리나라 최초의 역사소설이라는 자리를 두고 논란이 되어 온 「가실」(1923) 이후 해방 이전까지 10여 편[31]의 역사소설을 발표했다. 그의 역사소설들은 대부분 민족사적 위인을

---

31) 단편 「가실」(동아일보, 1923. 2. 12~2. 23)과 중편 「꿈」(〈문장〉, 1939. 7), 번안소설 「허생전」(동아일보, 1923. 12. 1~1924. 3. 21), 「춘향전」(동아일보, 1925. 9. 30~1926. 1. 3)이 있으며, 본격 장편 소설로는 『마의태자』(동아일보, 1925. 5. 10~1927. 1. 9), 『단종애사』(동아일보, 1928. 11. 30~1929. 12. 11), 『이순신』(동아일보, 1931. 6. 26~1932. 4. 3), 『이차돈의 사』(조선일보, 1935. 9. 30~1936. 4. 12), 『세조대왕』(박문서관, 1940), 『원효대사』(매일신보, 1942. 3. 1~10. 31)가 있으며, 미완 작품으로 「선도자」(동아일보, 1923. 3. 27~1923. 7. 17), 「공민왕」(조선일보, 1937. 5. 28~6. 10) 등이 있다.

주인공으로 설정하여 그들의 생애를 전기적으로 서술하는 특징을 갖고 있으며, 민족이념의 고취가 주조를 이루고 있다. 실제로 이광수는 자신이 역사소설을 쓰게 된 동기와 목적의 중심이 민족정신에 놓여 있음을 밝히고 있다.

　　…… 무정이하로 마의태자나 단종애사나 이순신이나 또 재생 그 여자의 일생이나 무릇 내가 쓴 소설은 민족정신의 밀수입의 포장으로 쓴 것이었다.[32]

그의 역사소설에 대한 평가 또한 대부분 민족사적 인물의 생애를 형상화하여 일제강점기라는 정치적 상황 속에서 민족주의 이념을 전달하기 위한 교시적 기능을 갖는다고 평가되어 왔다. 그러나 그의 민족주의 사상의 근거에 대한 평자들의 시각은 부정적으로 나타난다.

강영주는 '작자의 보수적 민족주의가 지닌 사상적 한계와, 이념의 제시를 위해서는 사실의 왜곡도 서슴지 않는 창작태도로 말미암아 바람직한 성과에 도달했다고는 보기 어렵다'고 보고 있으며, 송백헌은 '역사의식이 정면으로 드러나는 것이 아니고 기껏 윤리관이나 도덕적 개선, 풍속개량 따위의 문제가 더 주된 관심사로 묘사'되고 있다고 혹독히 비판하고 있다. 따라서 필연적으로 교설적 육성에 감상적 비탄과 같은 문체가 드러날 수밖에 없다는 것이다.

실제로 작가의 역사소설에 대한 이러한 이념적 태도는 서술자의 서술방식에도 영향을 미치고 있음을 볼 수 있다.

---

32) 이광수, "여의 작가적 태도", 〈동광〉, 1931. 4.

1) 권위적 서술의 통어 기능

(1) 요약 서술의 편집자적 권위

소설이 극과 변별될 수 있는 특징 중의 하나는 인물의 발화라는 극작가에게 허용되는 목소리 외에도 서술자의 설명을 사용할 수 있다[33]는 것이다. 이는 이야기를 전달하는 방식의 문제인데, 이야기는 인물의 발화나 생각을 통해 장면(scene)위주로 전달할 수도 있지만, 주로 요약(summary)이나 논평(commentary)과 관련된 방식으로 서술자에 의해 전달될 수도 있다는 것이다. 그러나 가장 흔하게는 이 두 가지의 결합형식으로 전달해 주는 것이다.

이광수의 텍스트들이 주로 사용하는 서술 방식은 물론 세 번째이지만, 다른 작가들에 비해 유독 많이 보여지는 것은 서술자의 요약에 의존하는 형태이다. 요약은 대개 시간적 생략을 언급하는 말로,[34] 두 장면을 바꾸는 가장 보편적인 방식이자 장면이 돌출하는 것을 누그러지게 하는 '배경'이 되기 때문에 소설의 서술에서 가장 탁월한 연결조직이 되며, 소설 서사의 기본적인 리듬은 바로 이 요약과 장면의 교차에 의해 규정[35]되곤 한다. 이러한 요약의 형태는 서술자의 현존과 아울러 무엇을 상세히 다루고 무엇을 압축해서 서술해야 할 것인가 하는 데 대한 서술자의 생각을 내포하고 있다. 그러나 이광수의 텍스트들은 요약이 너무 우세하여 서술자

---

33) Wayne C. Booth, "Distance and Point of View", *The Theory of Novel*, ed. Philip Stevick, New York:The Free Press, 1967, p.90.
34) S. Chatman은 요약 형태에 대해 '시간경과를 설명하려는 욕망과, 그 사이에 무슨 일이 일어났는가하는 피화자의 마음 속에 일어난 의문에 만족한 대답을 제공하려는 욕망을 전제로 한 것'으로 설명하고 있다. (앞의 책, p.273.)
35) G. Genette, 앞의 책, p.86.

의 편집자적 권위를 강하게 드러내는 방향으로 나아가고 있다. 요약은 인물과 사건 모두에 행해지고 있다.

①

　혜빈은 본래 천한 집 딸로서, 인물이 아름다운 까닭으로 열세살에 나인으로 뽑히어 들어와 중전마마의 귀염을 받으며 궁중에서 자라났다. 십오륙세가 되매 대단히 자색이 아름답고 또 영리하여서 점점 왕의 총애하심을 받게 되어, 열여덟 살에는 한남군을 낳았고 스물네 살인 작년에는 둘째로 영풍군을 낳았다. 영풍군은 아직 돌을 바라보는 어린 아기로서 원손 아기와 젖을 나누어 먹게 된 것이다.

- 『단종애사』 상권, p.15

②

　김악이 당나라를 향하여 서울을 떠난 것은 경명왕 팔년 유월이었다. 왕은 김악을 당으로 보내고 그가 돌아오기만 고대하였다. 그리고 가끔 김충을 불러 말로 듣고 그 말대로 해보려고 힘도 써보았으나 워낙 깊이 박힌 왕건의 세력을 어찌할 도리가 없었다. 그러다가 김악도 돌아오기 전에 그 해 팔월에 그만 승하하고 왕의 아우 위응이 즉위하여 경애왕이 되었다. 왕은 본래 진헌을 친하던 편이었다. 그러나 왕의 자리를 빼앗기기를 두려워 왕건의 편이 되어 버렸다. 그래서 즉위하는 길로 곧 사신을 고려에 보내어 왕건과 대등의 예로 서로 호(好)를 통하고, 왕건도 사신과 폐백을 보내어 일변 경애왕이 보위에 오른 것을 하례하였다.
　이것을 본 진헌은 왕과 왕건에게 대하여 절치 부심하였다. 경애왕의 마음이 변한 것도 분한 것이거니와, 왕건이 자기를 배반하는 경애왕과 한편이 되는 것이 더욱 분하였다. …… 진헌은 마침내 군사를 움직여 삼국 통일의 대업을 이루기로 결심하고 위선 삼천 병마를 몰아 질풍같이 고려의 조물성을 들이쳤다.

- 『마의태자』, p. 244

①은 인물에 대한 요약의 형태로 단종에게 젖을 물린 혜빈에 대한 것이다. 인물의 외모와 더불어 출신 배경, 나인으로 들어와 왕의 사랑을 받기까지의 한 개인의 과거사가 일목요연하게 단 세 문장으로 정리되어 있다. 일견 고소설적인 느낌을 갖게하는 이러한 요약 형태는 거의 모든 텍스트들에서 새로운 인물이 등장할 때마다 행해지고 있다. ②는 텍스트 내에서 발생한 사건에 대한 요약으로, 경명왕 4년 10월에 후백제의 진헌이 군사 일만을 데리고 신라를 치려하자, 이에 놀란 왕이 왕건에게 청병하게 된다. 진헌이 이 소식을 듣고 물러난 후에도 여전히 고려군사는 국내에 주둔하면서 돌아갈 기세를 보이지 않자, 이에 부심한 경명왕은 할 수 없이 당의 도움을 받고자 창부 시랑 김악을 보내게 된다. 그러나 그가 돌아오기 전에 경명왕이 승하하고 동생 경애왕이 왕위에 오른다. 평소 진헌과 친하게 지내던 경애왕은 자신의 왕위에 두려움을 느껴 어쩔 수 없이 왕건과 손을 잡게 되고 이에 분노한 진헌이 삼국통일을 결심하게 된다. 왕건이 이를 저지하려 하지만 패하자, 진헌을 형이라 부르고 신라에서 군사를 물러오게 한다. 대략 궁예왕이 죽고 왕건이 왕위에 오른 후부터 진헌과의 마찰을 거쳐 다시 삼국이 팽팽한 대립시기로 들어가기까지의 수년 이상의 사건들을 급속하게 요약하고 있다. 이러한 사건 요약의 형태는 역시 인물의 일대기를 모두 담아내려는 서술자의 조급함에서 연유한 것으로 보인다.[36] 서술자의 조급함은 충분히 장면화를 시킬 수 있음에도 불구하고 먼저 사건의 진

행을 서술자의 요약으로 제시한 뒤 뒤이어 장면화하는 기이한 서술형식에서 잘 드러난다.

①

　금강이 운주에서 패하였단 말을 듣고 진헌의 맏아들 신검은 진헌을 잡아 금산사에 가두고 군사를 보내어 길에 매복하였다가 패하여 돌아 오는 금강을 잡아 죽이고 스스로 왕이 되었다. ……
　<u>이때에 진헌은 아직 아직 어린 첩 고비를 끼고 자리에 있어 자는데 문득 문밖에서 요란한 고함소리가 들리므로 놀래어 깨니,</u>

②

　이 일이 있은 뒤로부터 왕의 병환은 더욱 침중하시와 오월 이십 사일에 마침내 어리신 동궁에게 나라를 맡기시고 승하하시었다.
　<u>왕이 승하하시기 전날,</u> ……　　　　　　　　　　－『단종애사』 상권, p.58

③

　어리신 새 왕은 정전에 출어하시고 삼공 육경, 삼사 장관 이하 여러 대관이 모이고 수양, 안평, 금성 등 여러 대군도 참예하여 정부와 종친과 서로 겨루다가 마침내 종친 편이 이기어 수양대군이 사신으로 가게 되었다. …… 그일은 이렇게 되었다.
　　　　　　　　　　　　　　　　　　　　　　　　　－ 위의 책, p.105

---

36) 한 텍스트 내에 두 인물의 일대기를 담아내고 있는 『마의태자』에서 이러한 급속한 요약의 형태가 가장 빈번하게 보여지고 있다는 사실이 이를 증명한다. 실제로 『마의태자』는 설화의 영웅담에서 보여지는 출생의 비밀, 타고난 재주, 가출, 힘의 결집, 복수, 배반, 사랑의 성취, 권력의 성취, 비참한 죽음 등 대서사적 요소들로 이루어져 있으나 극심한 요약 서술로 인해 텍스트가 주는 긴장감은 상당량 상쇄되고 있다.

고딕체로 된 부분은 서술자의 사건 요약이고, 밑줄 친 부분은 이미 서술자에 의해 요약되었던 사건이 다시 인물들의 발화와 행위에 의해 장면화되어 나타나는 시작 부분들이다. ①은 진헌의 첫째 아들 신검이 평소에 자신보다 동생 금강이 아버지의 총애를 혼자 받아 왕위를 이으려 하는 것을 미워하였던 차에 싸움에 패한 금강을 돌아오는 중간에 죽이고 아버지 진헌을 금산사에 가두고 왕이 된 것을 서술자가 요약한 것이다. 그리고 밑줄 그어진 부분은 바로 요약 뒤에 나오는 부분인데, 진헌이 자고 있다가 신검의 부하들의 방문을 받고 신검이 일을 꾸민 것을 알게되는 내용이 장면으로 제시된다. ② 또한 문종의 건강이 악화되어 승하한 것을 요약한 뒤, 다시 문종 승하 전날 밤으로 돌아가 그 날의 정황을 자세하게 제시한다. ③은 조정 내에 명나라에 사신을 보낼 의론이 일어 수양으로 결정된 것을 요약한 뒤, '그 일은 이렇게 되었다' 라는 서술자의 자의식적 서술과 더불어 수양이 사신으로 결정되기까지의 과정이 장면화되어 뒤따르고 있다. 이렇게 요약에 대한 서술자의 지나친 의존과 집중은 먼저 요약하고 나중에 장면으로 제시된다거나 뒤이은 인물의 회상으로 장면화되는 성급함으로 드러나 서사의 흐름을 단절시키는 하나의 요인이 된다. 또 다른 요약의 형식으로 발견되는 것은 '유추반복서술'[37]의 형태이다.

---

[37] 이는 '서술의 빈도(frequency)'와 관련된 용어로, 서술과 말하기 사이의 관계 속에서 발하는 서술시간의 주요 양상(aspect) 중의 하나이다. 서술적 진술은 같은 텍스트에서 한 번 혹은 여러 번 반복될 수 있는데, 주로 스토리에서 서술된 사건과 텍스트 속에 서술된 진술이라는 두 가지 측면에서 '반복'이라는 문제가 논의된다. 이 관계로부터 양쪽에 주어진 가능성, 즉 사건이 반복되느냐, 되지 않느냐 그 진술이 반복되느냐 되지 않느냐의 상관 관계로부터 네 가지 유형을 간추려 낼 수 있다. 단 한 번 일어났던 것을 단 한 번 서술하는 경우, n번 일어난 사건을 n번 서술하는 경우, 단 한번 일어났던 것을 n번 서술하는 경우, n번 일어났던 사건을 단 한 번에 서술하는 경우가 있는데, '유추반복서술'은 바로 네 번째 유형에 속하는 형태로 일종의 요약 서술로 볼 수 있다.(G. Genette, 앞의 책, pp.103~116.)

치원은 궁예를 대하매, …… 진정을 떨어 놓고, 천어 만어로 궁예를 달래었다. **그럴 때마다** 궁예는,

『썩은 기둥이 다시 서오? 새 기둥을 세우는 것이 옳지 않겠소?』

하고 은근히 새로 나라를 세울 뜻을 보였다.

궁예의 이 말을 듣고는 치원은 한숨을 쉴 **뿐이었다.**

치원은 궁예더러 같이 나라를 바로 잡자고 달래고 허담화상은 궁예를 **대할 때마다,**

『선종아, 절로 들어 가자.』

하고 다시 중이 **되라고만 졸랐다.**

- 『마의태자』, p. 151

주로 '그 동안' 과 같은 전치사나 시간의 기간을 표현하는 명사들, 그리고 '~때마다', '~하곤 했다', '자주' '여러 번' 등과 같은 특별한 반복상 양상어에 의해 전달되는 유추반복서술은 여러 번 발생한 사건을 한 번의 진술로 요약하는 형식으로 본 텍스트들에서 빈번히 발견된다. 이때 인물의 발화 또한 대화장면 중에서 보여지는 것이 아니라, 서술자가 자신의 서술에 필요한 부분만을 발췌하여 인용하는 요약 서술의 변형된 형태를 보여주고 있다. 치원과 궁예, 그리고 허담화상과 궁예 사이에 오간 자세한 대화 장면에서 서술자의 필요에 따라 부분적으로 치원이 궁예를 달래는 장면을 자신의 발화로 요약 대치하고 그에 대한 궁예의 반응만 장면으로 살려두고 있는 것이다. 이때 서술자의 시공간적 위치가 불분명해지면서 '재현' 으로서의 인물의 직접화법은 그 본래적 기능을 상실하고, 서술자의 의도에 의해 재편되는 것이다.

이와 같이 편집자적 서술에 의해 인물의 개인사가 요약되거나, 추상적

시간의 흐름에 따른 이야기 요약의 형태는 텍스트의 양적 분량을 감당해야 하는 서술자의 부담감과 밀접한 것으로, 서술자가 인물의 일대기 속에 포함된 사건의 추이에 지나치게 집중하다보니 텍스트-시간이 요구되는 묘사나 대화 같은 '장면'성에는 인색할 수밖에 없으며 따라서 그만큼 인물의 생명력과 더불어 이야기의 사실성을 감소시키게 된다. 그러나 한편으로 텍스트를 해독하는 동안 서술자는 독자의 신념이나 관심과 공감을 엄격하게 통제할 수 있는 이점이 있을 수 있다. 요약 서술은 독자의 판단이 흔들리지 않게 하기 위한 명백하고 체계적인 방법일 수 있기 때문이다.

(2) 지적 권위와 신빙성의 극대화

텍스트에서 서술자의 역할 중 가장 명백한 것은 다른 방식으로는 쉽게 알릴 수 없는 사실들을 독자에게 설명해주는 일이다. 물론 사실에는 여러 가지 종류가 있고 그것을 알려주는 방법도 무수히 많다. 무대배경이나 한 행동의 의미의 설명, 사고과정의 요약이나 극화할 만한 깊은 의미가 없는 사건들의 요약, 작중인물의 발화를 통해서는 자연스럽게 나올 수 없는 물리적 사건의 기술이나 세부적 묘사와 같은 것들이다. 이와 같은 서술형식들은 모두 서술자의 특권적 권위와 관계된 것들로 이야기 서술에 있어서 서술자에게 주어진 힘의 정도를 드러내준다. 이광수의 텍스트들에서 보이는 서술자의 권위는 앞 장에서 논의한 제 1서술자의 과도한 노출로 인해 서사성 훼손이 문제될 정도로 극단적인 형태를 띤다. 먼저, 인물과 서사의 미래에 대한 언급이 수시로 행해짐을 살필 수 있다.

① 『단종애사』 상권
이날에 경복궁 안 자선당에서 **큰 슬픔의 주인될 이**가 탄생하시니, 그는

세종대왕의 맏손자님이시고 **장차 단종대왕이 되실** 아기시었다.

— p. 7

    세자께서 세종대왕의 맏아드님이시고, 같은 모후 심씨를 어머니로 둘째가 **후일에 세조대왕이 되실 수양대군**이시고, 세째가 풍채와 문장과 글씨로 일세를 진동한 안평대군이시고, 그 밖에 **후일에 단종대왕을 회복하려다가 안동 옥에서 돌아간 금성대군**, ……

— p. 12

    부인도 이 국 식게 하는 사람이 **장차 자기로 하여금 일국의 국모가 되게 할** 모든 계책을 내는 사람인 줄은 아직 몰랐던 것이다.

— p. 103

    김질은 정창손의 사위요, **장차 육신의 계획을 세종대왕에게 일러바칠 사람**이다. 그러나 지금은 수양대군의 일에 분개하는 지사다.

— p. 236

② 『원효대사』 상권
    왕은 침전에 계셨다. 법회라 하여도 모인 사람은 사오 인뿐이었다. 왕의 생모되시는 월명부인, 춘추공의 부인인 문명부인, 춘추공의 며느님이시요, **장차 문무왕의 왕후가 되실** 자의부인, 유신의 부인, 문명부인의 따님이요, **장차 요석공주라고 일컬어질** 아유다부인 등이었다.
    춘추공은 **장차 태종무열왕이 되실** 이로 유신공과 함께 당시 신라의 두 기둥이었다.

— p. 12

이와 같은 진술들은 서술자가 작중인물에 대한 지식을 갖는 반면, 독자는 이 지식을 공유하고 있지 않다는 것을 전제하며, 타인에게 그들이 알지 못하고 있는 것을 알려 준다는 서술자의 역할 중의 하나를 특징짓는 가정을 내포하고 있다. 제 1서술자의 내부 서사 간섭 양상은 서술자의 인물의 미래에 대한 예시에서 그치는 것이 아니라, 때로는 진행되는 서사와 관련된 인물의 가까운 미래를 투명하게 노출시키기도 한다.

①

윤성은 하도 의욋일에 어안이 벙벙하였다. 그러나 둘째 순간에는 숨이 막히도록 분통이 가슴에 복받치어 올랐다.

〈요것을 왼통으로 아짝아짝 씹어 버렸으면.〉

하고 만동을 보고 득하고 이를 갈았다. 윤성이 이 분한 마음을 바로 그 이튿날 풀 수가 있었다. 손수 만동을 거꾸로 쳐들고 요녀석! 하고 두 다리를 잡아 찢어 죽여 버렸다.

종서는 껄껄 웃으며,

「자네 이런 때에 이기는 법을 아는가?」

하고 만동은 책망도 아니하고 도리어 윤성을 가르치는 듯이 묻는다.

— p. 134

②

더구나 이계전은 불일간에 병조판서를 시켜 준다는 내약을 수양대군에게서 얻었었고 사실상 오늘 일 때문에 이튿날 곧 병조판서가 된 것이다.

— p. 228

①은 홍윤성이 김종서의 행동을 엿보기 위해 찾아온 날, 종서와 대화를 나누던 중 종서의 손자 만종에게 뺨을 얻어맞는 장면이다. 〈　〉속에 들어 있는 윤성의 내적독백이 다음날 현실화되어 나타난다는 가까운 미래 사실을 서술자가 인물의 대화 중간에 끼어 들어 설명하고 있다. ②는 다층적 서술차원의 완벽한 혼재 양상으로 이계전과 권준이 수양대군의 편이 되어 안평대군을 없애기 위해 단종에게 간하고 있는 장면 안에 이계전의 이튿날의 미래를 밝혀주고 있다.

　제 1서술자가 사실상 모든 것을 알고 있는 전지적 서술자로서의 충분한 기능을 갖고 있는 것은 사실이다. 이때, '모든' 것이란 모든 사건과 모든 존재들의 본질을 포함하지만, 모든 것을 안다는 것이 모든 것을 이야기한다는 점을 의미하지는 않는다. 서술자는 독자의 독서행위의 지속을 위해 일정하게 정보를 숨기게 된다. 그것은 담화의 선별적 기능이며, 심지어 숨어 있는 서술자들도 '일이 어떻게 되어가는 것인가'를 알아야만 한다. 그러나 이광수의 텍스트 내에 등장하는 거의 모든 인물들에게 행해지는 서술자의 미래 언급은 독자들에게 인물의 미래에 대한 정보를 완벽하게 제공함으로써 독자의 예상을 드러내놓고 통어하게 되며, 작중인물들이 품고 있는 터무니 없는 희망이나 우려 때문에 독자가 지게 되는 부담을 덜어주게 된다는 측면에서 서술자는 자신의 명백한 의도를 달성할 수는 있지만, 다른 한편으로 독자들의 창조적인 해독행위는 자연 방해받을 수밖에 없게 된다.

　서술자의 이러한 자신감은 여기서 그치지 않고 자신이 가지고 있는 모든 능력을 내보이는 데에 주저하지 않는다. 특히 『단종애사』는 시간의 운용에 있어서 서사의 자연스러운 내적 흐름보다는 서술자의 돌발성이 상당량 보이고 있다. 본 서사와는 상관없는 시간 역전이 서사의 진행을 흥미롭게 하거나 서사성을 높이기 위해 쓰이는 것이 아니라 서술자의 필요에 따라 과거 이야기가 선택되어 무작위적으로 혼용되고 있는 것이다. 과거와 현재가 구분되지 않을 정도로 뒤섞여 있어 서술자의 시간이동의 초월성을 드러내고 있다. 이 때 독자는 독서행위에 어려움을 느낄 수밖에 없다.

또 한편으로 서술자는 자신의 서술행위에 대해 정당성을 피력하거나 독자의 공감을 얻어내기 위해 자신의 존재를 스스럼 없이 노출시키고자 할 때가 있다. 이 때 서술자는 다양한 방법으로 자신의 서술행위가 지적 작업이며, 신빙성을 근거로 하고 있다는 사실을 끊임없이 주지시키고자 한다.

① 『단종애사』 상권
「어떠할꼬? 오늘로 국내에 대사를 내리어 팔도 죄수를 다 놓아 주려 하나 어떠할꼬. 법도에 어그러짐이나 없을까?」
하심은 혹시나 그릇됨이 있을까 삼가시는 성인의 뜻이시다.

- 『단종애사』 상권 p. 8

왕께서 이렇게 아기의 전도를 근심하시는 데는 **여러 가지 이유가 있다.** **첫째는, ……**

- 『단종애사』 상권 p. 11

황보인이 정인지에게 말하였다는 것은 잘못 안 말이다. 수양대군이 조금만 꿈쩍하면 사정없이 처치한다는 계획을 정인지에게 누설한 것은 황보인이 아니라 이양이었다.

- 『단종애사』 상권 p. 236

이렇듯 인물의 발화가 틀린 정보를 가지고 있다는 사실을 밝혀내거나, 인물의 발화가 가진 의미를 자신의 언술로 해석해내는가 하면, 인물들의 서사 행위의 발생 원인이나 서술자 자신의 판단행위에 대한 논거를 자신의 목소리로 제시하거나 하는 등 여러 가지 면모를 보여주고 있다. 서술자의 이러한 간섭과 논평의 형식들은 서술자의 지적 권위를 보장해주며, 동시에 신빙성있는 서술자[38]로서의 지위를 확보케한다. 서술자의 지적 행위는 여기서 그치는 것이 아니라, 서사와는 직접 상관 없는 외부적 지식을 독자에게 전달하는 행위로 이어진다.

> 후세에 이곳을 열녀문이라 부른 것은 난영을 두고 이른 말이요, 난영이 타죽은 자리에는 열녀정문과 '난영낭자사'라는 것이 있는 것이 이 까닭이다.
>
> — 『마의태자』, p. 306

> 독자에게는 좀 지리할는지 모르거니와 이 기회에 우리 고신도 신앙에 관하여 약간 설명할 필요가 있다.
>
> — 『원효대사』 상권, p. 167

> 「그러면 그렇지.」
> 하고 상아 선생은 매우 기뻐하며 일어나서 붉은 보에 싼 책을 꺼내었다. 그것은 〈가마나 가라나 마다〉라는 책으로 「신지」(神誌)라고도 하고 「신사」(神

---

[38] 신빙성(reliability)있는 서술자란, 그 스토리 제시나 스토리에 대한 논평을 독자가 허구적 진실에 대한 신뢰할 만한 설명이라고 그대로 받아들이게 되는 서술자이다.

史)라고도 하는 책이다. 가나다라마바사아 여덟 권으로 나뉘어 오늘의 한글과 같으나 받침이 없는 글로 적은 것이다. 이글을 가나다라라고도 하고 가나라고도 하니 가나라 함은 하늘이란 말도 되고 나라라는 뜻도 되는 말이다.

　이 속에는 애초에 허공으로부터 천지가 배판하는 말이 적히고 다음에는 가, 나, 라, 사(해, 밝음, 어두움, 생명) 네 분신의 말씀이 적히고, 다음에는 마(미리, 용), 바(볏, 봉), 다(달), 아(허공) 등 신의 말이 적혔다.

　그리고는 사람의 첫 조상이신 이사나미나미고도, 이사나기나미고도의 사직이 적히고 이러한 신들의 당을 차리는 법과, 제사하는 법과, 제사할 때에 부르는 축문과 차려놓은 제물과 또 남녀가 목욕재계하고 수도하는 법과 인생 생활에 필요한 근본원리, 삼백 예순 가지가 적혀 있었다. 이것이 최치원이가 지은 난랑비(鸞郎碑)에, 「國有玄妙之道曰風流……說敎之源. 備詳神史」라고 한 그 신사다.
-『원효대사』 상권, p.210

독자가 텍스트를 해독하는 데 크게 상관 없는 객관적 지식에 대해 장황하게 설명을 덧붙이는 이러한 서술 행위는 서술자 자신의 지식의 정도를 바탕으로 한 계몽적 의지를 보여주는 것으로 생각할 수 있다. 신빙성을 획득한 서술자에 의해 제시되는 텍스트 독해의 준거는 따라서 움직일 수 없는 신념이 될 수 있다.

　세 살 적 버릇이 여든까지 간다. 오백년 전에 있던 우리 조상들의 장처 단처는 오늘날 우리 중에도 너무도 분명하게, 너무도 유사하게 드러나는구나. 그 성질이 드러나게 하는 사건까지도 퍽으나 오백 년을 새에 두고 서로 같구나. 우리가 역사를 읽는 재미가 여기 있는지도 모른다.
-『단종애사』 하권, p.7

가치기준에 관한 한 대목이 그 자체의 목적을 위해 장식적으로 존재하느냐 그렇지 않으면 보다 더 큰 명분이 있어서 존재하느냐 하는 것은 분간하기가 힘들지만, 이러한 서술자의 침입이 텍스트의 존재 근거를 명백화시키고 있음은 사실이다. 독자가 판단의 기초로 삼아야 할 기준에 대해 한정해준다는 것은 서술자의 신념이 독자에게 전이될 희망을 전제하기 때문이다.

지금까지 살펴본 바와 같이 인물이나 사건에 대한 요약이나 그것들의 미래에 대한 지나친 언급, 그리고 서사 독해와는 상관 없는 외부적 지식에 대한 장황한 설명 등은 빈번하게 독자로 하여금 자신이 한 편의 이야기를 읽고 있다는 사실을 의식하게 만드는 것이 사실이다. 이는 서술자의 성격이 사리를 따지고 들며 필요한 정보를 제공하기도 하고 평가하기도 하는 자의식적 서술자로서의 특성을 강하게 견지하고 있기 때문에 가능한 것이다. 공개적으로 그 자신이 서술된 사건과 인물의 원천임을 인정하는 듯한 이러한 서술 형태에서 서술자의 설득력은 독자들이 믿기에 신뢰성을 구성한다고 여겨지는 것에 놓여 있게 된다. 독자들은 이러한 서술자의 '침입'들을 독립적인 감정의 유출로 경험하는 것이 아니라, 서술자와 친숙해지는 연속적 단계로 경험하면서, 서술자의 설득력에 근거한 계몽적 의지에 근접해질 수 있다.

2) 이야기 구성방식과 의미구조

(1) 비극성 반복의 심미적 효과 (『단종애사』)

『단종애사』는 조선시대를 배경으로 한 역사소설 중 높이 평가되고 가장 많은 독자를 확보[39]한 작품으로, 『단종실록』과 『연려실기술』 등의 사료를 바탕으로 단종의 비극적인 일생을 소설화하여, 세조의 왕위 찬탈과정과 이에 맞선 사육신들의 단종 복위 운동의 과정을 다루고 있다. 실패한 작품으로 알려져 있는[40] 첫 번째 장편역사소설인 『마의태자』 이후 창작된 두 번째 본격 장편역사소설로 춘원이 개인적으로 아끼는 작품이긴 하지만, 집필상의 미숙성은 『마의태자』 못지 않게 드러나 있다. 그의 역사소설 중 시간착오가 가장 빈번하게 일어나고 있는데, 이는 서술적 효과를 기대한 것이 아니라, 미래나 과거로 건너뛰는 초시간성은 설명 도중 서술자의 필요에 작위적으로 행해지고 있어 오히려 해독의 난해함을 유발한다.

『단종애사』는 전체 4편으로 분장되어 구성되어 있는데, 〈고명편〉은 단종이 출생하자, 세종은 특별히 젊은 집현전 학사들에게 원손을 부탁하고, 세종 승하 후 병약한 문종마저도 승하하면서, 여러 대신들에게 세자를 당부하는 고명을 내리는 내용으로 단종등극과 더불어 수양대군과 함께 한명회 무리의 출현까지 그려지고 있다. 〈실국편〉은 수양대군이 권람, 한명회와 더불어 정란을 일으켜 정권을 장악한 후 단종으로 하여금 양위케하는 내용이며, 〈충의편〉에서는 세종과 문종으로부터 특별한 고명을 받았던 사육신들이 단종복위를 꾀하다가 발각되어 처형되며, 〈혈루편〉에서는 영월에 귀양갔던 단종의 죽음을 그리고 있다.

이와같이 『단종애사』는 단종의 비극적인 운명과 집현전 출신 유신들의 의리명분론에 입각한 단종복위운동을 주축으로 전개된다. 이는 작품을 집

---

39) 동아일보에 연재되던 당시 수천통의 투서가 들어올 만큼 독자들의 대단한 인기를 차지하고 있던 작품으로 알려져 있다.(김동인, "춘원연구", 『동인전집』 4권, 한국매일출판사, 1989, p.347.)
40) 김동인은 "춘원연구"에서 『마의태자』에 대해 일단 쓸 말이 없다고 전제하고, 그 700여 페이지나 되는 분량에서 정작 마의태자의 이야기는 수 페이지에 지나지 않으면서 궁예의 이야기가 400여페이지가 넘어서는 구성상의 파행성과 소설로서 일관된 줄거리가 없고 계통이 없다는 사실을 지적하면서, 소설이 아니라 한 개의 강담에 지나지 않는다고 평하고 있다.(위의 책, pp.342~345.)

필한 작가의 의도를 살펴볼 때 더 명확하게 드러난다.

> 단종대왕처럼 **만인의 동정의 눈물을 끌어내인 사람**은 조선만 아니라 전 세계로 보더라도 드물 것이다.…… 육신의 충분 의열은 만고에 꺼짐이 없이 조선 백성의 정신 속에 살 것이요, 단종대왕의 **비참한 운명은 영원히 세계 인류의 눈물로 자아내는 비극의 제목**이 될 것이다. …… 이 사실에 드러난 인정과 의리 – 그렇다, 인정과 의리는 이 사실의 중심이다 – 는 세월이 지나고 시대가 변한다고 낡아질 것이 아니라고 믿는다. 사람이 슬픈 것을 보고 울기를 잊지 아니하는 동안, 불의를 보고 분 내는 것이 변치 아니하는 동안 이 사건, 이 이야기는 사람의 흥미를 끌리라고 믿는다.
>
> – 『단종애사』, 서장

작가는 여기서 단종의 이야기가 독자의 흥미를 끄는 이유로 두 가지를 들고 있다. 즉, '불의'와 '의'의 대결이 아닌 '불의'에 대한 자연스런 심리적 반응인 '분노'와 단종의 생애 자체의 비극성이 그것이다. 그리고, 이를 '인정과 의리'라는 명분으로 연결시켜 조선인의 단처와 장처를 그려내려는 데 창작의 궁극적 의도가 있음을 밝히고 있다. 이로 볼 때, 작가가 텍스트 전반을 통해 의도한 것은 독자들의 단순한 정서적 발로에 기댄 교시적 효과라고 할 수 있는데, 실제로 텍스트 전반에 걸쳐 이러한 정서적 반응을 유도하는 서술이 행해지고 있으며, 이야기 구성 방식 또한 단종의 비극성과 '불의'의 잔악성에 초점이 맞춰져 있다.

먼저, 〈고명편〉은 단종의 탄생부터 서술자의 개입으로 인해 그 비극성이 반복적으로 서술되어 그 의도를 드러내고 있다.

이날에 경복궁 안 자선당에서 **큰 슬픔의 주인될** 이가 탄생하시니,

　　　　　　　　　　　　　　　　　　　　　　　　　　– 〈고명편〉 p. 7

　　그러하건마는 아기에게는 **벌써부터 슬픔이 오기 시작**하였다.

　　　　　　　　　　　　　　　　　　　　　　　　　　– 〈고명편〉 p. 15

　　아기가 자라나시어 왕세손이 되시고 왕세자가 되시었다가 임신 오월 십사일에 등극하시와 왕이 되시니, 이 양반이 **이 슬픈 이야기의 주인공이 되시는** 단종대왕이시다.

　　　　　　　　　　　　　　　　　　　　　　　　　　– 〈고명편〉 pp. 17~18

　　이이가 장차 **우리 불쌍하신 어린 임금 단종대왕**께 젖을 드리고 마침내 그 어른 때문에 목숨까지 버리게 된,

　　　　　　　　　　　　　　　　　　　　　　　　　　– 〈고명편〉 p. 29

　　사건발생이나 사건전환, 인물소개에 있어서까지 반복적으로 예시되는 단종생애의 비극성은 이때 독자에게 일종의 선험적 명제로 인식되어, 객관적 거리감을 상실하고 텍스트의 의도에 따라 이끌려갈 수 있다. 세종과 문종의 신하들에 대한 당부와 아기에 대한 걱정, 단종의 생애를 비극적으로 만들 '붉은 광채 나는 살기등등한 눈'을 가진 수양대군의 가해자적 속성의 뚜렷한 부각 등은 텍스트 전개의 방향을 암시해주는 기능을 하고 있다.
　　〈실국편〉은 수양대군이 정권을 찬탈하기 위한 사전작업으로 살생부를 작성하여 당대 세력가들을 처치해나가는 과정의 잔악상이 집중적으로 서술되고 있다.

이 양은 귀를 어렴풋이 알아보고 적이 의혹을 푼 듯이 다시 걸음을 옮겨 놓았다. 그러나 이 양이 두 걸음을 옮기기도 전에 홍윤성과 양정의 철여의가 이양의 머리와 등을 동시에 내려치었다. 이양은 소리도 없이 땅에 거구러지어 입으로 피를 토하였다. 함귀도 가만히 있어서는 공이 깎일 것 같아서 눈을 뜨고 피거품 문 입을 움직이려 하는 이양의 양미간을 철여의로 내려 바수었다. 얼굴은 알아보지도 못하게 으깨어지고 말았다.

- 상권, p. 180

황보인의 머리를 가지고 상감께 정난 수말을 주달하여야 한다는 인지의 말이 수양대군에게 무척 기뻤다. 적장의 머리를 베어들고 탑전에 공을 아뢰는 장쾌한 맛을 깨달은 것이다.

- 상권, p. 194

안평대군, 김종서, 황보인에서 정분에 이르기까지 모략을 짜는 과정에서부터 하나하나 처치해나가는 과정을 구체적으로 낱낱이 보여주고 있다. 대부분 보다 잔인하게 죽여 서로 그 공을 뽐내려고 급급해하는 수양의 수하들에 대한 묘사나, 후일의 어떤 사태도 용납하지 않기 위해 '남자로 생긴 이는 젖먹이 어린것까지도 목을 잘라 죽이는' 학살의 잔혹성을 주로 보여주면서 수양 무리의 부도덕성을 부각시키고 있다. 이러한 부도덕성에 대한 강조가 자연스럽게 독자로 하여금 단종의 앞날에 대한 불안감과 함께 동정심을 유발하게 됨은 물론이다.

〈충의편〉은 그 불안감이 현실화되는 부분이다. 수양대군의 주구인 정인지가 단종에게 직접 양위를 할 것을 권고하는 장면은 대부분 정인지의 신하로서의 무례와 몰염치한 행위, 그리고 단종의 모멸감이 심리적 대결

구도를 이루고 있다. 이러한 단순한 대결구도가 주는 최루적 효과는 결국 단종이 수양에게 양위한 뒤, 수양이 이를 축하하기 위해 '대연을 배설하고 백관과 더불어 질탕하게 놀 때' 수강궁으로 초라한 행렬을 끌고 들어가는 장면에서 최고조에 달한다.

> 질탕한 풍악이 울려 올 때에 사정전에 계옵시던 상왕께서는 왕대비를 돌아보시고 말없이 낙루하시었다. 새 임금을 모시고 질탕하게 노니는 옛 신하들은 흥에 겨워 옛 주인을 생각할 여유가 없었다. …… 이렇게 태평건곤이 열린 한편 구석에 거의 아무도 모르게 상왕은 왕대비와 함께 대궐을 빠져나시어 수강궁으로 몸을 피하시었다. …… 쓸쓸한 수강궁에는 번드는 군사의 방 밖에는 불 켜놓은 방도 없다. 우거질 대로 우거진 뜰, 풀에서 제 세상으로 알고 우짖던 늦은 여름 벌레소리가 난데없는 사람의 발자취와 등불 빛에 놀라 끊이락이으락 한다. 달빛이 휑뎅그렇게 빈 대청과 방들을 더욱 캄캄하게 만든다.
>
> 대비와 두 분 후궁은 두 걸음도 서로 떨어지지 아니하고 상왕의 뒤를 따라서 곰팡내 나는 장마 지낸 방으로 들어가신다. 몇 번을 거미줄이 얼굴에 걸리었고 날아나는 박쥐에게 놀람이 되시었다. 방에는 먼지가 켜켜이 앉았다. 이러한 황량한 곳에 길 잃은 사람들 모양으로 한 줄로 늘어선 사람들의 그림자가 초롱불 빛에 어른어른 춤을 추는 것은 이 세상 사람들 같지도 아니하다.

― 하권, pp.79~83

〈충의편〉의 후반부는 명나라에서 수양대군에게 정식으로 고명과 면복을 전하기 위해 오는 것을 기회로 세조를 치고 단종을 복위시키려는 집현전 유신들의 모의가 사전에 발각되어 신문받는 장면들로 이루어져 있다. 세조가 이들을 국문해나가는 과정을 통해서 지금까지의 수양무리의 부도덕성의 정체와 함께 텍스트의 주된 의도가 의리명분이라는 이데올로기의 제시에 있었음이 밝혀진다.

> 왕은 삼문의 태연한 태도와 불공한 말에 더욱 진노하시와,
> 「이놈 제가 입으로 충효를 부르며 감히 나를 배반하니 저런 죽일 놈이 있느냐.」
> 하시고 무슨 말씀을 더 하시려는 것을 삼문이 막으며,
> 「배반이란 말이 되오. 내가 어찌하여 배반이란 말이오? 우리네 심사는 국인이 다 아는 것이야. 나으리같이 남의 국가를 도적하는 사람도 있거든 삼문이 인신이 되어 그 군부가 폐함이 되심을 차마 보지 못함이지 배반이란 말이 되오? 앗으시오. 나으리가 평일에 언필칭 주공으로 자처하지 아니하셨소? 어디 주공이 이런 짓 하였읍네까? 성삼문이 한 일은 천무이일(天無二日)이요 민무이주(民無二主)인 연고요. 앗으오. 그러마오.」
> 하고 왕을 책망한다.   – 하권, pp. 109~110

성삼문의 발언을 통해 의리명분은 결국 전통적인 충의관을 의미하는 '불사이군' 사상에 놓여있음을 알 수 있다. 그러나 텍스트는 사육신들의 충군사상에 의거한 '의리'를 보여주고자 함보다는 이들의 행위를 통해 세조의 '불의'를 부각시키고, 사육신들의 국문과 처형을 통해 세조의 부도덕성을 고발하려는 데에 목적이 있다. 단종복위운동이 왕위찬탈이라는 대의명분 외에도 강력한 왕의 전제권을 확립하려는 세조와 관료지배체제를 유지하려는 유신들 사이의 서로 양보할 수 없는 입장의 차이가 있었다[41]

는 역사적 사실은 차치하고라도 사육신들의 결성 배경이나 이후 행위들이 거의 설명되지 않고 압축되어 그들의 존재 근거 자체를 관념화시킨 데서, 이를 확인할 수 있다. 성삼문, 박팽년, 유응부 등의 신문을 통해 그들이 내세우고 있는 '의리'가 세조의 분노를 부채질하여 더욱 극악한 고문을 행하게 만들며, 결국 이와 관련된 일대 학살과 함께 집현전을 폐쇄케하는 병자원옥이 일어난다.

〈혈루편〉에서는 단종이 노산군으로 강등되어 금성대군궁에서 지내다가 다시 정인지 등의 상소로 귀양을 가게 되고, 금성대군의 모의가 발각되어 사약을 받는다. 여기서는 일개 원의 눈치까지 보면서 살아가야 하는 단종의 비참한 생활과 홍수가 나서 집이 무너져 마을까지 내려와 구사일생으로 살아나는 왕으로서는 겪지 못할 상황들이 제시되어 있다. 왕의 생활이나 죽음은 비감하게 서술되어 독자의 동정심을 극도로 자극하고 있다.

의리와 불의의 대결 구도 속에서 텍스트의 결말은 단종의 죽음으로 끝나고 있다. 그러나 궁극적으로 텍스트의 지향점은 단종과 사육신들의 관계를 형성하고 있는 충의정신의 승리에 놓여 있음을 알 수 있다. 이는 단종의 죽음이 불의의 상징인 수양에 대한 패배를 의미하는 것이 아니라, 오히려 몇 가지 장치들에 의해 윤리적 승리를 획득하고 있음을 보여준다.

단종의 죽음은 단지 고립되고 자족적인 것으로서의 개인적 삶의 진행 과정 안에서 제시되는 것이 아니라, 분명하게 충의라는 주제화와 관련되어 있다는 짐에서 사회·역사적 삶 속의 한 현상인 역사적 세계 안의 죽음으로 볼 수 있다. 그런데 그의 죽음과 관련된 몇 가지 사건들은 단종의 죽음이 개인적 죽음이 아닌 '불의'의 폭거임과 동시에 그 불의가 명백하게

---

41) 한영우, 『조선전기사회경제연구』, 을유문화사, 1986, pp.82~83. 참조.

부당함에 근거하고 있음을 알린다. 공명을 이루기 위해 사약을 받기 직전 평소 단종을 모시던 공생이 활시위로 단종의 목을 졸라메어 단종이 죽자, 대문을 나서지 못하고 피를 토한 뒤 즉사해버린 것과 같은 비일상적이고 신비주의적인 요소는 단종 죽음이 결국 하늘의 뜻에 배치됨을 알림으로써 수양의 부당함을 드러내고 있으며, 평소 단종의 처지를 가슴아파하던 금부도사 왕방연이 후일 시체라도 온전히 보존키 위해 강물에 띄우게 한 것, 단종을 따라 시녀들과 종자들이 모두 통곡한 뒤 뒤를 따라 물에 뛰어들어 자살한 것, 그날 밤에 영월 호장 엄흥도가 단종의 시체를 건져 자신의 어머니를 위해 짜두었던 관에 넣어 평토장을 한 것 등 관습적인 윤리범주에 속하는 형식들은 독자들의 도덕적 반응들을 이끌어내는 데 효과적인 장치들이다. 즉, 이것들은 독자에게 윤리적 위안물이 되면서, 동시에 인정과 의리의 궁극적 승리를 지향한다.

   텍스트가 표면적으로는 단종의 탄생에서 죽음에 이르는 일련의 사건을 통해 불행한 삶을 산 단종의 비극적 운명에 초점이 맞춰져 있긴 하지만, 보다 심층적으로는 불가항력적인 세계에 패배당한 단종의 무력함이 아니라, 단종의 비극적 생애를 통해 보여주는 의리와 불의의 대결 양상에 놓여 있으며, 더 나아가 '의리'에 대한 윤리적 승리를 꾀하고 있음을 알 수 있다.

   이러한 의리명분론은 당대 시대적 상황의 알레고리로 읽혀질 수 있는데, 텍스트 곳곳에서 단종의 실국은 일제침략에 의한 망국에 대응되고, 수양대군 추종파와 사육신의 대결이 친일파 대 항일파의 대립에 대응되어 일종의 비유임이 짙게 암시되고 있음을 발견할 수 있다. 당대 독자들에게도 이와 같은 방식으로 읽혀졌음이 확인되고 있으며, 전체적으로 볼 때, 텍스트는 당대 독자들의 가장 관습적인 윤리정서에 기댄 알레고리화라는 교시적 효과를 의도하고 있음을 알 수 있다.

(2) '만남' 모티프와 의식의 상승구조 (『원효대사』)

『원효대사』는 고대를 배경으로 한 이광수의 역사소설 중 비교적 높은 평가와 주목을 받아온 작품으로, 신라 진덕여왕 8년에서 무열왕 5년까지를 시대적 배경 삼아 원효대사의 수행과정을 전기적 형태로 형상화하고 있다. 이광수는 이 작품에서 민족구원의 사상으로서 불교를 제시한 뒤, 이의 실현을 원효의 행적을 통해 구체화하고 있다. 따라서 서사의 진행 또한 그의 수행에 따른 고뇌와 실천을 중심으로 나아간다. 먼저, 텍스트를 의미단위에 따라 환언(paraphrase)[42]하면, 다음과 같은 요소연속체(sequence)[43]로 배열된다.

> S1. 삼짇날, 궁중내에서 열린 법회에서 원효에게 연정을 고백한 여왕은 아유다 (요석공주) 또한 같은 마음을 갖고 있음을 확인하고 자신이 죽은 후 원효의 뒤를 보살필 것을 부탁한다.
> S2. 원효는 죽은 진덕여왕에 대한 연민으로 괴로와하고, 아유다는 요석궁에 머물면서 원효에 대한 정을 쌓아 간다.
> S3. 요석공주의 마음에 번뇌하던 원효는 문수사로 옮겨가던 중 대안대사를 만난 뒤, 새벽에 그의 불경 외는 모습을 보고 원효는 行을 깨닫는다.
> S4. 요석궁에 왕행차 있는 날, 요석은 왕에게 원효와 베필을 지어 아들 낳기가 소원이라고 아뢴다.
> S5. 왕이 내린 하사품을 싸서 대안을 찾아간 원효는 너구리에 대한 대안

---

[42] story-paraphrase는 연대기적 순서의 원칙에 입각하여 사건을 배열한다.
[43] 서사체에서 가장 기본적인 이야기 구성 단위를 의미하는데, 명확하게 윤곽이 드러나는 자질들로 인해 전체 텍스트 내에서 자립적인 줄거리나 의미단위로 나타낸다.

의 행동을 보고 '대비'를 깨닫는다.

S6. 대안과 함께 삼모의 집에 다녀오던 원효는 요석궁 앞에서 그를 납치하려던 관인들과 시비 끝에 요석궁에 들어가 파계를 한다.

S7. 요석궁에서 나오는 길에 원효는 대안대사를 만나 뒤웅박놀이를 구경한 후 방랑길을 떠난다.

S8. 방랑 중에 소년 사사마를 만난 원효는 용신당 수련에 들어가 아사가와 함께 수련을 완성하는 데 성공하여 사사마와 아사가의 스승이 된다.

S9. 역병이 돌던 마을을 지나던 원효는 그곳에서 사람들을 치료한다.

S10. 감천사에서 불목하니로 겨울을 나던 원효는 그곳에서 방울스님을 만나 '모든 것을 버리되 나까지 버려야 한다'는 수행의 화두를 얻는다.

S11. 의명과 함께 무애암 생활을 시작한 원효에게 사사마와 아사가가 뒤를 쫓아오고, 수해 뒷처리를 하고 있던 중 요석공주가 아들 설총을 데리고 찾아온다.

S12. 뱀복이의 어미에게 계를 해준 인연으로 원효는 거지의 두목이 되어 불법을 행한다.

S13. 원효를 찾아오던 아사가와 요석공주가 도적떼에게 붙들리게 되자, 도적소굴을 찾아간 원효는 괴수 바람복이와의 승부에서 이긴 뒤 도적떼를 불법으로 계도하게 된다.

위 서사연속체에서 볼 수 있는 바와 같이 텍스트는 원효의 불교적 수행과 관련된 몇 개의 에피소드들로 이루어진 것임을 알 수 있다. 먼저, 원효의 구체적인 서사행위와 관련시켜 볼 때 표면적으로 텍스트는 크게 두 부류로 나누어질 수 있다. 하나는 원효의 여성과 관련된 번민과 고뇌가 담겨 있는 S1.~S6.까지이고, 다른 하나는 원효의 대중에 대한 '行'과 관련된 S7.~S13.까지가 그것이다. 그러나 심층적으로는 전반부는 원효의 '무애행'에 관련되고, 후반부는 '두타행'이라는 수행 과정을 보여주고 있다. 즉 텍스트는 원효가 귀족적 불교관을 상징하는 '무애행'을 버리고 민중속으로 들어가 그들과 삶을 함께 하고 궁극적으로 그들을 불법으로 계도하는 '두타행'으로의 전이과정을 보여주고 있다.

우선 텍스트 전반부에 해당하는 S1.~S6.에서는 요석의 원효에 대한 애정의 표현과 원효의 그에 대한 번민이 중점적으로 그려지고 있다. 이 과정은 요석의 관심과 대안대사와의 만남이라는 형태가 중첩된 구조를 통해서 나타나고 있다.

S3.은 죽은 진덕여왕에 대한 연민으로 괴로와 하던 원효에게 요석공주는 여름옷과 모란꽃을 가져다 바치지만, 이것이 요석의 마음인 줄을 안 원효는 이를 '마경(魔境)'이라 생각하고 떠날 결심을 하게 된다. 문수사로 떠나던 길에 우연찮게 대안대사를 만나게 된다. 동냥중이면서도 신라 장안 어린애나 어른할 것 없이 좋아하는 비범한 인물인 대안과 하룻밤을 야산에서 지닌 원효는 새벽에 대안의 불경소리를 듣고 자신의 불자적 태도를 되돌아보게 된다.

  대안의 염불 일성에 원효는 지금까지 가지고 오던 모두 자존심을 잃어
 버린 것 같았다.
  〈지난간 십년에 내가 한 것이 무엇이냐.〉
  원효는 반성하였다.
  과연 원효의 대승기신론소라든지, 화엄경소라든지, 오시사교라든지는

신라, 백제, 고구려에서보다도 멀리 당나라에서 추존을 받아서 불교 해석의 새 길을 연 것은 사실이다.

〈그러나 나는 그것으로 누구를 건졌는가. 대관절 나 스스로를 건졌는가. 내가 쓴 글을 읽고 과연 어느 중생이 지금 내가 대안대사의 염불 소리에 받은 환희를 받았는가. 내가 십년 동안에 쓴 글이 종이에 먹을 묻혀 놓은 것뿐이 아닌가.〉

원효는 학문이나 지식이라는 것이 사람의 혼을 움직이기에 얼마나 가치가 적은 가를 깨달았다. ……

「행(行)이다. 행이다. 오직 행만이 값이 있는 것이다.」

– 상권, pp. 77~78

원효는 자신이 '이 세상에 다녀간 뒤에 불도를 모르는 사람이 없게 하리라'는 중생 계도의 신념을 가지고 십년 이상을 힘써 온 불경 주석 작업들이 한순간에 허망하게 무너져 내림을 느끼게 된다. 그리고 중생계도는 학문이나 지식의 힘보다는 '행(行)'에 있음을 어렴풋이 인지하게 되는 것이다. 그렇지만 행이라는 생각에 새로운 광명을 얻을 듯하였으나 한편으로는 지금까지 걸어온 길이 헛길인 듯도 싶어 막막하기도 한 것이 사실이다.

대안과의 두 번째 만남은 연속체 S3., S4.에 관련된다. 진덕여왕이 승하한 후 왕위에 오른 춘추는 자신의 딸 아유다가 거처하는 요석궁으로 가 소원을 묻게 된다. 이에 요석공주는 한참을 머뭇거리다가 원효의 아기를 낳는 것이 소원이라고 밝힌다. 요석의 마음을 안 춘추는 문수사에 있는 원효에게 절에서 쓸 물건을 풍족하게 보낸다. 이 선물을 받은 원효는 자신에게 장차 큰 시험이 닥쳐올 것임을 예기하고 보내온 물건을 사중에 골고루 나누어 주고 일부는 대안을 주기 위해 그를 찾아간다. 거기서 원효는 어미 없는 너구리 새끼들을 돌보고 있는 대안을 보게 되고, 젖을 얻으러 대안이 나가고 없는 사이에 새끼 한마리가 죽자 업보인 육체를 떠난 생명은 다 같은 하나라는 생각에 그 앞에서 원효는 '법화경'을 설하게 된다. 이를 지켜보던 대안이 너구리새끼가 법화경을 알아들을 수나 있느냐며 원효를 나무라고, 새끼들에게 필요한 것은 불경이 아니라 한 모금의 젖과 그 '젖을 먹이고 싶어하는 마음'임을 강조한다. 그 대안을 지켜보면서 원효는 '자비'의 진정한 의미를 깨닫게 되지만 아직까지는 '전에 못 보던 일을 너무 많이 본 것과 같아서 머리가 띵하고 졸리는 것' 같을 뿐이다.

　대안과의 세 번째 만남은 요석공주와의 파계에 관련된다. 대안대사를 찾아가던 길에 그와 만난 원효는 대안의 손에 끌려 얼떨결에 술집과 계집집과 노름판이 판치는 '두버들'이라는 골목으로 들어서게 된다. 그때까지 원효는 절에 돌아가고 싶다는 생각을 하고 대안을 못마땅해 한다. 그러한 원효에게 대안은 아직도 보살만을 제도하려는 생각을 갖고 있느냐며 빈정거리고 지옥, 아귀, 축생이라는 삼악도에서 같이 아귀 축생이 되어 볼 것을 권한다. 결국 창녀인 삼모의 집에 끌려 들어가고 거기서 술이 거나하게 취한 원효는 대안과 헤어져 오다가 요석궁 다리 앞에서 관인들과 맞닥뜨리게 된다. 수작 끝에 옷이 젖고 찢겨져 궁으로 들어가게 되고 삼일 동안을 요석공주와 지낸다.

　궁에서 나온 원효는 자신이 파계승이 되었다는 자책감과 부끄러움으로 괴로와한다.

　　원효는 「나는 청정한 사문이다」하는 자신을 잃어버린 것이다. 길로 다니
　　는 남녀들과 다름이 없는 중생의 몸이 되어 버린 것이다. 마치 자유자재로

날아다니던 몸이 날개를 잘리워서 땅에 떨어진 것 같았다. 몸에는 천근 무게가 달린 것 같았다.

- 상권, p. 148

대안과의 만남은 다시 이곳에서 이루어지게 된다. 궁에서 나온 원효는 혼란스러움 속에서 대안을 찾아봐야겠다는 생각을 한다. 정신 없이 휘위허위 걷고 있는 원효 앞에 대안이 나타나고 대안은 다시 원효의 손을 끌어 뒤웅박놀이판으로 데려간다. 구경꾼들과 같이 실컷 웃고 즐겼으나, 놀이가 끝난 후 정작 사람들을 웃겼던 재줏군들의 오늘 벌이는 얼마, 여기를 마치고는 어디로 갈까, 하는 궁리와 배고픔과 더위와 목마름을 지켜본 원효는 '무엇을 깨달은 것도 같고, 또 무엇을 잃은 것' 도 같다. 원효 자신이나, 대안이나 사람들 모두가 그렇게 탈을 쓰고 뒤웅박을 놀리는 것이 삶인 것 같다고 생각한다.

이렇듯 원효의 귀족적 불교관은 대안과의 만남의 과정을 통해 서서히 깨뜨려져 나가고 있음을 알 수 있다. 따라서 표층적으로는 서사 전반부가 진덕여왕이나 요석공주와 관련된 여성과의 번뇌를 그리고 있는 것처럼 보이지만, 사실은 이들과의 관련은 모두 원효가 자신의 귀족성을 깨뜨려 나가는 데 있어서 일종의 연결고리로서만 역할을 가지고 있다.

대중 속으로 한 걸음 들어가는데, 요석공주와의 파계가 계기가 되었다면 용신당 수련은 원효로 하여금 귀족적 불교관을 벗어던지는 전환점이 된다. 수련과정을 통해 원효는 육체적 정신적 해탈과정을 얻게 되고 이후 그의 행로는 '무애행'에서 '두타행'으로 옮겨가는 행적을 보인다. 따라서 이후 서사는 원효의 '두타행'과 관련된 몇 개의 삽화들로 연결되어 나간다.

먼저, 삽화들은 성격에 따라 대략 두 부류로 나누어진다. 역병이 든 마을에 들어가 간호하고 시체수습을 해 준 이야기, 감천사 불목하니로 들어가 스님들 공양을 받들면서 지낸 일, 수해가 들어 몸을 아끼지 않고 사람들을 구한 일 등은 민중들 속으로 들어가 스스로 낮은 위치에 남아 그들의 손발과 일군이 되어 봉사하는 자세를 보여주는 일련의 삽화들이 있으며, 이후는 이러한 민중들을 불도로 계도하는 삽화들로 정리된다. 거지의 두목인 뱀복이가 찾아와 전생에 원효와 자신의 불경을 실은 수레를 끈 소였던 자신의 어미를 위해 계를 해달라는 부탁을 받고 계를 해준 뒤 어미와 함께 무덤 속으로 들어가 버린 뱀복이 대신 거지의 두목이 된 일과, 거지 소굴로 원효를 찾아오던 요석과 아사가가 도적떼에게 붙잡히자 그들을 구하러 찾아가 결국 그들을 계도한 이야기가 그것이다.

　이 삽화들은 형식상 개별적으로 떼어놔도 별무리가 없을 만큼 독립적 성격을 가진 하나의 완결된 이야기들로 서사내에 존재한다. 그러나 모두 원효의 '두타행'이라는 공통적 상징성을 갖긴 하지만 서로 시간적 순서가 뒤바뀔 수 있는 단순 반복적 형태는 아니다. 분명하게, 서사 내의 시간적 순서 속에 배열되어 있다는 것이다. 역병환자들을 돌보고 마을을 떠나면서 곤함을 느껴 쉬러 들어간 절이 감천사였고 그곳에서 불목하니로 일하게 되고, 다시 도리사로 가 도움을 얻어 무애암을 짓고 수해를 당한 사람들을 돕게 된다. 그 와중에 요석과 아사가가 찾아오고, 거지의 두목이 된 뒤, 그를 찾아나선 공주아 아사가가 도적에게 붙들리게 되자 그들을 구하기 위해 도적 소굴로 들어갔다가 도적들을 계도하게 되는 것이다. 이러한 행위의 진전과 더불어 삽화들의 서사적 계기성들을 보장해주고 있는 것은 삽화와 관련된 원효의 의식의 상승적 전이양상들이다.

①

원효는 일찍 두타행이란 것을 자기가 실행하리라고 생각한 일은 없었다. 그런 것은 대승보살행은 아니라고 생각하고 있었다. 무애행이야말로 자기에게 합당한 것이라고 생각하였다. 천지간에 어디를 가든지 무엇을 하든지 거칠 것이 없었다. …… 그러나 지금의 원효는 그러한 원효가 아니었다. 아무쪼록 중생의 공양을 받아서는 아니 된다, 중생이 내어버리는 헝겊으로 몸을 가리우고 중생이 아까와 아니하는 것으로 배를 채워야 한다, 그리고 보시할 재(財)도, 법도 가진 것이 없는 원효는 몸으로 힘으로 중생을 도울 길밖에 없는 것이다, 원효는 이렇게 생각하였다.

「두타행」

원효는 두타행의 고마움을 절실히 느꼈다.

- 하권, p. 19

②

날씨가 살랑살랑 추워졌다. 원효의 옷은 더러워지고 또 추웠다. 여러 날 잘 먹지도 못하고 자지도 못한 원효는 몸이 제몸같지 아니하였다. 그러나 원효는 평생 처음으로 중생을 도와준 것이 기뻤다. 설사 그 무서운 병이 제게 옮아서 길가에 쓰러져 죽더라도 세상에 왔던 보람을 비로소 한 것 같았다.

- 하권, p. 23

③

무량겁 해에 보살이 쉬임없이 도를 닦는 것은 저를 위함이 아니라 중생을 고에서 건지기 위함이다. 그러면서 나는 중생을 건진다 하는 생각을 가져서는 아니된다.

- 하권, p. 34

용신당 수련을 마치고 어머니의 무덤 앞에서 '두타행'의 문제에 대해 생각한 원효는 역병이 도는 마을에 들어가 이를 최초로 실천하지만, 감천사의 방울스님과 생활하면서 자신이 중생을 도와줬다는 자의식에 대해 부끄러움을 느끼게 된다. 행위와 관련된 삽화가 발전되면서 동시에 의식의 상승적 전이가 이루어짐을 알 수 있다.

삽화들이 갖는 이러한 성격들은 당대 다른 역사서사물에서 보여주는 삽화들과는 일정한 차별성을 보여주고 있다. 다른 역사소설들에서 보여지는 일련의 야담적 성격을 지닌 삽화들이 이야기 자체로 끝나버리거나 인물의 영웅성만을 부각시키는데 머물고 있지만 이 작품은 원효의 두타행을 향한 개인적 고뇌들이 삽화들과 긴밀하게 연결되어 있으며, 뚜렷한 서사적 목적을 가지고 있다는 것이다. 때문에 독자는 삽화가 가진 성격의 흐름에 따라 원효의 종교적 고뇌를 인지해 나갈 수 있게 되며,[44] 동시에 한 개인이 부단단 정진을 통해 완벽한 인간상을 구현해나갈 수 있음을 학습하게 된다. 따라서 이러한 형식을 가진 텍스트는 삽화가 가진 민담적 속성으로 인한 오락적 독서행위와 동시에 교시적 속성으로 인한 지적 독서행위를 가능케 하는 특징을 지닌다.

(3) 탐색 대상의 전이와 세계의 확대 (『이차돈의 사』)

『이차돈의 사』는 법흥왕 10년경부터 동왕 15년까지 약 5년간을 시대적 배경으로 하여 당시 불법을 금지하는 신라에서 불교 포교를 위해 수교한

---

[44] 지금까지 이 부분에 대해 연구자들의 논의는 역사의 사사화라는 혐의를 보이고 있지만, 엄격히 말해서 원효의 개인적 행적의 의미는 이미 원효라는 인물이 가진 역사적 위치상 개인적 차원에서만 해석될 수 없음은 물론이다. 따라서 그의 개인적 고뇌는 당대의 종교적 역할에 대한 고뇌와 관련된다는 의미에서 '사사화'라는 혐의는 부당한 해석이라 할 수 있다.

이차돈의 행적을 그리고 있다. 이광수의 역사소설 중 서술자의 개입이 가장 절제되어 나타나지만, 고소설적 요소의 차용과 우연성의 남발로 인해 지금까지 연구자들에 의해 거의 주목받지 못하고 있는 작품이다.

이광수는 이차돈을 주인공으로 삼은 이유를 '옳음과 믿음을 위하여서는 목숨도 아끼지 아니' 하는 순교자적 정신을 숭배하기 때문이라고 밝히고 있다. 이는 '진리를 찾는 생활'이며 '일생의 최고 이상'이라고까지 한다.[45] 『원효대사』나 『이순신』처럼 이 작품 또한 작가가 숭배하는 인물을 형상화한 데서 작가의 주된 의도를 충분히 확인할 수 있다. 그럼에도 불구하고 이광수의 민족주의에 있어서 이념적 변모가 나타나고 있는 작품이기도 하다.

서사구조는 근대적으로 변형된 적강모티프와 영웅의 탐색담이 적절하게 결합된 양식을 보이고 있다. 먼저 요소연속체로 제시해 보기로 한다.

> S1. 무술대회에서 장원을 한 이차돈은 부마가 될 기회를 얻게되나 달님과의 사랑 때문에 이를 거부한다.
>
> S2. 거칠마로의 고자질로 왕과 평야공주의 분노를 산 이차돈과 달님은 목숨을 잃을뻔 하지만 선마로의 청으로 이차돈은 3년내에 고구려에 가서 큰 공을 세워 오라는 명을 받고, 달님은 평생 결혼하지 못하고 혼자 살아야 되는 처벌을 받는다.
>
> S3. 고구려에 들어온 이차돈은 비단장사인 신라사람 거울보고의 집에 묵으면서 기회를 엿본다.
>
> S4. 팔관회 날 교만한 고구려인을 혼내주는 소동 끝에 고구려 장수인 메

---

45) 『이차돈의 사』, 머리말.

주한가를 만나 그의 대의를 듣고 자신을 뒤돌아보게 되고, 이때 이차돈의 솜씨를 알아 본 거울보고는 그의 딸 반달을 이차돈에게 준다.

S5. 신라에서는 왕이 이차돈을 다시 데려와야겠다는 결정을 내리고 선마로도 이에 동의한다. 선마로는 고구려에서 이차돈을 데려오라는 명을 내리지만 알곡, 공목과 거칠마로에게 전달되면서 거칠마로는 이차돈의 목을 가져오라는 뜻으로 받아들이고 고구려로 향한다.

S6. 거칠마로는 거울아비를 포섭하여 반달로 하여금 이차돈을 죽일 것을 계획하지만 반달이 모든 것을 이차돈에게 고하고, 이에 이차돈은 자신을 죽이러 온 거칠마로의 팔을 자른 후 신라로 돌아갈 것을 결심한다.

S7. 신라로 향하던 중 백봉국사를 만나 용천사에서 3년 동안 수도를 한다.

S8. 3년 뒤 용천암에 달님과 별님이 찾아오자, 백봉국사는 신라에 불교를 포교하러 떠날 것을 명하고, 메주한가의 딸 버들, 아들 고주와 대동하라 한다.

S9. 신라에 돌아온 이차돈은 왕과 왕후를 포교하여 절을 짓게 만들지만, 선마로/알곡/공목이 음모하여 이차돈을 국법을 어긴 죄로 죽일 것을 요구한다.

S10. 왕은 수차례 이차돈에게 잠시 불법을 멈추고 공인을 받은 후에 다시 시작할 것을 권하지만, 이를 거부하고 죽음을 선택하다. 이차돈이 죽은 뒤, 선마로, 거칠마로, 알곡, 공목은 참회하고 자결한다.

이 연속체들은 이차돈의 행적을 중심으로 S1.~S6.과, S7.~S10.으로 구분되는 두 개의 전형적인 탐색구조를 나타내고 있으며, 주인공 이차돈의 죽음으로 끝나기는 하지만 일단 '순교'라는 궁극적 목표를 달성하기 위해 자발적으로 선택한 목적지향적인 죽음이기 때문에 성취구조를 가진다고 볼 수 있다. 이 두 개의 구조는 흔히 고소설의 유형에서 보여지는 상위/하위 개념의 종속관계가 아닌 탐색대상의 전이라는 병렬적 관계를 지향하고 있다.

먼저 첫 번째 탐색구조는 '적강모티프'[46]와 혼합되어 나타나고 있어 설화성을 강하게 드러낸다. 이차돈의 왕의 명령(평양공주와의 결혼)에 대한 거부와 달님과의 사랑(S1.)이 남녀상희죄에 해당하는 금기의 파계에 해당된다면, 이에 대한 죄값으로 고구려로 가서 3년내에 큰 공을 세워야만 다시 신라로 돌아올 수 있다는 명을 받고 고구려로 떠나게 되는 것이, 죄를 지은 천상의 인물이 지상으로 내려와 그에 해당하는 죄값을 치뤄야만 다시 천상으로 복귀할 수 있다는 사실과 대응함을 볼 때, 텍스트의 전반부는 '적강모티프'의 한 변형[47]으로 볼 수 있다.

한편, 텍스트는 이차돈이 파송자인 왕의 명령에 의해 탐색대상인 '고구려에 가서 큰 공을 세워야 함'을 위해 신라를 떠나 탐색을 모색한다는 측면에서 영웅의 탐색담으로도 구조화될 수 있다. 그러나 이 첫 번째 탐색의 서사적 동기는 내적 필연성에 의해 이루어지는 것이 아니라, 일관되지 않은 인물의 성격화와 관련된다는 데 문제가 있다.

---

46) 고소설의 유형 중 영웅소설의 대부분은 적강모티프와 관계가 있는데, 흔히 '천상계→지상계→천상계'라는 공간적 배경을 바탕으로, 천상의 인물들이 죄를 지어 지상으로 유배와서 공을 세우거나 선업(善業)을 쌓아야만 그에 대한 보상으로 천상계로 돌아갈 수 내용으로 이루어져 있다. 이때 죄는 천상계의 금기를 깨뜨리는 형태로 나타나는데, 그 중에서도 특히 남녀상희죄(男女相戲罪)가 대부분이다. (성현경, 『한국소설의 구조와 실상』, 영남대 출판부, 1981, 참조.)
47) '천상계→지상계→천상계'라는 기존의 공간적 배경이 '신라→고구려→신라'로 환치될 수 있다고 볼 때, 이는 '적강모티프'의 근대적 변형으로 생각될 수 있다.

선마로는 내전에서 나오면서 혼잣말로,

『오, 인제는 되었다. 이 천하는 내게로 돌아 오는 천하다. 이차돈만 없어지면 뉘라서 나와 임금의 자리를 다투리. 거칫거리는 이차돈의 목을 아무리 해서라도.』

하고 정전으로 향한다.

- p. 41

선마로는 잠깐 고개를 들어 옥좌에 앉으신 상감을 우러러보며,

『상감마마께옵서는 항상 창생을 불쌍히 여기시오니, 저 이차돈과 달님이 비록 만번 죽어 아깝지 아니한 죄를 지었더라도 필시 측은지심이 움직이실 줄 아오. …… 두 사람의 목숨은 살리시옵고, 그리하오되 저희 둘이 지아비와 지어미되어 살게 할 수는 없사온즉 이차돈은 고구려로 보내어 삼년 말미를 주시되 삼년안에 무슨 공을 세워 고구려 임금의 목을 베이든지 고구려의 한 고을 떼어 신라에 붙이거든 죄를 사하시와 신라에 돌아오기를 허하시옵고, 달님으로 말씀하오면 일생에 아무데도 시집을 가지 못하고 혼자 늙게 하시오면 상감마마 성덕도 상하심이 없고 또 나라법의 위엄도 세울 줄로 어리석은 이 몸이 생각하오니 어떠 하올지. 이만 아뢰오.』

- p. 42

선마로는 신라왕의 동생으로 호시탐탐 왕의 자리를 노리는 야심찬 인물이다. 때문에 충신 집안의 자제이자, 무술이 뛰어난 이차돈이 부마가 된다면 자신에게는 그만큼 불리한 상황이 될 수밖에 없다. 따라서 이차돈이 없어지기를 고대하고 있는 인물이거니와, 달님과의 일로 인해 사실상 사형선고를 받은 것이나 다름없는 이차돈을 자신이 자청해서 목숨을 구한다

는 것은 생각할 수도 없다. 때문에 공주와의 대화를 통해서 자신에게 상황이 유리해져 오고 있음을 느끼고 기쁨을 감추지 못하던 선마로가 갑자기 태도를 선회하여 이차돈을 살려줄 것을 왕에게 간하는 것은 텍스트가 필연성보다는 우연성에 근거하고 있음을 말해준다.

인물의 성격과 관련된 내적 필연성의 결여는 탐색의 시작뿐만 아니라, 탐색을 중지시키는 부분에서도 뚜렷하게 나타난다. 선마로는 다시 알공, 공목과 모의하여 이차돈 죽일 음모를 계획한다. 하지만 다음날, 선마로의 생각은 다시 급전환하고 만다.

> 알공은 선마로가 주저하는 빛을 보고 한참 동안 눈을 깜박거리더니,
> 『만일 이손께서 인자하신 성품으로 이 일을 차마 못하신다면 또 한가지 계책을 여쭙지요. 그건 무엇인고 하니, 거칠마로를 고구려로 보내시되 좋은 말을 태워서 급히 급히 보내시란 말씀이오. 그리고는 고구려 임금한테 편지를 하는데, 어떻게 하는고 하니, 이차돈이란 놈은 성품이 불량하여서 이 나라에서도 역모를 하다가 발각이 되어 달아났는데, 나중에 들으니 그 놈이 대왕의 목숨을 겨누고 갔다 하오니, 조심하시라고, 이차돈이란 놈은 칼 쓰는 법이 비범하여서 만인을 적할 수가 있다고, 이렇게 편지를 하신단 말씀이오. 어때요? 이것이 또 제 손에 피 안 묻히고 미운 놈을 골리는 수란 말씀이오.』
> …… 마침내 선마로는 알공의 말을 따라서 거칠아비를 고구려로 보내기로 작정하였다.
>
> – p. 69

선마로는 잠깐 말이 막혔다. 어서 죽기를 바라던 임금과 평양 공주 – 이

두 사람의 정의 움직임이 냉혹한 야심으로만 찬 듯한 선마로에게는 다른 세상 못 보던 세상 하나를 눈 앞에 벌여 놓은 것 같았다.

아우 생각, 딸 생각, 그리운 사람 생각 – 이런 것은 선마로가 오래 잊었던 것이었다. 그것이 번쩍 눈을 뜨는 것 같았다.

『이차돈을 불러 오시오.』

하고 선마로는 말씀을 아뢰었다.

– p. 72

공주와 왕의 혈연의 정을 바라보고 감동을 받아 자신의 계획을 순간적으로 철회시키고 이차돈을 왕의 생각에 따라 고구려에서 데려올 것에 동의하게 된 것이다. 따라서 선마로의 성격적 결함 때문에 이후 서사 행위들까지도 우연성과 모호성에 의해 침범된다. 고구려로 가서 이차돈을 데려오라는 선마로의 명을 알공과 공목이 잘못 알아듣고 거칠마로를 고구려로 보내 이차돈을 죽이려 한 것이다.

『도무지 선마로 이손 말씀은 어떻게 들어야 옳을지 알 수가 없어. 속에 속이 있고, 또 속에 속이 있으니까 어느 속이 그 속인지 알 수가 있나. 정말 이차돈을 다려오란 말인가 원, 죽여 버리란 말인가? 말을 말대로 똑바로 들을 세상은 없단 말인가 원.』

하고 공목은 참으로 어찌할 줄 모르는 양을 보인다.

– p. 74

이렇게 이차돈의 첫 번째 탐색이 중지된 동기는 탐색의 파송자인 왕이 스스로 자신의 명령을 철회했기 때문이 아니라, 선마로의 성격적 결함이

동기가 되어 공목과 알공이 그의 발화를 잘못 해독하게 되고 결국 거칠마로가 그들의 사주로 고구려에 와 이차돈을 죽이려고 한 데에 있다.

반달에게서 거칠마로의 흉계에 대한 정보를 모두 들은 이차돈은 자신이 더이상 고구려에 남아있을 필요가 없다고 단정한다. 때문에 자신을 덮친 거칠마로의 팔을 잘라버린 후 이런 모든 간신들로부터 신라왕을 지켜야겠다는 생각을 가지고 신라로 향하게 되는 것이다.

이렇게 첫 번째 탐색은 실패도 성공도 아닌 무위로 끝나버리고 마는데, 그 이유는 처음부터 이차돈의 목적은 고구려 왕의 목을 가져오는 것이 아니기 때문이다. 오히려 이차돈의 운명적인 두 번째 탐색을 위해 첫 번째 탐색은 이차돈을 고구려라는 공간으로 옮겨놓는 하나의 전제로 기능한다. 단순한 추방의 형태로 그려진 신라에서 고구려로의 공간 이동은 이차돈의 두 번째 탐색을 위한 일련의 훈려과정에 속한다. 신라라는 한정된 공간에서는 실현할 수 없는 세계관의 확대를 공간확대를 통해 실현시키고 있음을 볼 수 있다. 공간 이동에 의한 사람들과의 교제를 통해 이차돈의 세계관은 극히 개인적인 측면에서 국가적인 차원으로, 나아가 범인류적인 차원까지 확대해 나가는 경향을 보인다. 물론 그 확대의 방향은 불법의 순교자를 그려내려는 텍스트의 기본 의도와 같은 지향점을 갖는다.

①
(거만한 고구려!)
하고 이차돈은 하늘을 우러러 본다.
(평양 서울에 신라 군사의 말발굽이 울릴 날이 있으리라.)
하고 뽐낸 제 말이 퍽 상쾌하였다.
(거만한 고구려!)

하고 이차돈은 한번 더 주먹을 부르쥐었다.

　(사내가 세상에 났거든 한번 천하를 호령하여 볼 것이다. 대군을 몰아 적국을 부실 것이다. 오냐, 집 생각을 버리자. 고구려를 내 한 손으로 때려 눕힐 생각을 하자.)

- p. 49

②

　『우리 세 나라가 서로 싸우는 것은 조그마한 사혐의거나 조그마한 고을 한 개를 위하는 것이니, 그런 조그마한 일에 형제 서로 피를 흘리는 것이 참으로 우스운 일이 아니오? 그렇지마는 우리가 저 한족과 싸우는 것은 왼 천하를 다투는 것이어든. 작은 싸움을 버리고 큰 싸움을 할 것이 아니오?』
하고 메주의 눈에서는 한번 더 불이 번쩍한다.

　『한가 말씀이 참으로 옳으시오. 이 몸의 어린 가슴이 뚫리는 듯하오.』
하고 이차돈은 평생에 이런 통쾌한 언론을 처음 듣는 듯이 유쾌하였다.

　저더러 고구려 임금의 목을 베거나 고구려의 큰 고을 하나를 빼앗아 오라던 신라 조정의 마음이 부끄러웠다.

- p. 57

③

　『신라에나 고구려에나 백제에나 또 저 하나라에나 예로부터 조금씩은 사람의 바른 길을 가르치신 이들이 나타나셨거니와, 그것이 다 불도란 말이다. 이차돈아! 이제 너는 조그마한 등잔불빛에서 살던 세상에서 나와서 환한 햇빛 속에 들어설 때가 되었단 말이다.』

- p. 91

달님과의 언약이라는 극히 개인적인 이유로 인해 추방당하다시피 시작된 탐색에서 ①은 이차돈이 고구려로 향하던 중 신라와 고구려의 국경에서 하룻밤을 지내면서 도도하기 짝이 없는 고구려 관리와의 대화를 나눈 끝에 고구려에 대한 적개심을 품는 부분이다. 신라에 대한 애국열에 들뜬 이러한 양상은 ②에 와서는 사뭇 달라지고 있다. 고구려 팔관제 행사날 놀이판에서 단순한 시비가 일던 중 이차돈의 칼솜씨를 눈여겨 본 고구려의 재상 메주한가가 이차돈을 자신의 집으로 초대하여, 자신의 생각을 이차돈에게 전달하고 호응을 얻어내는 장면이다. 당시 고구려는 신라와 백제를 쳐서 멸하여 모두 고구려 밑에 넣자는 파와 신라와 백제와 서로 제휴하여 장차 새로 일어나려는 한족에 대항하자는 파가 대립하고 있었는데, 메주한가는 후자를 이끄는 주모자로 다방면에 출중한 삼국의 청년들과 교통하여 자신의 생각을 알려 이를 실천하려는 인물이다. 이차돈은 메주한가의 말을 듣고 이에 감동받으면서, 지금까지 일국의 안위에만 관심을 쏟았던 자신의 좁은 생각에 대해 깊은 반성을 보이기까지 한다. 국가적 차원에서 민족적 차원으로 안목이 확대된 셈이다. 그러나 ③에서는 더욱 그 시야는 넓어져서 인류적인 문제를 인식하게 된다. 백봉국사와의 만남을 통해 신라, 백제, 고구려, 한족 모두 같은 중생일 뿐이며, 결국 중생들로 이루어진 나라를 좋게 하기위해서는 중생의 마음을 좋게 해야한다는 가장 기본적인 전제로 돌아오게 된다.[48] 이 과정을 통하면서 탐색의 대상은 자연스럽게 고구려왕의 목이나 고구려 땅이라는 현시적이고 물질적인 것에서 중생의 계도라는 정신적인 것으로 자연스럽게 전이된다. 때문에 텍스트의

---

[48] 이 같은 구조를 홍정운은 집단적이며, 현실적인 저항의식보다 개인적이며 관념적 세계를 향한 구원에의 의지를 더 중요시한다는 작가의 세계 정신의 전환을 반영(홍정운, 앞의 논문, p.45.)한 것으로 보고 있다.

궁극적 의도가 두 번째 탐색의 성취에 있기 때문에, 이의 적대적 성격을 가진 대상을 탐색해야 하는 첫 번째 탐색은 이루어지지 않을 수밖에 없었던 것이다.

그러나, 두 번째 탐색 또한 서사적 필연성보다는 운명성에 의해 동기화되어 서사성을 훼손시키고 있다. 탐색의 파송자가 될 백봉국사와의 만남부터 운명적인 우연으로 그려진다.

>이차돈은 찬바람을 거슬리면서 북으로 북으로 숫눈을 밟으며 올라가서 **마침내** 청류벽을 지나 이불란사 앞을 지나 집없는 곳으로 얼마를 가서 훤하게 밝는 빛을 꺼리면서 **강을 건너려고 몇 걸음을 걷노라니** 뒤에 덜덜덜 덜 떠는 소리로,
>
>『사람 살리오! 사람 살리오!』
>
>하는 소리가 들린다.   – p. 88

신라로 향하는 길에 눈구덩이게 빠진 백봉국사와의 만남이다. 이미 사람을 죽이고 달아나는 이차돈을 백봉국사는 억지로 용천암까지 데리고 간다. 여기서 이차돈은 자신의 미래와 운명에 대한 예시를 받게 된다.

>『이차돈아!』
>
>하고 늙은 중이 부르는 말에 이차돈은 깜작 놀랐다. 도무지 사람의 지혜로는 상상할 수 없는 일이었다. 그래서,
>
>『대사는 이 몸이 이차돈인 줄을 어떻게 아시오?』
>
>하고 무릎을 꿇었다.
>
>『오, 네가 내 제자여든 모를 리가 있느냐?』

하고 늙은 중이 빙그레 웃는다.

……

『네가 활과 칼을 쓸 날은 인제 지났으니, 이로부터 중생을 제도할 큰 일을 할 때가 되었다.』

- p. 90

『오, 홍륜이라고 불렀다. 일 홍자 바퀴 륜자. 네가 신라에 불법을 일으킬 사람이니 홍륜이라고 불렀다.』……

우물 맞은편 늙은 들매나무 어린 잎사귀 사이로 까마귀 네 마리가 앉아서 우는 것이 이차돈에게 보일 때에 이차돈은 눈 앞에 한 허깨비를 보았다.

이차돈이 까마귀 소리를 들을 때에 본 허깨비란 것은 자기가 문냇개 죄인 죽이는 곳에서 칼로 목을 잘리는 것이었다.

- p. 97

이차돈과 백봉국사의 만남과 사제의 인연 그리고 신라에 불법을 일으키는 것, 이차돈의 죽음이 모두 운명에 의해 이미 결정된 것들로 드러나 있다. 첫 번째 탐색이 우연성에 의해 유발된다면 두 번째 탐색은 바로 운명성에 바탕을 두고 있음을 알 수 있다.

결국 3년 동안의 수련을 마친 이차돈에게 백봉국사는 불교 포교를 위해 신라로 들어갈 것을 명하고 이를 수행하기 위해 그는 고구려를 떠나 신라로 향한다. 탐색 자체가 운명에 의해 결정된 것이기 때문에 탐색 대상이자 목표가 되는 신라내의 포교활동은 일사천리로 이루어진다. 불교가 국법으로 금지되어 있는 상태에도 불구하고 별어려움 없이 왕과 왕비, 평양공주가 모두 불자가 되고 이차돈은 드디어 절 역사까지 시작하게 된다. 그러나 나라에 가뭄과 질병과 수해가 닥쳐오자 알공, 공목, 선마로는 이 원인을 절 역사에 돌려 백성과 신하들을 선동해 왕에게 이차돈의 목숨을 요구하고, 이차돈은 자신의 탐색의 성취를 위해 이미 운명지워진 자신의 목숨을 내놓게 된다. 주인공의 죽음은 서사의 종결이자 동시에 탐색의 성취[49]라는 점에서 전통적인 탐색담의 유형과는 변별성을 갖지만, 탐색구조 자체가 우연성과 운명성에 의해 이끌어지고 있다는 점은 서사성 훼손의 문제와 직접 연결된다. 따라서 텍스트는 여러 가지 고소설적 요소로 흥미유발은 되었을지라도 내적 필연성의 결핍으로 인해 텍스트에 심각한 훼손을 가져오고 있다.

살핀 바와 같이 텍스트의 구조는 두 개의 탐색구조를 기본으로 탐색대상이 물질적 차원에서 정신적 차원으로 옮겨오면서, 주인공의 세계관이 점차 확대되고 있음을 알 수 있다. 세계관의 확대는 물론 발전적이고 긍정적인 방향을 취한다는 측면에서 그리고 범인류적 사고라는 보편성을 획득하고 있다는 점에서 텍스트가 갖는 교시성에의 천착을 엿볼 수 있다.

위에서 살핀 몇 가지 서사 특성들은 이광수가 역사소설 창작을 통해 가능한 한 자신의 계몽적 의도를 전달하는 데 궁극적 목적을 두고 있음을 뒷받침하고 있다. 요약이나 유추반복 형태의 서술 방식들은 텍스트를 해독하는 동안 서술자가 독자의 신념이나 관심과 공감을 엄격하게 통제할 수 있으며, 이러한 서술이 특히 지적 작업이나 시빗성에 근거하고 있음을 지

---

49) 이차돈의 죽음은 현실적으로 금지되었던 불교를 공인하게 하는 계기가 되기 때문에, 고립되고 개인화된 종말로서의 죽음이 아니라, 생산적이고 실제적인 사회적 죽음이라고 할 수 있다. 이는 이차돈의 순교 이후 대립인물들이었던 거칠마로, 선마로, 공목과 알공의 뉘우침과 자결 행위에서도 확인된다.

속적으로 주지시킴으로써 서술자의 권위를 확보하고 있다. 일단 권위를 보장받은 서술자는 자연스럽게 독자의 우위에 서서 자신의 의도를 쉽게 관철시킬 수가 있으며, 독자는 서술자의 강력한 통어의 대상이 된다. 따라서 이러한 서술 방식 하에서는 독자의 창조적인 해독행위는 사실상 불가능하게 되며, 서술자의 의도만 살아 남게 된다. 이러한 서술 태도가 이야기 구성 방식과 긴밀하게 연결되는 지점에서 텍스트의 궁극적 지향점이 발견될 수 있다. 사실 이광수의 텍스트들은 근본적으로 미래지향적이다. 『단종애사』는 단종의 비극적 생애를 그려내고 있지만, 인간의 인정과 의리는 절대 불변한다는 진리를 확인해주고 있을 따름이다. 『원효대사』나 『이차돈의 사』 또한 마찬가지로 의식의 상승이나 세계관의 확대를 따라가는 구조이기 때문에 미래지향적일 수밖에 없다. 『원효대사』는 귀족적 불교관에서 민중적 불교관으로의 전이를 통해 의식이 상승하고 확대되는 면모를 보여주고 있으며, 『이차돈의 사』는 개인의 의식이 국가적 차원에서 민족적 차원으로 다시 범인류적 차원으로 확대되고 있음을 보여준다. 두 텍스트 모두 그 지향점은 물론 종교적 세계이며, 그것을 향한 개인들의 열망은 모두 실현되고 있다. 이렇게 볼 때 이광수의 역사소설들은 불의 속에서도 의는 살아있으며, 끊임없는 회의와 수련과정을 통해 참된 종교적 세계에 도달할 수 있다는 신념과 약속, 인간에게 중요한 것은 국가나 민족과 같은 분파적 욕망이 아니라 개인의 구원이라는 방법의 제시까지 미래지향적이고 낙관적 세계관에 놓여 있음을 알 수 있다.

 그러나 다른 측면에서 볼 때, 전망이 폐쇄된 세계에서 미래를 위한 계도가 존재하고 그 방법을 제시할 수 있다는 사실은 긍정적일 수 있지만, 만약 그 토대가 대책 없는 낙관주의에 놓여 있다면 문제는 다소 복잡해진다. 이광수의 역사소설들은 작가의 분명한 의도에도 불구하고 이러한 우려를 살 수 있는 여지를 보여주고 있다. 그가 주장하는 민족정신의 정체는 충의관에 근거한 봉건윤리로의 복귀로, 한편으로는 허무주의를 바탕으로 한 내세적 이상주의로 읽힐 수 있다는 사실이 그것이다. 전자는 『단종애사』와 『이순신』 등에서 보이며, 후자는 『마의태자』, 『원효대사』, 『이차돈의 사』 등에서 보이는 현상으로 이광수의 작품들이 거의 대부분 이 두 가지로 압축되고 있다는 측면에서 심각성을 더하고 있다. 이는 결국 이광수의 계몽적 의지의 합리성에 대한 의문을 제기할 수 있으며, 나아가 그의 정신세계의 실체와 역사의식의 한계에로 귀결될 수 있기 때문이다.

2. 다층적 초점을 통한 '보여주기(showing)' : 김동인

김동인은 한국 근대 단편소설의 단초를 마련한 선구적인 작가로 평가받고 있지만 1930년대에 접어들면서 『젊은 그들』을 시작으로 해서 광복 이전까지 대략 6편[50]에 달하는 장편 역사소설을 발표하여, 그의 역사소설에 대한 주목의 필요성을 제기하고 있다.

김동인은 이광수의 계몽주의적 문학관에 반발하여 자신의 문학론을 개진한 작가로 잘 알려져 있거니와, 마찬가지로 역사소설에 있어서도 이광수의 이러한 창작의 행태에 대해 비판하고 역사소설의 개념과 창작방법을 구체적으로 논의하여 역사소설을 통속적 야담과 분리하는 등[51] 이론적 기

---

50) 『젊은 그들』(동아일보, 1930.9.2~1931.11.10), 『운현궁의 봄』(조선일보, 1933.4.6~1934.2.15), 『연산군』(만선일보, 1937.1.1~1939.2.20), 『견훤』(조광, 1939.2.~5), 『대수양』(조광, 1941.3~12), 『백마강』(매일신보, 1941.7.9~1941.1.31) 등 6편의 장편소설을 창작하였으며, 그 외에도 수 편의 단편 역사소설 또한 창작하였다.

준을 나름대로 설정하는 모습을 보여주고 있다.

그러나 그의 역사소설에 대한 평가는 이광수에 못지 않게 비판적이다. 송백헌은 동인의 역사소설들이 춘원의 역사소설에 대한 대안 및 반격의 의도로 쓰여지긴 했지만, 영웅적 인물들이 이상화되고 선악 대비를 중심으로 한 인물이 유형화되고 있다는 점에서, 사실 춘원의 전철을 그대로 답습하고 있다고 본다.

강영주는 『젊은 그들』에 대해 일본 시대물의 정석적인 내용인, 의리의 명분하에 벌어지는 무협담과 연애담을 흥미롭게 만들기 위해 조선말기의 봉건 지배층의 내분이라는 역사적 모티프에 인위적으로 결합시킨 것일 뿐, 진정한 의미에서의 역사적 진실성에는 도달하지 못했으며,『운현궁의 봄』 또한 대원군의 집권을 당시의 정치적·사회적 변화와 관련지어 그 역사적 필연성을 포괄적으로 형상화하지 못하고, 한 개인의 출세담에 치중함으로써 역사를 사사화하였으며, 영웅주의적 세계관에 입각하여 역사적 대인물인 대원군을 주인공으로 설정하고 그의 출세를 더욱 극적으로 과장하여 그리고자 한 결과, 주인공의 성격 형상화에 무리를 초래하고 있다고 하면서, 특히 『젊은 그들』은 『백마강』과 더불어 한국근대역사소설의 고질적인 통속성을 심화시키고 있다고 혹독히 비판한다.

이외의 평가들에서 마찬가지로 동인의 영웅 중심적 역사해석이 거론되고 있으며, 결국 작가의 이러한 시각이 역사적 상황의 진실성보다는 인물의 영웅주의적 면모를 드러내는 데 초점을 두어 작품 전체를 추상화, 이상화시킨다는 비판의 원인이 되고 있다. 여기서는 김동인의 본격적인 역사

---

51) 김동인, "소설작법", 〈조선문단〉, 1925. 4~5.
　　　, "조선근대소설고", 조선일보, 1929. 7. 28~8. 16.

소설로 인정받고 있는 『젊은 그들』과 『운현궁의 봄』을 중심으로 서술에 대한 그의 독특한 자기인식과 이야기 구성방식을 살피기로 한다.

1) 다시각적 서술에 의한 보여주기

스토리는 반드시 서술자의 것은 아니지만 서술자에 의해 언표화되는 일종의 '시각'의 중재를 통해 텍스트 속에 제시된다. 이를 '초점화(focalization)'[52]라고 한다. 김동인의 텍스트에서 드러나는 서술 특징 중의 하나는 이러한 초점화들이 복수화되어 동일한 사건이 2회 이상 반복되는 경향을 보인다는 것이다.

①
선생의 방에서 물러나온 재영이는 또 다시 인화의 방 앞으로 갔다. 그리고 그 방 마루에 걸터 앉아서 나오기를 기다릴까 하다가, 그 방문 걸쇠를 잡고 덜걱덜걱하여 보았다.

『여보, 이공.』

---

52) 초점화는 '누가 보느냐'와 '누가 이야기하느냐'가 동시에 이루어지는가 혹은 독립적으로 이루어지는가에 따라 서술자와 동일할 수도 있고 서로 다른 존재로 남아있을 수도 있다. 초점화는 스토리에 대해서 내적이냐 외적이냐에 따라 내적 초점화와 외적 초점화로 구분된다. 외적초점화는 서술자와 초점화자의 분리가 사라져서 초점화가 서술의 관심에서 벗어난 특정 관심을 수반하지 않는다는 점에서 서술행위자에 가깝게 느껴진다. 내적 초점화는 재현되는 사건의 내부에 존재하며, 거의 작중인물-초점화자를 취한다. 초점화자가 재현된 사건에 대하여 내적일 수도 있고, 외적일 수도 있는 것과 마찬가지로 초점화 대상 역시 외부에서 보아질 수 있기도 하고 내부에서 보아질 수도 있다는 측면에서 두 가지로 존재한다. 전자는 단지 외적이고 문자 그대로 가시적인 현상들이 기록되는데 반해, 후자는 작중인물의 느낌, 생각, 행동들에 대한 사실들이 보고됨으로써 통찰력 있는 간접적인 기술이 이루어진다. (S. Limmon-Kenan, 앞의 책, pp..113~116., M.J.Toolan, 『서사론』, 김병욱·오연희 공역, 형설출판사, 1993, pp.105~110.)

안에서는 아무 대답 소리가 없었다. 재영이는 잠깐 귀를 기울이고 기다리다가 다시 덜걱덜걱하였다.

『여보, 이공.』

안에서는 돌아눕는 소리가 들렸다. 으음 하는 잠 깨는 소리도 들렸다.

『인제 일어나오.』

— 『젊은 그들』, pp. 15~16

②

그가 이러한 분위기 아래서 무럭무럭 일어나 오르려는 젊은 기운을 누르고서 우두커니 누워 있을 때에, 그의 문창에는 사람의 그림자가 나타났다. 그는 본능적으로 저고리 자락을 여미었다. 그림자는 머리를 창에 가까이 대고 귀를 기울였다. 그리고 손그림자가 문 걸쇠를 잡았다. 덜걱덜걱하는 소리와 함께,

『여보, 이공.』

하는 소리가 들렸다. 그것은 확실이 재영이의 목소리였다. 인화는 본능적으로 다시 저고리 자락을 얼싸매고 대답하려 하였으나 대답할 시간은 벌써 지났다. 그는 하는 수 없이 다시 자는 체 하였다.

『여보, 이공.』

문 밖에서는 다시 찾는 소리가 들렸다. 인화는 돌아 누우며 으음 하는 소리를 내고 부시시 일어났다.

— 위의 책, p. 16

인화라는 인물의 방문 앞에서 동시에 일어난 일이 ①은 안재영에 의해, ②는 이인화에 의해 초점화되어 반복 서술되고 있음을 알 수 있다. '그 방

마루에 걸터 앉아서 나오기를 기다릴가 하다가' 와 '무럭무럭 일어나 오르려는 젊은 기운을 누르고서' 와 같은 문장은 인물의 내부 시점을 제시하며 내면세계의 재현이라고 볼 때, 내적 초점화를 지향하고 있음을 알 수 있다. 독자는 ①에서는 안재영의 눈을 통해, ②에서는 이인화의 눈을 통해 세계를 지각하며 동시에 인물의 내면 상태에 대한 직접 통찰과 심리 상태를 알 수 있다. 이때 ①과 ②를 따로 놔두고 볼 때, 각각 하나의 인물에 의해서만 초점화되기 때문에 시야는 그만큼 제한적일 수밖에 없다.

김동인은 이와 같은 내적 초점화에 대해 '일원묘사 A형식' 이라고 이름 붙이고, 이를 "가치든 정서든 심리든 작중 주요인물의 눈에 비친 것에 한하여 작가가 쓸 권리가 있지−주요인물의 눈에 벗어난 일은 아무런 것이라도 쓸 권리가 없는 그런 형식의 묘사" 라고 정의 한다. 즉 "작자는 그 작품 중의 주요인물인 「주인공」을 통하여서만 모든 국면을 볼 수 있고 「주인공」 이 미처 못 본 일이라든가 주인공 이외의 인물의 심리 등 주인공이 寸度치 못할 사물 등은 작자 역시 寸度할 권리가 없다"는 것이다.[53]

따라서 이러한 서술 형태에서는 독자에게 제공되는 정보 또한 제한적일 수밖에 없으며, 이때 전통적인 서술방식에 따른다면 정보의 제공을 위해서 서술자의 간섭이 불가피하게 된다. 김동인은 정보의 유보를 의도적으로 조작하기는 하지만, 어차피 밝혀질 정보에 대해 서술자의 간섭을 최소화시키고, 이를 인물이 대신할 수 있는 장치를 복수 초점화를 통해 실현시키고 있다.

정보제한의 고전적인 유형은 내적 초점화의 약호에서 초점화된 주인공의 중요한 행동이나 생각을 제한하는 것이다. 즉, 내적 초점화는 초점화자

---

[53] 김동인, 『동인전집』 10권, 한국매일출판사, 1989, pp.115~117.

에 의해 조절되는 정보와 동시적인 것이다. 따라서 이러한 내적 초점화가 복수화된다면, 독자는 제한된 시야가 제공하는 제한된 정보들을 각각 받아서 해석행위를 완성해나가게 된다. 이 인용문은 동일한 공간에서 한 사람의 제한적 관찰자로, 또 한 사람의 제한적 관찰자로 옮겨가는 복수 초점화를 지향하면서, 독자에게 인물의 심리와 행위, 정보까지 다양하게 제공하고 있다. 특히 초점화가 한 사람의 작중인물에, 또는 스토리에 대해 내적인, 인칭화되지 않은 하나의 위치에만 국한되어 있을 때에는 파노라마식 또는 동시적 관망이 불가능하게 됨에 반해, 이러한 복수 초점화는 텍스트를 통해 독자가 주요인물들의 행동과 심리를 조합하여 입체화시킬 수 있는 토대를 마련한다.

2) 이야기 구성방식과 의미구조

(1) '무시간적' 기호들의 주제화 기능 (『운현궁의 봄』)

『운현궁의 봄』(조선일보, 1933.4.26~1934.2.15)은 철종 11년(1860)부터 고종 원년(1864)까지를 시대적 배경으로 하여, 흥선대원군이 당시 권력의 핵심을 쥐고 있었던 안동김씨들에 의해 갖은 모멸과 천대를 받던 낙척시절부터 섭정을 실시하게 될 때까지의 삶의 역정을 그려내고 있다. 동인의 역사소설 중 비교적 사실에 충실하고자 한 점에서 진지하고 중후한 느낌을 주는 본격적인 역사소설[54]로 간주되고 있다.

앞에서 살폈듯이 대원군의 죽음부터 시작하는 액자구조를 취하고 있으며, 서사의 초점은, 주인공인 대원군의 권좌 획득을 위한 적극적 서사행위

---

54) 김윤식, "김동인 문학의 세 가지 형식", 『한국학보』 제 39집, 1985 여름, p.47.

보다 안동 김씨 일문들과 대원군의 대립적 양상에 맞추어져 있다. 이러한 양상은 대부분 삽화들을 통해 이루어지고 있으며, 일단 소재가 집필 당시와 시간적으로 멀지 않은 근세기의 사실이라는 점에서 풍부하게 남아있는 구전자료들을 이용할 수 있는 이점이 일화의 대량 삽입의 형태로 드러난 것으로 생각된다. 이 삽화들은 엄격하게 보자면 텍스트 내의 인과관계에 포섭되지 않는 독립된 형식들로 존재한다. 결국 『운현궁의 봄』의 이야기 구성 방식을 밝히기 위해서는 삽화들이 서사와 스토리의 시간과 맺는 연맥 위에서 논의되어야 할 필요성이 제기된다.

서사물은 현실 또는 허구의 사건과 상황들을 하나의 시간연속을 통해 표현한 것이라고 정의[55]할 수 있다. 즉 임의의 시점에의 어떤 사태에서, 다른 시점에의 변화를 수반하는 시간적인 연쇄가 서사물의 최대특징이라고도 할 수 있다.

이렇듯 서사물에서 시간의 문제가 제기되는 것은, 표상된 세계와 그것을 표상하는 진술의 양쪽의 두 시간성이 상관관계에 놓여있기 때문[56]이다. 즉 서사 대상인 이야기와 서사 간에 순서의 문제가 관련되기 때문이다. 그런데, 동시발생적이거나 연속적인 특징을 갖는 이야기 시간이나 과거이입이나 예상 등을 통한 시간의 불일치를 특징으로 하는 서사 시간과 관련된 시간적 지침을 찾을 수 없는 '무시간성'[57]이 서사물에 존재하는 경우가 있다.

---

55) G. Prince, 앞의 책, p.12.
56) T. Todorov, 『구조시학』, 곽광수 역, 문학과 지성사, 1985, p.64.
57) 서사 내에 존재하는 시간의 불일치 중에서 시간적인 연결을 도무지 할 수 없는 것들이 존재할 때가 있다. 이것들은 분석가가 그 내용으로부터 추론해서 정의내릴 수는 없는 것이다. 이런 사건은 궁극적으로 날짜도 연도도 없는 것으로 보아야 한다. 이것이 '무시간성'(Achrony)이다.(G. Genette, 앞의 책, p.72.)

역사서사물에서 '무시간성'은 시간을 초월한 논평적 담론과 관련되어 언급되어 왔으며, 동인의 역사서사물에서도 역시 당대 사회상에 대해 서술자의 목소리를 노골적으로 드러내고 있는 논평적 담론과 객관적인 역사적 사실을 서술하는 역사 담론과 같은 '무시간성'이 보여지고 있다. 그러나 보다 더 문제가 되는 것은 서사 사이에 삽입되어 있는 일화들이다.

『운현궁의 봄』은 사실 이 일화들의 총합으로 꾸며진 이야기라 할 만큼 일화들이 텍스트에서 차지하는 비율은 상당하다. 이 작품은 사실 제목이 의미하다시피 이하응이 갖은 모멸과 멸시를 꿋꿋이 참고 종국에는 섭정을 실시하게 된다는 고소설적 요소를 다분히 풍기고 있는 간단한 줄거리로 되어 있다. 권력쟁투를 소재로 하는 서사물에서 흔히 발견되는 음모나 모략, 권모술수, 치밀한 정보전 등은 보이지 않는다. 대신 이하응이 섭정할 수 있는 권력을 얻기까지 김문일가들에게 멸시당했던 일화들과 당시 김문들의 정치적 타락과 관련된 일화들이 서사와는 큰 상관없이 중간중간 개입되어 텍스트의 대부분을 차지하고 있다. 먼저, 서사내용은 9개의 의미단위로 나뉘어지는데, 이것을 환언하면 다음과 같은 이야기 연속체가 된다.

S1. 무술년 이월 초이튿날 이하응이 운명한다.
S2. 설을 치룰 과세가 필요하다는 부인의 채근을 받고 나간 흥선은 목적을 이루지 못하고 술에 취한 채 돌아온다.
   ⓐ 팽경장에게 흥선이 모멸받은 이야기
S3. 이호준에게 조대비 설 문안을 부탁한 흥선은 허락을 받아내고 조대비를 인견한다.
   ⓑ 김좌근의 생일날 갓끈 이야기

ⓒ 병기에게 난초병풍을 선물한 이야기

S4. 몰락한 양반 민치록은 자신의 병이 깊어지자 딸이 걱정되어 흥선의 아내 민씨 부인의 도움으로 민승호를 양자로 입적시킨다.

ⓓ 김좌근이 나합양씨를 위해 집을 수리할 때의 이야기

ⓔ 상놈 조가가 함경도 어떤 고을의 성주로 임명된 이야기

S5. 흥선은 조성하를 시켜 대비전의 동궁간택에 대한 계획을 내탐하게 한다.

ⓕ 탐춘놀이에서 흥선이 망신을 당한 이야기

ⓖ 나합양씨의 시반에 얽힌 이야기

S6. 헌종 승하 후 등극한 철종에게 후사가 없자 후계자 설정을 두고 고민하던 김씨일문은 역모사건을 꾸며 이하전을 죽이게 된다.

S7. 조대비는 이하전의 죽음과 더불어 위협을 느끼게 되고 철종이 후사 없이 승하하는 경우에 대비해 새로운 승통자로 흥선 아들을 염두에 둔다.

S8. 흥선은 조대비의 심사를 읽어내고 몸을 보호코자 난행을 더욱 심하게 한다.

ⓗ 이학사가 자신의 재산을 빼앗은 석경원을 잡아들인 후 재산을 찾은 이야기

ⓘ 김병기의 치부이야기

ⓙ 흥선이 경패(약방기생)의 집에 드나들 때의 이야기

ⓚ 흥선에 대한 포교들의 조소어린 대접에 관한 이야기

ⓛ 이도끼와 윤장작의 이야기

ⓜ 흥선이 장남 재면의 벼슬자리를 구하기 위해 남병철을 찾아간 이야기

　　　　ⓝ 김병기와 그의 집을 드나들던 원모의 이야기

　　　　ⓞ 물장수가 현령된 이야기

　　　　ⓟ 임명된 수령이 그 고을에 도착하기도 전에 신관이 임명된 웃지
　　　　　못할 이야기

　　　　ⓠ 개가 벼슬을 받게 된 이야기

　　　　ⓡ 재임 일곱 달 동안에 수십만의 재산을 만든 감사 이야기

　S9. 철종이 승하하고 대비는 재황을 익선군으로 봉할 것을 일방적으로
　　　결정한 뒤 흥선의 섭정이 실시된다.

　텍스트를 액자구조화하는 S1.을 제외한 나머지 연속체들은 시간의 뒤틀림 없이 비교적 순차적인 시간으로 진행되고 있으며, 연속체들 간의 인과성 또한 어느 정도 보여지고 있다. 이야기로 볼 때, 김문일가로부터 천대나 받던 이하응이 당시 철종이 후사 없이 승하하면 실세를 잡을 조대비와의 관계를 만들어 나가는 한편, 이하전 역모사건과 같은 종친세력에 대한 김문들의 탄압에 살아남기 위해 더 심한 난행을 거듭하는 시련 끝에 권좌에 올라 섭정을 실시하게 되는 전형적인 영웅소설의 한 유형을 보여준다. 흥선의 영웅성은 이미 텍스트의 서두에 명제처럼 제시되어 있다.

　　이 날이 조선 근대의 괴걸이요, 유사 이래 어떤 제왕이든 감히 잡아 보
　지 못하였던 「절대」적 권리를 손에 잡고 이 팔도 삼백여 주를 호령하며, 밖
　으로는 불란서 미국 청국들을 내려 누르고, 안으로는 자기의 백성의 복지
　를 위하여 그의 일생을 바친 흥선대원왕 이하응이 별세한 날이다.

　　　　　　　　　　　　　　　　　　　　　　　　　　　－ p. 6

서사의 모든 초점이 흥선의 영웅주의적 면모보다는 '상가집 개와 같이'라는 비천한 표현의 반복적 언술로 제시되는 혹독한 시련과정 속에서 흥선이 보여주는 모멸감과 내적 분노에 모아져 있음에도 불구하고, 독자들은 텍스트의 액자구조에 의해 이미 흥선의 영웅성과 미래에 대한 객관적 사실을 인지한 후이기 때문에, 일종의 보상심리가 독자에게 잠재화되어 독서방향은 삽화들이 가진 대립적 성격에로 쉽게 집중될 수 있다. 따라서, 흥선에 의해 직접 발화되는 미래에 대한 반복적 언급들은 오히려 독자에게 심리적 동정을 자극하게 된다.

> 흥선은 잠시 떴던 눈을 다시 감았다. 때때로 생각하는 망상이 또 다시 그를 엄습하였다. 그 망상 가운데 나타나는 자기는 오늘과 같은 폐의파립의 가련한 공자가 아니요, 이 삼백여 주의 큰 나라를 호령할 대원군인 자기였다. 지금 영초가 보내준 새 옷을 갈아 입고 아랫목에 기쁜 듯이 앉아 있는 재황은, 그 때는 아들이라는 명칭으로는 부르지도 못할 이 나라의 지존이었다. 그 때는 그 때야말로―.
>
> ― p. 22

자신과 둘째 아들 재황의 미래에 대한 상상이나, 세배를 받으면서 아들에게 넌지시 '등극을 하셨다니 치하드리옵니다'와, 설 과세를 준 김병학을 생각하면서 '영의정 재목은 못돼. 우의정이나 주지' 하는 혼잣말 등은 액자구조가 아니라면 주인공의 과대망상증이나 주인공을 희화화시키는 원인이 됐을 것이지만, 오히려 여기서는 독자가 인물에 대한 확신과 더불어 그 영웅성을 인정해 나가는 과정을 형성한다.

그런데 연속체 사이에 보이는 18개의 일화는 사실 앞 뒤의 연속체들이 가진 사건이나 시간의 인과 관계에 포섭되지 않고, 마치 서술자가 독자에게 옛날이야기를 해주듯이 텍스트 내에 끼어들고 있다.[58] 대부분 '어떤 날'이라는 무시간적 양상어를 동반한 이 일화들은 파불라와 수제 두 층위의 시간 어디에도 속하지 않은 채, 그 '무시간성'으로 인해 텍스트에서 따로 떨어져 나와도 완전한 형태를 띨 만큼 독립된 이야기로 존재하고 있다. 이 일화들은 분명히 당대의 상황에 대한 독자의 이해를 돕는 데 한몫을 하긴 하지만 그 주위의 사건과 긴밀성을 유지하지 못한 채 동떨어진 사건이어서 어떻게 관계지울 수 없는 것들이다. 즉 각각의 일화들에서 하나의 막연한 연대적 구분 —예를 들어, 계유년, 갑자년 등— 은 명기되어 있지만 한 연대에 일어난 여러 사건들의 시간적 관계를 규정할 수 있는 척도의 부재는 우리로 하여금 이 작품의 '수제'와 '파불라'의 관계설정을 모호하게 만든다. 그렇다면 이 '무시간'적 기호들은 텍스트 내에서 어떤 기능을 담당하고 있는 것인가.

이 일화들은 대체적으로 몇 가지 유사한 주제 하에 분류되어질 수 있다. ⓐ, ⓑ, ⓒ, ⓕ는 흥선이 김씨일문들에게서 천대받은 이야기이며, ⓙ, ⓚ, ⓛ, ⓜ은 흥선이 김문들의 의심을 피하기 위해 일부러 난행을 저지른 이야기들이다. 그러나 흥선의 난행과 천대가 따로 구분될 수 없는 것이기 때문에 이 이야기들은 낙척시절 '흥선의 고행'이라는 한 가지 주제로 통합될 수 있다. ⓓ, ⓔ, ⓖ는 김좌근의 애첩이었던 나합양씨의 하늘을 찌를

---

58) 텍스트 내의 핵서사들이 흔히 서술자의 의도와는 어느 정도 독립적인 자율성을 가지고 인과적 관계를 유지해 나가는데 반해, 이 일화들은 대부분 서술자의 직접 개입에 의해 삽입되고 있다. 예를 들어, '~할 때의 일이다.', '**라는 사람이 있었다', '여기 몇 개의 에피소드로서 그 상황을 말하여 보겠다', '여기 한두 가지의 이야기를 적어보자' 등의 형식으로 서술자의 목소리를 노골적으로 드러내고 있는 것이 특징적이다. 이는 마치 서술자가 청중을 앞에 앉혀 놓고 이야기 보따리를 풀어내는 강담사의 역할을 하고 있는 듯하다는 점에서 근대역사서사물 내의 강담적 요소를 찾아볼 수 있다.

듯한 세도를 보여주는 이야기들이며, ⓘ, ⓝ은 김병기의 자신의 세도를 이용한 치부행적에 관한 것이고, ⓗ, ⓞ, ⓟ, ⓠ, ⓡ은 구체적으로 당시의 정계가 얼마나 탁락되었는가를 보여주는 이야기들이다. 이들은 모두 김씨일문의 세도와 관련된 정치적 타락형태를 나타내고 있기 때문에 역시 '김문일가의 정치적 타락'이라는 한 가지 주제 하에 통합될 수 있는 것들이다. 서술자는 때로 이렇게 시간 순서에 따르기를 거부하고 주제적 유사성에 의해 사건을 모아보려는 의도를 분명히 보일 수 있다. 다시 말해 이런 기호들이 의미론적으로 응집[59]하여 하나의 통일성을 가진 화제로 통합될 수 있다는 것이다.

위에서 같은 주제 하에 분류된 일화들은 자체의 '무시간성'으로 인해 그 순서에 상관없이 텍스트 내에서 서로 끊임없이 대체될 수 있다. 이렇게 서로 대립된 인물들의 행위에 초점을 맞춘 주제에 관련된 일화들을 살펴볼 때, 서술자의 의도는 어느 정도 드러나는 셈이다. 당대 권력을 손아귀에 쥔 김씨일문의 타락행위에 관한 일화와, 그들에게서 끊임없이 천대를 받으면서도 왕위를 꿈꾸는 흥선이라는 인물에 관한 일화를 의도적으로 교차해 보여줌으로써 독자의 공감과 동정이 흥선에게 향하도록 하는 동시에 자신의 서술행위에 대한 도덕적 정당성을 독자들에게 지속적으로 확인시키고 있는 것이다.[60]

---

59) 하나의 화제를 중심으로 긴밀하게 엮어 응집을 형성하는 것을 '의미적 응집'이라 한다. (정진원, "설화자 화법으로 살핀 텍스트 분석", 『텍스트 언어학 1』(1994), 서광학술자료사, p.280))
60) 송백헌 교수는 이 일화들의 형식이 '흥미에 영합하는 양상'으로 제시된 것으로, 결국은 『운현궁의 봄』을 '역사소설'이 아닌 스스로 '史譚'에 빠뜨리게 하는 원인이 된다고 보고 있으며(송백헌, 앞의 책, pp.136~37.), 신재성은 삽화들이 '작품의 본질적인 면에서 구조화되어 있는 것이 아니라 단지 본체적인 줄거리와 병행'되어 있다면서, 이를 이제 막 성장하는 초기 역사소설들에게는 다소 허용할 수 있는 허점으로 보고 있다.(신재성, 「1920~30년대 한국역사소설연구」, 서울대 석사논문, 1986, p.51.)

일화들을 서사의 중간에 삽입시킨다는 것은 사실 이야기의 선적 구성을 방해[61]하는 동시에 서사성을 훼손시킬 충분한 이유가 될 수 있다. 그러나 텍스트에서 보여지는 일화들은 주제적 유사성으로 인해 독자들에게 강력한 집중성 혹은 공감성을 불러일으키는 기능을 담당함으로써 역기능들을 상쇄시키고 있는 것이다. 이렇게 볼 때 동인은 역사서사물에서 흔히 중요시되는 선적 구성에 기여하는 시간의 문제에 염두를 두기보다는 작가의 주제적 의도에 더 많은 초점을 두고 있었음을 알 수 있다. 하나의 화제를 의미론적으로 긴밀하게 엮는 응집은 서술자가 텍스트를 주관함으로써 생겨나는 서술자의 의도 또는 의지에 의한 것이라고 볼 수 있기 때문이다. 다시 말해서, 서사가 시간의 흐름을 타고 속도감있게 진행되는 것보다는 '무시간' 적 기호들인 일화들의 삽입을 통한 독특한 보여주기를 설정함으로써 작가 자신의 창작 의도를 보여주고 있다고 할 수 있다.

(2) 시간반복에 의한 동시적 구성(『젊은 그들』)

『젊은 그들』은 고종 18년(1881)경부터 고종 19년(1882)을 배경으로, 민비와의 권력다툼에서 밀려난 대원군이 운현궁에서 은거생화를 하다가 임오군란으로 재집권한 후 청나라에 납치되어 가기까지를 그려내고 있다. 작품의 전체적인 구조는 대원군의 실권과 재집권, 납치당하기까지 역사적

---

[61] 사실 독립된 이야기들의 서사 내 삽입은 이야기의 연계성을 의미하는 서사시간의 선적 진행을 방해하는 기능을 하긴 하지만, 이로써 얻어지는 효과는 느슨한 서사적 공간 창출이다. 당시 대부분의 역사소설이 신문이나 잡지의 연재소설이었음을 볼 때, 인기있는 역사소설 장르는 그 시대적 특성상 양적 팽창을 요구했을 것이고, 선적구성을 신문연재소설의 구조에 맞게 배열해내기 위해서는 이런 공간을 독자들에게 흥미를 줄 수 있는 에피소드를 삽입시켜 느슨한 서사적 공간을 만들어내는 것이 필요했을 것이다. 사실 『운현궁의 봄』이나 『대수양』 같은 경우는 엄격히 말해 이야기의 수준이 장편을 이끌어갈 만큼 충분한 서사적 줄거리는 갖고 있지 못하다.

사실 속에 대원군의 지지파인 활민숙생들의 활동상과 활민숙생 안재영과 이인화의 사랑으로 이끌어진다.

당대의 역사소설들이 보여주는 것과는 달리 『젊은 그들』의 인물들은 대부분 가공의 인물로서, '가공의 인물과 史上의 인물을 동일한 장소에서 대담과 교제를 시키'[62]고 있다. 물론 이와 더불어 일본 시대물의 형식을 빌고 있다는 이유 때문에 작가 스스로 역사소설이 아니다라고[63] 하지만, 역사소설을 '역사에서 취재를 하여 창작한 소설'[64]로 규정하고, 당대 '史實의 재현'에 급급한 역사소설들에 대한 비판을 서슴치 않았던 동인의 태도로 볼 때, 창작의 자연스런 결과물로 볼 수 있다.

『젊은 그들』은 동인의 다른 역사서사물에 비해 비교적 인물들의 서사 행위에 중점을 두고 있어 훨씬 박진감있게 느껴지는 작품이며, 이는 작품이 시간에 따라 전개되는 사건의 극적 요소를 지향하고 있음을 의미한다. 『젊은 그들』의 박진감과 긴장감과 관련된 독자 흡입력은 단순히 역사를 배경으로 한 남녀 주인공들의 사랑이 아니라 텍스트의 추리식 구성 때문이며, 그리고 그 구성의 토대는 동인의 독특한 시간 운용에서 연유한다. 이는 『젊은 그들』이 동일한 시간을 두 번 이상을 반복시키는 동시적 이야기 구성을 통해 서사적 공간의 확대까지 꾀하는 구조를 갖고 있는 것과 관련된다. 즉 통시적 구조 속에서 공시적 효과까지 기대하는 이중적 구조를 갖고 있는 셈이다. 이는 두가지 현상으로 나타나고 있는데, 첫 번째 현상은 동일한 시간과 공간 속에 일어난 사건을 서로 다른 초점화자에 의해 반복 서술하는 경우이고, 두 번째는 동일한 시간에 발생한 서로 다른 장면

---

62) 『동인전집』10권, p.369.
63) 위의 책, p.369.
64) 김동인, "야담이라는 것", 매일신보, 1938. 1. 22.

들을 차례로 서술하는 것이다. 즉 같은 시간내에 각각의 인물들이 각각의 장소에서 별개의 행위를 하는 것을 서술자가 각 장면의 인물들의 초점화를 통해 서술하는 것이다. 그리고 그 텍스트들이 동일한 시간내에 있었다는 사실은 구체적인 한 가지 핵사건을 소텍스트들의 출발시각으로 잡고 중간이나 혹은 마지막에 그 텍스트들을 동일한 공간 지점에서 현재로 만나게 하는 데서 알 수 있다. 『젊은 그들』에서 이 독특한 시간 반복 현상은 5회에 걸쳐 일어나고 있다.[65]

		시　　간	초점화
text-1	1-1	자객을 잡은 후 → 도망가는 자객을 죽였다고 말하기까지	재영
	1-2	자객을 잡은 후 → 재영에게서 자객을 죽였다고 들을 때까지	인화
text-2	2-1	민겸호 집을 습격한 날, → 재영 구출 → 김보현 집 습격	재영
	2-2	겸호의 집을 습격한 날 밤, → 재영 돌아옴 → 김보현 집 습격	서술자
	2-3	활민숙에서 겸호의 집을 습격한 날 밤, → 김보현 집 습격	인호
text-3	3-1	비밀회의 염탐차 겸호의 집을 들어감 → 재영 총살 당함	재영
	3-2	재영이를 범의 굴로 보낸 날 밤, → 소식없는 재영을 걱정	인호
	3-3	인화는 그날 밤, → 재영이 총살 당한 것을 알게 됨	인화
text-4	4-1	총살 직후 → 스승을 모셔오는 길에 재영을 만날 때까지	인화
	4-2	총살 직후 → 인화와 스승을 만날 때까지	재영
text-5	5-1	임오군란 시작 → 겸호가 죽는 장면	서술자
	5-2	군란이 일어나기 전날, → 겸호를 재영이 죽이는 장면	재영

〈t-1〉부터 〈t-5〉까지는 중심된 사건이 갖는 시간을 기준으로 해서 동

---

65) 여기서 보여지는 시간반복은 동일한 사건을 n회이상 반복하는 빈도(G. Genette)와는 구분된다. 왜냐하면 빈도는 똑같은 서사행위가 계속 반복된다는 것만을 나타내지만, 여기서 각각의 소텍스트들은 핵서사를 기준으로 하되 그것을 중심으로 하는 별개 인물들의 서사행위를 가지고 있으며, 때로는 거기에 수반된 심리상태까지도 서로 다르게 보여지고 있기 때문이다.

일한 시간 내에 서로 다른 사건을 이끌고 있는 인물들의 상황이 각각의 초점화에 의해반복 서술되고 있는 경우이다. ⟨t-1⟩은 동일한 시간과 공간 속에서 서로 다른 초점화자인 재영과 인화에 의해 동일한 사건이 반복되고 있는 경우이다. ⟨t-2⟩부터 ⟨t-5⟩까지는 동일한 시간 내에 초점화자의 고유한 공간 속에서 인물들의 서로 다른 상황들을 제시하고 있다. 두 경우 모두 동일한 사건을 중심으로 서사행위들이 이루어지고 있지만 전자는 동일한 사건에 대한 인물들의 심리상태를 묘사하는데 탁월한 기능을 발휘하고 있으며, 후자는 동일한 사건에 대한 서로 다른 공간 하에서의 인물들의 다양한 행위를 보여주고 있다는 점에서 구별된다. 이러한 형식의 시간중복은 인물의 행위뿐만 아니라 심리상태까지도 파노라마적 효과를 가져오는 기능을 수행한다.

사실 이와 같은 서술 형식은 비단 동인의 작품뿐만 아니라 다른 작가의 서사물에서도 간혹 보여지고 있지만 동인의 서사시간 형식이 갖고 있는 독특한 점은 동일한 시간 속에 설정된 상황들이 서로 다른 이야기를 갖고 진행되다가 동일한 공간지점에서 현재시간으로 만나는 장면을 반복적으로 보여주고 있다는 점이다.

⟨t-1⟩은 재영이 태공의 집에 침입한 자객을 잡아 활민숙의 광에 가두지만 숙생 중의 누군가가 자객을 도망시킨 것을 목격하게 되고, 일단 자객을 그대로 돌려보낸 뒤 다음날 숙생들에게는 그를 죽였다고 말하는 부분이다. 그러나 그는 자객을 구출해 준 인물로 인화를 의심한다. ⟨t-2⟩는 그날 자객을 잡으러 간 재영이 무사히 돌아오자 안도하지만, 자객 명인호를 약혼자로 착각한 나머지 그를 구출시키게 되는 장면이다. 다음날 자신을 노려보면서 자객을 죽였다는 재영의 말에 충격을 받게 된다. 동일한 시간과 공간 속에서 두 인물의 행위와 심리상태가 서로 엇갈리는 부분으로

⟨t.1-1⟩과 ⟨t.1-2⟩는 같은 현재시제를 가지고 차례로 서술되다가 자객이 도망한 다음날 아침 두 인물이 대면하는 장면에서 그치고 있다. 이때 두 텍스트는 행위자만 다를 뿐 동일한 서사 내용을 갖게 된다. 자객을 구출하는 인화와 그 구출을 지켜보는 재영, 숙생들의 방을 돌며 범인을 찾으려는 재영이 인화의 방 앞에서 기척을 느낀 장면과 그 방 안에서 긴장하고 있는 인화, 다음날 자객을 죽였노라고 인화를 노려보며 말하는 재영과 그 말을 듣고 하늘이 무너질 것 같은 충격을 받은 인화 등, 일련의 행위들이 ⟨t.1-1⟩와 ⟨t.1-2⟩에서 현재로 반복되어 나타나고 있다. 여기서 서술자는 가능하면 초점화자에게 자리를 양보하여 자신의 간섭을 최소화시키고 있음을 볼 수 있는데, 이 때문에 동일한 사건에 대한 초점화자의 심리 상태가 탁월하게 드러나는 효과를 낳게 된다.

⟨t-3⟩은 재영이 민겸호의 집에 비밀회의를 염탐하러 들어갔다가 그집 하인들에게 잡혀 고문당하다가 결국 총살당하게 되는 부분인데, 재영이 초점화자가 되어 현재로 이야기가 이끌어지고 있다. 이와 동일한 시간에 인화는 활민에게서 재영이 자신의 약혼자라는 사실을 듣게 되고 소식없는 재영을 걱정하다가 민겸호의 집으로 찾아가게 된다. 그곳에서 재영이 '오늘' 총살당해 버렸음을 알게 된다. 서로 다른 두 텍스트가 자신의 이야기를 갖고 진행되어 오다가 동일한 지점에서 현재시제로 만나는 순간인 것이다. 여기서는 핵사건이 물론 다른 텍스트들의 서사출발시간의 기준이 되긴 하지만 각각의 텍스트들은 동일한 시간 내에 있을 뿐이지 서로 별개의 서사를 이끌게 된다. 따라서 ⟨t-1⟩에서 보여지는 것과 달리 서로 어느 정도는 독립적이라고 할 수 있다. 이와 같은 현상은 ⟨t-4⟩에서도 보여진다. ⟨t.4-1⟩은 재영의 시신이 없어져 버린 후 그가 살아있다는 증거들이 계속 나타나자 시골에 가 있던 스승을 모셔오는 길에 재영을 만나게 되는

장면이다. ⟨t.4-2⟩는 민겸호의 하인들에게서 총을 맞은 재영이 죽지 않고 기절한 것을 그곳을 지나던 의원 김시원에게 발견되어 그의 치료로 소생한 후 서울로 돌아와 숙생들의 자취를 더듬다가 인화와 스승의 앞에 나타나게 되는 부분이다. 여기서는 두 텍스트가 현재로 만나는 부분이 빈번하게 보여진다. 재영이 총살 당한 후 어지러운 심사를 달래려 빈 활민숙을 찾아간 인화가 뜻밖에 사람의 흔적을 발견하게 되는데 그가 바로 재영이었다는 사실이 ⟨t.4-2⟩에서 재영 자신에 의해 설명되고, 스승을 찾아가던 밤 길에서 명진섭으로부터 받은 메시지나 숙생 송만년이 받은 메시지가 역시 재영에 의해 다시 현재로 반복되는 모습을 보이고 있다. 그리고 마지막에 스승과 인화와 재영이 한 자리에 만나게 되는 장면으로 끝맺고 있다. ⟨t-5⟩는 역사와 허구가 만나는 지점이기도 한데, 서술자는 먼저 ⟨t.5-1⟩에서 임오군란이라는 역사적 사실 속으로 들어가 성난 민중의 모습을 카메라에 담고 있다. 서술자의 눈은 대궐 안에서 분노를 폭발하는 민중의 모습을 뒤쫓다가 겸호가 어떤 젊은이에 의해 살해당하는 장면에서 멈춘다. 이와 동일한 시간 경과를 가진 ⟨t.5-2⟩는 인화와 재영을 초점화하여 보여주는 것인데, 군란이 일기 전날, 활민숙에서는 미리 그 기미를 알아채고, 군란에 대비해 숙생들은 나름대로의 계획을 마련한다. 군란이 일어난 다음날 인화와 재영은 대궐로 들어가 민중들을 선동하다가 겸호를 발견하고 그를 재영이 칼로 죽이게 된다. 두 텍스트가 겸호의 죽음이라는 동일한 지점에서 현재로 만나고 있는 부분이다.

『젊은 그들』에서 시간 중복을 보여주고 있는 다섯 가지 텍스트는 사실 전체 서사에 있어 핵기능을 담당하는 핵서사로서 역사 담론을 제외하고는 작품 분량의 대부분을 차지하고 있을 만큼 중요한 부분을 차지하고 있는 것들이다. 이들은 동일한 시간 내에 서로 분화되는 소텍스트들을 갖고 있으며, 소텍스트들은 상호텍스트성을 통해 하나의 핵서사를 완성하는데 기여하고 있다. 즉 동일한 시간 내에 있는 각각의 텍스트들은 상호간섭을 통해 서사의 완벽한 장면화를 진전시키는 데 기여하고 있는 것이다. 소텍스트들이 현재시제로 만나는 지점이 바로 상호간섭의 통로로 여겨질 수 있다.

이와 같이 초점화를 토대로 한 이야기 구성 방식은 한 인물의 제한된 시야만을 통해 서사세계를 인지할 수 있다는 점에서 다음 인물의 초점화에 의한 서술이 제시되기 이전에는 정보로부터 분리되어 의문을 유발하게 된다. 일시적인 시야 제한은 그만큼 정보가 제한된다는 의미하고, 특히 외적 초점화를 사용하지 않고 있다는 사실은 정보의 유보에 관심 있다는 것을 간접적으로 설명하기 때문이다. 따라서 독자의 독서방식 또한 이러한 의문 유발에 동참하여 그 의문을 해독해나가는 데 집중될 수밖에 없다. 실제로 텍스트는 제한된 초점화에 의한 의문의 유발과 다른 초점화의 제시에 의한 의문의 해결이 반복적으로 행해지는 추리기법의 효과를 충분히 발휘하고 있다. 인화의 약혼자는 누구인가, 누가 명인호를 탈출시켰는가, 인화가 명인호를 탈출시킨 이유는 무엇인가, 안재영이 활민에게 명인호를 살려보내 놓고도 죽였다고 한 이유는 무엇인가, 일월산인은 과연 죽은 안재영인가, 안재영이 살았는가, 죽었는가 등 위에서 살폈듯이 서사의 핵심을 이루고 있는 이러한 의문들은 뒤따르는 상대 인물의 초점화에 의해 해결되어 인물과 독자의 의문을 동시에 충족시키게 된다. 혹은 독자에게는 개방되지만 인물에게는 의도적으로 정보를 지연시킴으로써 인물의 정보 탐색을 향한 서사행위를 기대하는 또 다른 형식의 독서방식을 창출시키기도 한다. 이러한 이야기 구성은 서사적 긴장감을 형성하여 독자로 하여금 독서의 흥미를 자극시키는 데 일조할 수 있다.

한편, 이 각각의 소텍스트들은 모두 태공을 중심으로 민비당과 활민숙

사이에 서로 자객을 보내고 습격하고 잡혀 총살당하는 등 극적 요소를 충족시킬 만한 대립구조로 이루어져 있음을 볼 수 있다. 이 대립은 대부분 민비당의 악정과 부패, 친일적 면모들이 부각되고 있으며, 태공의 영웅성과 호방한 기상, 우국충정 등이 드러나 조선조 말기의 구조적 모순보다는 단순한 선악 개념에 바탕을 둔 대립을 보여주고 있다.

> 태공의 정치와 왕비의 정치의 사이에는 천양의 차가 있었다. 태공의 정치는 그것이 좋건 싫건 모두가 조선과 백성을 위한 것이었다. 그렇거늘 왕비의 정치에는 나라라는 것과 백성이라는 것이 안중에 없었다. 일에는 자기네의 부귀와 영화를 누리는 것, 이에는 정치와 세력을 꺾는 것, – 이것이 왕비의 정치의 전부였다.
>
> – p. 70

태공에 대한 무조건적 호의에 가까운 서술자의 주관성은 텍스트 곳곳에 반복적으로 나타나 오히려 사실성을 감소시키고 있을 정도이다. 태공의 모든 관심이 개인의 안일보다는 나라와 백성에 쏠려 있다는 민족 지도자적 품성은 곧 태공의 영웅성과 연결된다. 태공을 지지하는 세력인 활민숙생들 또한 비록 몰락했을지라도 당대 명문거족의 자제들이며, 도덕적 품성과 용맹성, 그리고 무엇보다 나라를 걱정하는 것 등 모두가 태공의 분신처럼 유사하게 묘사되어 있는 것을 볼 수 있다. 이들은 집단이긴 하지만 민중적 차원보다는 태공과 유사한 소영웅들로 생각될 수 있다. 『젊은 그들』이 당대의 다른 역사소설들과는 구별되게 역사적 인물이 아닌 허구적 인물을 주인공으로 내세우고 있음에도 불구하고 사실성을 획득하지 못한 이유가 바로 여기에 있다. 또한, 텍스트의 초점화가 한 인물로만 이루어져 있지 않고 각각의 인물들이 자신의 서사를 독립적으로 이끌어 가고 있는 것도 이와 연결될 수 있다. 결국 역사라는 것이 영웅에 의해 이끌어진다는 영웅주의적 사유가 텍스트의 근본 토대가 되며, 따라서 텍스트의 모든 의도는 태공에게로 귀결될 수밖에 없는 것이다. 태공을 통해서만 난세가 해결될 수 있다는 극단적인 영웅숭배는 결국 민중적 집단적 차원의 역사적 전망을 무력화시킬 수밖에 없는데, 이는 재집권에 성공한 태공이 다시 민비일파의 계략으로 청국에 납치되자 활민숙생들이 전부 자결하고 있는 부분에서 잘 설명된다. 『젊은 그들』은 역사에서 모든 것의 구심점인 영웅이 부재하면 역사 자체도 부재할 수밖에 없다는 영웅주의적 역사인식을 보여주고 있다.

지금까지 설명한 바와 같이 『젊은 그들』의 이야기 구성 방식은 대부분의 역사서사물이 서사의 시간경과에 크게 기대고 있는 것과는 달리 이러한 서사적 흐름과 함께 독자에게 서사내용의 다양한 모습을 보여주는 공시성의 효과를 노리는 데에도 관심이 있다는 것을 단적으로 설명해주고 있다. 복수 초점화에 의한 소텍스트들의 분화는 사실 거대서사가 진행되는 서사의 시간적 흐름을 단절시키면서 보여주기식의 장면화에 기여하고 있기 때문이다. 이와 같은 복수 초점화에 기댄 이야기 구성은 동일한 시간을 반복시킴으로써 서사 공간을 극대화시키는 효과와 더불어 서사적 긴장감을 유발하는 추리기법의 효과를 동시에 만족시키고 있으며, 한편으로 소텍스트들이 모두 소영웅들에 해당하는 각각의 독립적인 서사를 보여주고 있다는 점에서 작가의 복합적인 창작 의도와 적절히 맞물린 형식이라고 할 수 있다.

이광수의 계몽주의적 경향의 창작 태도에 비판을 던지면서 역사소설 창작에 합류한 김동인은 그의 논평에서 보여주던 예리함과는 달리 실제 창작에 있어서는 많은 한계점을 노정하고 있다. 특히 그의 역사소설에서 공통적으로 드러나고 있는 것은 영웅주의적 사관에 입각한 등장인물들의 이상화와 이 인물들의 권력획득을 위한 과정이다. 인물의 영웅성을 부각시키기 위해 텍스트들은 거의 모두 인물들의 극단적인 대립상들을 만들어내고 있다. 『운현궁의 봄』에서 흥선과 김문일가들의 대립, 『젊은 그들』에서 흥선과 민비일파의 대립, 본문에서는 다루지 않은 작품으로 『대수양』에서는 수양과 문종의 대립 등이 그것이다. 따라서 서술방식이나 이야기 구성방식 그리고 인물을 드러내는 방식까지 모두 인물의 영웅성을 강조하는 데 기여하고 있다.

『운현궁의 봄』은 흥선의 낙척시절 김문일가들의 천대와 관련된 고행에 관한 일화들과 당대 권력의 핵심을 잡고 있던 김문일가들의 정치적 타락상에 관한 일화들이 의미적 응집을 이루면서 김문의 부도덕성과 흥선의 대권장악의 정당성을 확보하는 데 기여하는 구성방식을 취하고 있다. 그러나 문제는 흥선의 영웅성이 문학적 형상화를 통해 이루어지는 것이 아니라 대부분 편집자적 논평을 통해 추상적으로 이루어지고 있으며, 정작 이러한 형상화가 이루어져야 할 일화들에서는 흥선의 영웅으로서의 적극적 면모는 어디에서도 찾을 수가 없다는 점이다. 다만, 김문일가들의 천대와 박해를 견디어낼 뿐이며, 때로는 필요이상으로 비굴하기조차 한다. 그리고 이 모든 것은 결국 권력을 장악하기 위한 요구에 의해 모두 정당화된다 결국 약속된 미래를 위해서는 현실을 견디어내는 것이 방법일 수도 있다는 사실을 내면화하고 있음을 알 수 있다.

『젊은 그들』은 영웅성을 담지한 강자의 지배논리가 극단적으로 드러나고 있는 작품이다. 모두 역사의 실존인물들만 주인공으로 하고 있는 당대의 역사소설에 비해 허구적 인물들을 주인공으로 삼고있다는 점에서 상당한 문학적 기대를 모으고 있음에도 불구하고 궁극적으로 텍스트는 민비일파의 정치적 부패상과 흥선의 선정의 대립을 통해 흥선의 영웅주의적 면모를 부각시키는 데 집중하고 있다. 때문에 실제 주인공들의 모든 활동은 흥선에 대한 충성심과 흥선의 재집권을 향한 노력으로 집약된다. 특히 영웅 부재를 역사 부재와 연결시키고 있다는 점은 작가의 역사의식이 문제될 수 있다는 측면에서 숙고를 요한다.

『대수양』 또한 수양대군의 비범성과 도덕적 완결성에 서술이 집중됨으로써 영웅성을 강조하고 있다. 특히 『대수양』의 창작은 이광수의 『단종애사』에 대해 "역사적 사건을 유교적인 윤리관에 따라 단순한 선악의 투쟁으로만 파악함으로써 복고적이고 상투적인 해석에 머무르고 말았다"는 김동인의 비판에 바로 이어졌음에도 불구하고 이광수의 한계를 그대로 노출시키고 있음을 알 수 있다. 세종과 양녕, 문종과 수양, 신숙주·정인지·권람과 김종서·황보인 등의 인물군의 대립을 통해 수양의 왕위찬탈의 정당성을 피력하고 있다. 특히 문종과 안평대군은 무능하고 소심하고 나약하며 괴팍한 성격 때문에 왕으로서의 위엄을 갖추지 못했으며, 이에 반해 수양은 강인하고 대담하며, 활달하고 도량이 큰 인물이라는 품성론이 반복적으로 일화의 차용이나 서술자의 논평에 의해 제시됨으로써 수양의 왕자로서의 면모가 강조됨과 동시에 왕위 계승을 정당화시키고 있다.

이와 같이 김동인의 역사소설들은 대부분 인물의 영웅성을 보여주고 있음을 알 수 있는데, 사실 작가의 의도를 식민지적 상황에서 일종의 정신적 지주로서 설 수 있는 민족적 영웅 제시의 필요성이라는 맥락에서 읽어낼 수도 있다. 그러나 이러한 영웅주의적 사관에 입각한 작가의식은 자칫하면 역사가 때로는 부당한 현실에 대한 적극적인 집단적 저항보다도 뛰어난 한 개인의 대권장악에 의해서만 추동되며, 이러한 미래에의 약속을 얻어내기 위해서는 불편한 현실을 견디어내기도 해야 하며, 영웅이 존재하지 않으면 전망도 존재하지 않는다는 파행적 결과를 유발할 수 있다. 김동인의 역사소설들이 이러한 위험성을 노정하고 있는 것은 분명한 사실이다.

3. 시적 텍스트 구조화 : 박종화

1923년 흔히 한국역사소설의 효시로 알려져 온 「목매이는 여자」(「백조」 3호, 1923)의 박종화는 작가로서의 출발 당시부터 역사소설 창작에 주력하기 시작, 평생토록 역사소설의 집필에만 전념하여 작품량만 거의 20여 편에 달하는데, 이것들도 대부분 장편과 대하소설이 중심을 이루고 있다. 해방 이전의 역사소설만 하더라도 『금삼의 피』(매일신보, 1936. 3. 20~1936. 12. 29), 『대춘부』(매일신보, 1937. 12. 1~1938. 12. 23), 『다정불심』(매일신보, 1940. 11. 16~1941. 7. 23), 『전야』(조광 1940. 7~1941. 10), 『여명』(매일신보 출판부, 단행본, 1942) 등에 이른다.

박종화의 역사소설에 대한 평가[66]는 그의 작품이 가지고 있는 두 가지 특성에 의해 수렴되어 왔는데, 첫 번째 특성은 풍부한 사료의 섭렵과 실증적인 서술태도, 그리고 역사의 향기를 재현하는 섬세한 표현 등이 당대 어느 역사소설가들보다도 탁월했다는 것이다. 그러나 남녀간의 애정에 대한 과도한 집착, 궁중비화적 속성, 무용적인 야사 중심의 서술 등은, 역사의

---

[66] 박종화의 역사소설에 대한 논의는 한국문학사를 논하는 자리에서 간단하게 언급(조연현, 『한국현대문학사』, 성문각, 1969 : 『한국현대작가론』, 문명사, 1970, / 김우종, 『한국현대소설사』, 선명문화사, 1968 / 이재선, 『한국현대소설사』, 홍성사, 1979.)되어 오다가, 80년대 들어와 역사소설에 대해 본격적으로 학문적인 논의가 시작되면서(조규일, 「월탄 박종화 역사소설 연구」, 성균관대 박사, 논문 1988. / 앞의 학위논문들 참조) 연구대상으로서 진지한 접근이 모색된다.

사사화나 낭만주의적 역사관 등의 평가로 이어져 그의 역사소설들이 대중적으로 폭넓은 독자층을 확보했음에도 불구하고 일면 통속작가라 규정받게 된 원인이 된다. 여기서는 뚜렷하게 다른 성향을 보여주고 있는『금삼의 피』,『다정불심』과『전야』,『여명』을 분석 텍스트로 한다.

『금삼의 피』,『다정불심』은 궁중비화적 성격과 더불어 낭만파로서의 월탄의 초기적 작가의식이 잘 드러나는 작품으로 평가되어 왔으며,『전야』,『여명』은 해방후에 씌어진『민족』과 더불어 모두 조선조 말을 배경으로 흥선 대원군의 낙척 시절부터 집정기, 그리고 민비와의 대립과 실각에 이르기까지 다룬 작품들로 연작형태를 이루고 있다. 이 두 작품은 앞에서 논의했던『금삼의 피』,『다정불심』과는 상당히 다른 주제의식과 문체적 특성을 보여주고 있는데, 이 두 경향을 비교함으로써 박종화의 역사소설에 대한 태도 등이 보다 명확히 드러나게 될 것이다.

1) 시적 텍스트성의 서술 원리

(1) 시제[67] 이동과 회화성의 획득

사건들이 이미 발생한 것으로서 과거시제로 실현된다는 것은 언어적 서사물의 형식적 자질이라고 할 수 있다.[68] 다만 독자는 과거시제로 서술

---

67) 문법에서 시제(Tense)라는 범주는 언표된 문장의 시간적인 위치를 문법적으로 나타내는 것이지만, 서사학에서는 '이야기되는 상황·사건과 이야기하는 행위와의 사이에. 혹은 이야기 내용(story)과 이야기 언설(discourse)과의 사이에 있는 일련의 시간적인 관계'(G. Prince,『서사학사전』, p.264.)를 나타낸다.
68) 비록 진술의 문법적 시제가 서간체 소설에서처럼 현재시제로 치환된다 해도 구조화 과정의 사실은 해석이 그 사건을 뒤따른다는 것을 확신할 수 있다. (박종철 편역『문학과 기호학』, 대방출판사, 1983, p.175.)

된 사건들을 허구적 현재로 경험할 뿐인 것이다. 이는 스토리와 서사의 시간과 관계된 재현의 문제로서, 스토리는 '이미 발생한 사건들의 재현'이며, 서사는 '시간을 통해서 발생하는 사건들의 재현, 즉 이러한 사건들의 출현과 발전의 조건들에 좌우되는 재현 방식'이기 때문이다. 따라서 스토리는 어떤 과거를 중심으로 짜여지는 반면, 서사는 언어적이 아니라 심리적인 어떤 현재 속에 짜여진다는 것[69]이다.

이렇듯 언어적 서사물에서 시간은 스토리 시간과 서사 시간의 관계에 관련된 문제이며, 서사물이 이야기되는 시간적 위치는 흔히 동사시제라든가, 태(mood), 동사의 상(相), 한 시점에서의 행위의 지속, 부사들 등의 문법적 형식에 의해 표현된다.

그러나 때로는 서사와 스토리 시간의 관계에서 벗어나는 일련의 동사 형식의 사용이 발견되기도 한다. 즉 동사의 시제 중 특히 현재시제의 사용은 어떤 과거의 사건들을 보다 생동감있게 전달한다거나 장면을 회화적으로 묘사하는 부대효과를 가져올 수 있다. 즉 이것은 동사 형식의 사용이 언어적 표현뿐만 아니라 시적 표현과도 직접적인 관계를 갖는다는 사실을 의미하기도 한다.

역사서사물들에 요구되는 조건이 선조적 시간성·서사 상황에 대한 서술자의 객관적 거리 유지 등 서사성에 초점이 맞추어져 있다면, 『다정불심』은 동사의 시제와 관련된 '시적' '회화적' 측면에 초점이 모아져 있다. 회화성과 관련된 가장 밀접한 동사 형식은 물론 현재시제의 사용이다. 이것은 의심없이 장면화에 기여하기 때문이다.

---

69) G. Prince, 앞의 책, p.50.

뺨이 두어 점 붉어지기 **시작한다**. 왕의 눈은 좀처럼 공주의 얼굴에서 떨어지지 **않는다**. 공주는 눈을 흘려 왕을 쳐다보고 치마를 끌어 초청 난간가로 걸음을 **옮겨간다**. 한 팔로 초청 기둥을 짚어 의지하고 고요히 눈을 감아 꽃향기를 **맡아본다**. 가만히 적은 바람이 연향을 실어 공주의 코허리를 스치며 **지나간다**. 옥색 저고리에 비슷이 빗장 지른 자주고름이 바람에 한들한들 **흔들린다**. 풍정있는 **자태다**.

- 『다정불심』, p. 47

현재시제의 사용은 독자로 하여금 독자 자신을 그 행위에 대한 공시적인 관계속에 있도록 유도하며, 또 그것을 목격하도록 한다. 다시 말해, 이러한 시제 사용의 목적은 그 이야기를 듣는 사람들로 하여금 서사물의 행위에 직접 가담하도록 하고, 또 이야기 속의 그 인물들이 점유하고 있는 그 위치에 듣는 사람들을 놓으려고 하는 데 있다는 것이다.

그러나 텍스트들에서 보여지는 보다 빈번한 형식은 한 문장에서 다음 문장으로 이어지는 동사시제의 지속적인 교체이다. 즉 서사적 과거시제와 묘사적 현재시제가 서로 교환되는 현상이 텍스트 전체를 회화적 이미지로 이끌어가고 있는 것이다.

①
노국공주가 황금 화관에 푸른 원삼을 입고 **나타났다**. 시녀 오륙명이 공주를 **옹위했다**. 공자 왕기는 자리에 일어나 신부를 **맞아들인다**. 신부의 윤기 도는 맑은 눈이 힐끗 신랑의 해사한 얼굴을 **바라본다**. 비로소 오늘 신랑 공자의 얼굴을 어린듯이 바라보는 신부 공주의 **눈결이다**. 공자도 방안으로 들어서는 공주의 환한 얼굴을 마음놓고 **바라보았다**. 다시 보아도 싫지 않

은 **얼굴이다**. 어린 듯한 두 눈, 공주와 공자의 눈결이 **마주친다**. 순간 공주는 공자의 눈결을 피해 고개를 다소곳 **수그린다**. 뺨에는 부끄리는 기운이 안개 일 듯 **일어난다**. 시녀들은 공주를 부축해 금침이 펼쳐진 옆 봉황 수방석 위에 고요히 **앉힌다**.

— p. 3

②

왕은 후원으로 거닐며 흠뻑 맑은 기운을 마시어 **본다**. 하늘을 가로질러 기운차게 뚝 떨어진 후원 푸른 봉우리에 바람이 살몃살몃 **일어났다**. 낙락장송 파란 솔밭에 솔바람이 와스스 **물결친다**. 어디서 떠돌아 왔는지 흰 날개에 검을 깃을 품높게 꾸민 호아새 두 마리가 푸른 허공에 너울너울 춤을 **춘다**. 왕은 황새가 **부러웠다**. 얼마나 헝그러운 **거동이냐**. 솔밭에 불어 오던 남저지 바람이 스르르 왕의 앞에 **몰려든다**. 옥색 도포 늘어진 고름이 하느적하느적 가볍게 **움직인다**. 향긋한 냄새가 왕의 코를 어루만져 스치고 **지나간다**.

— p. 45

③

왕도 노국공주의 곁으로 쫓아와 원앙새를 찾아**낸다**. 못물은 둥글게 연파가 그려**진다**. 오색 화려한 빛깔 곱게 수놓듯한 숫놈은 노릿겨한 암놈을 따라**갔다**. 암놈 숫놈은 의좋게 놀았다. 물을 박차고 연잎을 스치고 나란히 물 위에 돌돌 떠**간다**. 한놈이 앞선가 하면 한놈은 기어코 뒤지지 않았**다**.

— p. 47

①은 노국공주 보탑실리와 고려의 왕자 왕기의 결혼식날 저녁 신방에서 공주와 왕기가 대면하는 장면이고, ②, ③은 그 동안 정사를 돌보는 일

에 정신이 없었던 왕이 오랜만에 산책을 즐기는 장면이다. 인용문들에서 현재시제는 서술이 수행되는 시점을 고정하기 위해서 사용되고 있다. 현재시제가 사용되는 매순간, 작가의 시간적 위치는 공시적이다. 말하자면 그것은 그의 인물들의 시간적 위치와 일치하며, 그는 그 순간 그들의 시간 속에 위치해 있는 것이다. 그러나 과거시제로 표현된 동사들은 서사물의 이러한 공시적인 부분들 사이의 전이를 제공한다. 그것들은 공시적인 위치로부터 그 서사를 감지하는 데 필요한 조건들을 기술하는 것이다. 따라서 인용문에 나타난 모든 서술들은 일련의 장면들, 즉 하나 하나가 공시적인 시점으로부터 제시되며 그리고 그 안에서 시간이 멈춘 것으로 보이는 일련의 장면들로 보이게 된다. 그런 단층들 사이의 간격에서, 서사의 시간은 가속되며 그리고 매우 급격하게 이동한다. 즉, 과거시제의 동사들은 그 장면들 사이에서 벌어지는 시간적 이동을 묘사하면서, 그에 의해서 공시적인 장면들이 인지되어야 하는 맥락을 형성하게 된다.[70]

때문에 이 인용문들에서 동사 시제의 형식들은 현재와 과거를 뚜렷하게 지시하는 본래 의미의 문법적인 시제 지시성은 약화된 반면, 현장감을 배가시키기 위한 표현적 효과에 기능하고 있음을 알 수 있다. 또한 이런 시제 이동을 보이고 있는 대부분의 지문들이 인물의 구체적인 서사 행위와 관련된 현장감보다는 위의 예문에서 보았던 바와 같이 정적인 묘사 장면에 집중적으로 나타나고 있다는 점에서 텍스트를 회화화시키는 결정적 요인으로 결론지을 수 있다.

---

[70] 이러한 특별한 종류의 서사적 구축은 슬라이드 쇼와 비교될 수 있는데, 거기에서는 개별적인 장면들이 연쇄적으로 하나의 플롯을 형성하기 위해서 한데 결합되는 것이다. 즉 각각의 슬라이드 사진 사이에서, 서사적 시간은 가속되어서 매우 급격하게 이동하는 것이다. (B. Uspensky, 앞의 책, p.121~125.)

(2) 이중목소리와 '시적 낯설게 하기'

문장형식들(진술, 질문, 명령)은 인물들의 발화중의 대화적 언술에서 확정적인 기능을 갖지만,[71] 시적 담론은 그러한 연결 가능성을 무시하고, 다시 말해 절대적으로 문장 형식을 사용한다.

'나'의 위치가 고정적으로 유지되는 대화적 언술을 흔히 독백적이라고 규정하는데, 구조적으로 그것은 대화적 언술과 구분되지 않는다. 독백적 언술에서 주로 문제가 되는 것은, 독백이 어떤 사회적 상황과 아주 긴밀한 연관 관계를 가지고 있을 때이다. 특히 역사서사물에서는 장르의 특성상 인물의 심리적 측면과 연관된 독백적 언술의 사회적 관련성이 더욱 크게 요구되는 데, 『금삼의 피』는 독백형식들이 대부분 인물의 극히 개인적인 심리 과정의 정당성을 확보해 나가는 데 기능하고 있음을 볼 수 있다.

> 동궁의 마음은 불쾌했다. 〈죄를 진 어머니!〉〈죄인의 아들!〉 이러한 생각이 머리를 또다시 어지럽게 만든다. 폐비의 일이 그지없이 궁금하면서,
> 〈죄짓고 쫓겨난 죽은 폐비가 내 어머니가 아니었으면———.〉
> 하는 야릇한 생각이 일어나기 시작했다. ……
> **죄인의 아들! 폐비의 아들! 어머니 없는 외로운 사람!** 동궁은 김자원에게 물어보기는 물어보면서도 마음 속으로 은근히 그렇게 되지 않기를 바랐다. 알고는 싶으면서도 그렇게 되지 않기를 바라는 마음! 어리고 순된 까닭에 더욱 더하다.
> **행여나 하고 한 가닥 실머리 끝에 매달린 듯한 마음도 이제는 끊어졌다.**

---

71) 예를 들어 일인칭의 위치에서 하나의 의문문이 표현되면, 그에 대한 대답이 이인칭의 위치로부터 진술 문장으로 뒤따르게 된다. (J. Link, 앞의 책, p.471.)

확실히 동궁 자신은 죄인의 아들, 폐비의 아들인 것이다.

제안대군의 수수께끼 같은 〈흐흐흐〉라고 미친 체 하는 웃음 소리도 인제는 환하게 풀려졌다.

중전이 어쩐지 틈살이 벌어지고, 꾸밈이 많으신 듯한 사랑과, 씩씩하고 장중하신 태도를 가지시는 까닭도 알아지고 말았다.

앞길은 캄캄하다. 가시성이다. 어머니 없는 외로운 마음을 누구를 대하여 호소할거냐.

죄인의 아들, 폐비의 아들, 조지서의 업수이 여기는게 당연하고나.

동궁은 눈을 들어 별빛 반짝거리는 넓은 하늘을 쳐다보며,

―― 아아 어마마마, 왜 죄를 저지르셨소. 왜 나를 어머니 없는 외로운 사람이 되게 하셨소.

하고 마음 속으로 부르짖었다.

— pp. 130~131

이 인용문은 인물의 직접 발화의 형태인 직접내적독백과 발화의 주체를 알 수 없는 독백의 형식, 그리고 서술 맥락 속에 들어온 간접내적독백 등 복합적인 양태를 보여주고 있다. 먼저 인물의 직접내적독백은 〈 〉, ―― 와 같은 문장부호와 함께 '이러한 생각', '하는 야릇한 생각', '하고 마음 속으로' 서술자의 중개를 드러내는 언표가 명확하게 표기되어 있어 서술자의 발화와 인물의 발화간의 경계가 뚜렷하게 구분되어 있다.

고딕체로 표기된 부분은 '알아지고 말았다' 라는 서술자의 요약의 형태로 정리된 맥락 속에 병치되어 있기 때문에 간접내적독백의 형식으로 볼 수 있다. 특히 '어쩐지' 라는 부사는 이 구문이 연산의 시점에서 발화된 것임을 확신케 하는 증거가 된다. 서술자는 다만 연산의 정서를 보존하는 가

운데 자신의 발화로 통제하고 있을 뿐이다.

그러나 진한 글씨체로 표현된 부분은 서술 주체가 확실하게 밝혀지지 않은 형태, 즉 서술자의 존재를 드러내는 어휘도 없을 뿐만 아니라, 특정한 주어도 설정되어 있지 않아 서술자의 말과 인물의 말이 분명하게 구분되지 않는다. 구문상의 표지로만 보자면 〈 〉, ── 와 같은 부호도 사용되지 않고, 행의 구분도 되어있지 않고 서술 맥락 속에 열려진 형태로 병치되어 있기 때문에 이 단락들은 작가의 말로 이루어져 있다고 볼 수 있지만, 그 전체적인 정서의 구조는 연산에 속한다. 따라서, 이 형식 또한 연산의 간접 내적 독백의 형태로 결론지을 수 있다. 이와 같은 형식들은 서술자의 발화와 인물의 발화가 뒤섞이면서 혼재 현상이 일어나 동시에 그 두 발화의 목소리를 느낄 수 있는 현상을 만들어낸다.

내적독백의 제시에 이용되는 위와 같은 형식은 텍스트에서 흔히 찾아볼 수 있다. 이 형식은 어떤 인물의 내적 독백이 지니는 무질서하고 충동적인 성격에 질서와 균형을 주며, 아울러 구문상의 표지(3인칭 서술)나 기본적인 문체적 표지들(어휘, 기타)에 힘입어 연산의 내적독백이 서술자의 문맥에 조직적으로 통합하도록 허용한다. 그러나 물론 이러한 형식의 작용은 통합에만 그치는 것이 아니다. 그것은 인물의 내적독백이 지니는 독특한 표현구조, 그 불완전성 및 유동성을 보존하는 최선의 형식 중 하나이기도 하다.

그러나 이것이 엄격하게 이중목소리라고는 볼 수 없다. 인용어법상 완전히 해체적인 혼합구성의 면모를 보이는 이중목소리[72]의 예는 다음 인용문에서 찾을 수 있다.

시강원에는 그 **지긋지긋하고 보기싫은 호랑이같은** 늙은 보덕 조지서가 무릎을 꿇고 끄덕거리고 앉았다가 동궁이 들어오는 것을 보고 몸을 일으켜 맞아들인다.

이 구문은 전형적인 혼성구문으로 수식어구 '지긋지긋 - 호랑이같은' 은 연산의 어조 차용를 차용하여 서술이 이루어지고 있다. 서술자의 말이라는 구문론적 체계 속에 인물의 말이 지니는 정서적 측면(생각·의문·감탄 등)이 삽입되어 있다. 작가의 발언과 연산의 억양이 혼성된 양상이다. 두 개의 다른 지향점을 가진 발화형태들이 융합되면서 독특한 발화 간섭 현상이 나타나는 경우이기 때문에, 두 이질적인 발화 간의 경계는 해체될 수밖에 없다.

이같은 형식은 서술자가 인물의 내면의식과 말로써 자신의 요약적 서술을 대체시키기 때문에 객관성과 신뢰성을 동시에 획득하게 되는데, 이는 인물의 내면심리에 대한 객관적 묘사와 서술자의 분석적·요약적 서술을 동시에 수행할 수 있기 때문이다. 그러나 『금삼의 피』에서는 인물 심리의 객관적 묘사보다도 오히려 서술자의 주관적 정서를 인물의 발화에 침투시킴으로써 독자의 정서적 발로를 자극시키는 효과를 파생시키고 있다. 하나의 발화 맥락에서 같은 지향점을 가진 두 개의 목소리가 겹쳐져 이를

---

72) 바흐찐은 이를 '혼성(hybridization)'으로 설명하고 있다. 그에 의하면 '혼성'이란 '단일한 발언이라는 경계 안에서 두 개의 사회적 언어가 섞이고, 단일한 발언이라는 장에서 시대와 사회적 차이, 혹은 어떤 다른 요소에 의해 서로 격리되었던 두 개의 상이한 언어의식 사이에 만남이 이루어지는 것'을 말한다. 이와같이 단일한 발언의 영역 안에서 두 개의 언어가 혼합되는 것은 소설에서는 의도적인 예술적 장치이다. 여기서 중요한 것은 의도적이고 의식적인 혼성어가 두 개의 몰개성적 언어의식들(상호관련 된 두 언어)의 혼합이라기보다 오히려 두 개의 개별화된 언어의식들(단순히 두 언어가 아닌, 상호관련된 두 특정 발언)과 두 개별적 언어의도들―한편으로 묘사하는 작가 개인의 의식과 의지, 다른 한편으로 묘사대상인 등장인물 개인의 언어적 의식과 의지―의 혼합이라는 사실이다. (M. Bakhtin, 『장편소설과 민중언어』, 전승희·서경희·박유미 역, 창작과 비평사, 1988, pp.180~183. 참조.)

동시에 엿들을 수 있기 때문에 독자의 정서적 공감은 그만큼 배가되는 것이다.

2) 이야기 구성 방식과 의미구조

(1) 이중적 독서 경험의 이야기 방식 (『금삼의 피』)

『다정불심』과 함께 흔히 세기말적인 퇴폐적 낭만주의 사조의 경향이 강하게 드러난다는 평가를 받고 있는 『금삼의 피』는 폭군으로 알려져 있는 연산의 일대기를 어머니인 폐비윤씨의 사약사건과 관련하여 그려나가고 있다.

텍스트는 〈장한편〉, 〈사모편〉, 〈필화편〉, 〈조한편〉, 〈실국편〉 등 전체 5개의 장으로 나누어져 이야기 의미구조상 3단계로 진행되고 있다.

성종의 사랑을 한 몸에 받던 왕비 윤씨가 폐위당하고 사약까지 받게 된 과정을 이야기하고 있는 〈장한편〉은 그 자체로 이 전체 텍스트에서 독립된 하나의 서사를 구축하고 있다. 완벽한 하나의 이야기인 〈장한편〉은 이후 서사의 모티프로 기능하게 된다. 즉 뒤따르는 〈사모편〉, 〈필화편〉, 〈조한편〉은 폐위당했던 왕비의 유일한 핏줄인 동궁 연산이 자신의 생모의 존재와 폐위, 사약을 받고 억울하게 죽어간 전모를 하나하나 알아가는 과정을 그리고 있으며 급기야 어머니의 복수까지 행하는 지점에서 이야기가 끝난다. 그리고 〈실국편〉은 이후 후궁들과 방탕한 생활을 일삼다가 인조반정으로 폐위당하게 되는 이야기로써 앞 서사들과의 관계에서 어느 정도 주변화되어 있다.

먼저 〈장한편〉을 의미단락으로 나누면 다음과 같다.

S1. 작은 딸에게 노후를 의탁할 작정이었던 윤진사는 작은 딸이 공교롭게 궁녀로 간택되자, 정희량에게서 딸의 사주에 관한 일을 듣고 포기한 채 궁녀로 들여 보낸다.

S2. 왕비 한빈이 죽자, 숙의 윤씨는 왕비가 되고 아들은 왕세자로 책봉된다.

S3. 어린 연산이 갑자기 병을 앓자, 이것이 귀인 정씨의 소행임을 알고 어머니 신씨부인과 함께 정씨를 없앨 주술을 행하고, 독약을 준비하지만 이를 들켜 버린다.

S4. 왕비는 관계개선을 위해 찾아온 왕의 얼굴에 손톱자국을 내면서, 이 일을 기화로 결국 폐위당하고 만다.

S5. 왕은 어린 연산 때문에 폐비 윤씨를 불러들일 생각을 하지만, 왕대비의 모략으로 윤씨의 생활이 방자하게 왜곡되면서 윤씨는 사약을 받게 된다.

텍스트 시간은 S2.-S1.-S3.-S4.-S5.로 되어 있는데, 여기서 어머니 신씨의 회상 속에 진행된 서사 S2.는 뒤따라 오는 서사 S1., S3., S4., S5.의 미시구조로 기능하고 있다. 왕비 윤씨가 궁녀로 간택되어 들어오게 된 배경이 설명되고 있는 S2.는 그의 아버지가 살아 생전에 딸의 사주를 정희량에게서 받았는데, 그의 사주는 이미 뒤 서사의 결말을 내포하고 있는 예언적 기능을 갖고 있다.

"청룡 서리운 곳에 황룡이 날아드니 바람비 이는 중에 해와 달이 분명하다. 어이한 노릇이냐 봄꿈을 채 못깨어 쓸쓸타 새벽달 아래 피눈물을 왜 뿌리노."

— p. 30

'청룡', '황룡', '해와 달', '봄꿈', '피눈물'이라는 비유로 된 딸의 사주를 받은 윤진사는 궁녀로 들어간 딸이 분명 후에 귀한 사람이 될 것이지만, 그 말로는 결코 평탄치 못할 것임을 알게 된다. 그에게는 '금빛이 휘황한 화관에 일월을 수놓은 활옷을 입고, 봉련 위에 단정히 높이 앉은' 딸의 모습과 함께, '백능대 길고 긴 수건을 휘휘친친 눈같이 흰 목 언저리에 걸고, 피눈물을 흘리며 마외역의 이슬처럼 사라진 양귀비의 목매단 싸늘한 얼굴' 또한 겹쳐 보이는 것이다. 결국 윤진사는 출입을 금하고 앓아누운 뒤 일년이 채 못되어 죽어버리고 만다. 어머니 신씨의 회상으로 전개되고 있는 단락 S2.는 이와 같이 〈장한편〉 서사 전체에 대한 '사전제시'의 기능을 하고 있다.

바로 여기서 〈장한편〉 서사의 주인공격인 왕비 윤씨의 죽음을 예고받은 독자의 관심은 '다음에는 무슨 일이 일어날까?' 하는 의문으로부터 오는 긴장감을, '그 일이 어떻게 발생할까?' 라는 의문을 중심으로 하는 긴장감으로 대체된다. 이러한 독서 행위는 서사의 두 번째 단계에서 더욱 적극적으로 행해질 수 있다.

〈사모편〉, 〈필화편〉, 〈조한편〉으로 이어지는 두 번째의 서사는 첫 번째 서사인 〈장한편〉이 모티프가 되어 이끌어지고 있다. 두 번째 서사는 자신의 생모인 폐비 윤씨에 관해 아무것도 모르고 자라온 연산이 자신의 생모는 지금까지 어머니로 알아 온 정현왕후가 아니라 폐비 윤씨였다는 사실, 폐비 윤씨가 억울하게 죽어간 과정을 알아가는 과정으로 이루어져 있다. 즉 연산의 생모에 대한 미스터리가 원인이 되어 서사가 시작되고 앎의 부재 상태가 해결되면서 서사가 종결을 향해 나아가는 것이다. 이때 독자가 이미 폐비 윤씨에 관한 모든 정보를 경험한 뒤라는 사실은 통상적으로 서사문학에서 자칫 긴장감을 상실할 수 있는 근거가 될 수 있다.

그러나 이러한 이야기 구조 형식에서 기대되는 독자의 흥미는 '다음엔 어떤 일이 발생할까' 하는 의문에서 오는 것이 아니라는 것에 주목할 필요가 있다. 독자는 전제서사를 통해 금삼의 피에 관한 정보를 이미 받아 놓은 상태이며, 따라서 그 뒤의 서사를 통해 독자가 기대하는 것은 연산과 금삼의 피가 연결되는 방식에 있다. 다시 말해 연산이 '어떻게' 자신의 생모의 존재를 알고 그 죽음의 원인을 밝혀낼 것인가에 관심이 놓이게 된다는 것이다. 따라서 독자는 이때 이중의 독서 경험을 하게 되는데, 전제서사를 통해 폐비 윤씨가 궁녀로 간택되어 왕비로 오르기까지의 배경, 후궁들과의 갈등으로 인한 결과로 폐위당하게 되는 사정, 그리고 죽음에 이르기까지의 일련의 과정을 연산의 서사행위를 통해 거꾸로 되짚어나가게 된다. 이러한 이야기 방식에서 중요한 것은 전설한 바와 같이 정보가 '어떻게' 전달되느냐하는 데에 있다. 두 번째 서사에서 정보는 3번에 걸쳐 연산에게 제공된다. 모두 주변 인물에 의해서이다.

  정보 1. 제안대군 - 폐비의 존재를 알게 됨
  정보 2. 김자원 - 폐비가 자신의 생모임을 알게 됨
  정보 3. 장녹수 - 폐비가 죽어간 과정을 알게 됨

먼저 생모에 대한 존재 자체도 모르고 지내던 연산에게 폐비에 관한 정보는 우연찮게 제안대군에 의해 제공된다.

  『국모가 가시다니 무슨 소리야. 어마마마가 계시지 않아?』
  제안대군의 어리석은 듯한 웃음 소리는 또다시 히히히하고 높아졌다. 그러나 이번에 웃는 웃음 소리는 가볍게 한번 웃어던지는 싱겁다란 웃음 소리가 아니다. 어쩐 까닭인지 연산의 가슴을 꽉 찔러 꿰뚫는 듯한 침통하고도 기막힌 듯한 허파 속에서 터져나오는 힘차고 무게 있는 웃음 소리다. 연산의 머리 속에는 불길한 검은 그림자가 휙 스치고 지나갔다. 마음이 몹시 안타까왔다. …… 투호 때문으로 해서 일어난 제안대군의 괴상스러운 수작은 동궁 연산에게 크나큰 번뇌의 씨를 뿌려주고 말았다. 가뜩이나 어머님이시라는 정현왕후에게 대하여 과연 생모냐, 아니냐? 의심을 깊이 품고 내려오던 연산은 수수께끼 같은 제안대군의 말과 행동에 의심이 더한층 깊어지지 않을 수 없었다.

— pp. 118~119

시강원에서 글을 읽고 난후 더위를 피하여 투호를 하고 있던 중 연산이 제안에게 거문고 탈 것을 청하나 제안은 국모가 돌아가셨다는 이유로 이를 거절하게 된다. 제안대군의 지나가는 듯한 한마디에 연산은 이상스러운 의심과 불길함이 느껴진다. 이렇듯 연산에게는 폐비에 관한 일이 처음에는 미스테리로 다가온다. 고민 끝에 연산은 오래전부터 내시로 있던 김자원을 추궁하게 되고 마침내, 폐비가 자신의 생모임을 알게 되는 것이다.

그러나 아직까지는 폐비의 죽음의 전모가 밝혀지지 않은 상태이기 때문에 서사는 지속될 수밖에 없다. 작가는 연산 자신이 '죄인의 아들! 폐서인의 아들!'이라는 제한된 정보(진실)로 인한 연산의 죄의식과 관련된 일련의 삽화로 정보 3까지의 서사공백을 채우게 된다. 비교적 상당 분량의 이 공백에는 그동안 『금삼의 피』에 대한 연구의 관심사였던 연산의 인간적 고뇌가 집중적으로 나타나고 있다. 아버지 성종이 사랑하는 사슴에 관한 일화, 조지서에 대한 미움에 관한 일화 등이다. 아버지 성종이 승하한 후 연산은 폐비 윤씨를 복위할 것을 대왕대비에게 요청하지만 죄인이라는 이유 때문에 무참히 거절당하고 만다. 다시 효사묘라도 쓰게 해줄 것을 요청하고 못마땅한 대왕대비는 이를 대신들에게 물어보고 행할 것을 명한다. 죄인에게 효사묘를 쓴다는 것은 있을 수 없는 일이라며 대신들과 유림들이 반대하자 결국 친제를 지내려는 연산의 계획은 무너지고 만다. 아직까지 연산의 제한된 정보에 의해 서사가 이끌어지고 있음을 알 수 있다.

〈필화편〉은 본 서사와는 크게 관련이 없기 때문에 초점 인물도 연산에서 유자광으로 바뀌고 역사적 사건에 대한 연산의 간섭형태도 어머니의 효사묘를 못쓰게 한 문신들에 대한 미움이라는 단순하고도 개인적인 동기로 나타나고 있으며, 따라서 양적으로도 제일 짧은 분량을 가지고 있다.

이러한 제한된 정보 상태를 완전한 앎의 상태로 전환시키게 되는 세 번째 정보 제공자는 장녹수이다. 따라서 〈조한편〉의 서두는 정보의 제공자인 장녹수의 존재를 위해 연산이 제안에게 놀러 갔다가 장녹수를 궁으로 데려와 숙의 첩지를 내리게 하는 장면부터 시작하고 있다. 갑작스럽게 연산의 사랑을 받은 장녹수의 집으로 시류를 타려는 사람들의 선물들이 엄청나게 들어오기 시작하는데, 그 중에 현숙공주의 선물이 들어있어 장녹수는 기뻐하게 되고, 이를 통해 장녹수는 폐비 윤씨의 어머니이자 연산의 외조모인 신씨 부인과 대면하게 된다.

여기서 폐비 윤씨가 죽은 뒤 신씨 부인의 행적이 현재로 자세하게 묘사되는데, 이 과정에서 현숙공주의 시아버지인 임사홍의 출세의지가 신씨 부인을 자기 집에 모시게 하고 폐비 윤씨의 일이 장녹수에게 알려지게 하는 모티프가 된다. 신씨 부인에게서 폐비의 죽음과 관련된 사정을 모두 다 들은 장녹수 또한 일개 후궁 밖에 되지 못하는 자신의 후일을 위하여 자신의 힘으로 권문세가를 만들어 후일을 의탁하려는 생각으로 임사홍과 신씨 부인의 부탁을 들어줄 것을 약속한다.

이렇게 볼 때 정보 3의 전달과정은 정보 1, 2에 비해 다소 복잡한 과정과 함께 필연적 인과성을 갖고 연산에게 전달된다. 임사홍의 출세의지, 신씨 부인의 억울한 호소, 장녹수의 후일에 대한 염려 등이 복합적으로 작용하여 하나의 정보가 연산에게 흘러들어 가는 것이다. 따라서 의문의 원인이 모두 밝혀진 이 지점에서 서사는 끝나게 되어 있다. 의문이 공개되면 이야기할 것이 없는 것이다. 때문에 복수는 자연스럽게 서사의 완결점이 되는 것이다.

따라서 〈실국편〉은 본 서사에서 주변화된 사족에 머무르고 만다. 〈실국편〉이 뚜렷한 서사적 계기성을 갖지 못한 채 삽화연결의 차원으로 떨어지고 만 것은 바로 이 때문이다. 인물의 서사 행위는 생략되고, '삽화 제시'라는 서술자의 파행적 요약에 의해 진행된다. '연산의 포군 행티는 날로 높아졌다' 라는 언술과 함께 여색에 관련된 삽화 4개와 심리적 파탄을 보여주는 사냥터에 관한 삽화가 제시된다. 이 삽화들은 서술자에 의해 일방적으로 전달되기 때문에, 서사의 주변을 도는 독립적 존재로 전락하고 만다.

(2) '죽음' 모티프의 비극적 효과 (『다정불심』)

1940년부터 1941년까지 〈매일신보〉에 연재되었던 이 작품은 고려말의 격동기를 배경으로 공민왕과 노국공주의 사랑 그리고 노국공주 사후의 공민왕의 정신적 갈등을 그리고 있다. 『금삼의 피』에 비해 어느 정도 사회·역사적 성격을 가지고 있다. 비록 그의 치적의 대부분이 공민왕 자신이 아닌 노국공주나 신돈에 의해 추진된 것으로 그려져 있기는 하지만, 대내적으로 권문세족을 견제하고, 대외적으로 반원정책을 통해 자립적인 왕권강화를 모색해 나간 공민왕대의 정치적·사회적 변화가 어느 정도 반영되어 있다. 그러나 작품 대부분이 공민왕과 노국공주의 사랑과 노국공주가 죽은 후 공민왕이 보여주는 심리적 판탄과정에 집중돼 있다는 점, 그리고 화려한 아어체 문체, 원의 풍습을 배경으로 한 이국적인 분위기 때문에 낭만주의적 역사소설 혹은 통속소설로 분류되는 원인이 되고 있다.

텍스트는 의미단위에 따라 10개로 나뉘어지며, 크게는 두 개의 의미구조로 구분된다.

S1. 왕기와 노국공주가 결혼하여 고려로 귀국한다.
S2. 원세력을 등에 업은 기철의 오만방자함에 유배를 보내지만, 패아찰 연으로 유배에서 곧 풀려난다.
S3. 노국공주는 원에서 온 동생과 정치적 협상을 벌여 쌍성을 회수한다.
S4. 노국공주는 후사를 위해 왕에게 새왕비 얻을 것을 간청하나, 왕은 이를 거절한다.
S5. 오년 후, 태기가 있던 공주가 산통이 심해 죽는다.
S6. 편조가 반혼법으로 공주의 혼을 부른다.
S7. 반혼법이 거짓임이 밝혀지고, 반야는 임신을 하게 된다.
S8. 왕은 슬픔에 빠져 편조에게 모든 정사를 맡기고, 공주의 영전을 짓는데 몰두한다.
S9. 반야는 왕자 무니로를 낳아 기르지만, 왕의 외면을 받는다.
S10. 영전 재건축을 반대하는 신돈을 죽이고, 왕 또한 자제위 홍륜에게 시해를 당한다.

이 연속체는 본 서사의 내용이 크게는 공주의 죽음을 기준으로 전반부와 후반부로 나뉘어지고 있음을 보여준다. 공주와의 결혼에서부터 공주의 죽음까지 해당되는 S1.~S5. 까지가 전반부에 해당되며, 공주의 죽음이후 편조의 등장부터 왕의 죽음에 이르는 S6.~S10.까지가 후반부에 해당된다.[73] 편의상 전반부를 Text-1이라 부르고, 후반부를 Text-2라 부르기로 한다.

본문으로 〈밀월〉, 〈향수〉, 〈귀국〉, 〈첫 정사〉, 〈약한자의 슬픔〉, 〈쌍성회수〉, 〈사랑은 하나, 두 길이 없다〉, 〈오년 후〉, 〈떨어지는 백매화〉까지 해당되는 Text-1은 원나라 공주 보탑실리와 볼모로 잡혀가 있던 고려의 공자 왕기의 결혼식부터 시작되어 두 사람의 애틋한 사랑이 공주의 죽음으로 끝나게 되는 이야기이다. Text-1은 몇 개의 소서사로 구성되어 있다. 공주와 왕기의 결혼(S1.), 기철과의 신경전과 쌍성회수가 상징하는 원나라와의 갈등관계(S2., S3.), 새왕비 간택문제(S4.), 그리고 공주의 죽음(S5.)에 관련된 것들이다. 이 소서사들은 각자의 영역에서는 충실하지만 앞 뒤 서사와의 관계에서 엄격한 계기성들을 보여주고 있진 못하다. 다시 말해 소서사의 시작과 끝이 명확하여 그것만으로 완결된 이야기로 존재하기 때문에 전체 서사 안에 자연스럽게 녹아들지 못하고 독립적이라는 것이다.[74] 기철과의 갈등, 쌍성회수, 새왕비 간택, 공주의 죽음 등은 자신들의 이야기에만 몰두하고 있다가 그 일이 해결되거나 완결지어지면 다음 서사로 넘어가게 되는 일종의 삽화적 성격을 가지고 있다. 따라서 2개 이상의 서사적 갈등이 동시에 존재하지 않으며, 그만큼 Text-1의 서사성의 정도는 상당히 약화될 수밖에 없다.

Text-1을 이끄는 주인공은 물론 공민왕과 노국공주이다. 그러나 텍스

---

73) 사실상 이러한 구분은 단순히 공주의 죽음만을 기준으로 한 것이 아니라, 이를 기점으로 해서 왕을 제외한 등장인물이나 서사의 내용이 판이하게 달라지게 되는 점을 고려한 것이다.
74) 사실 이것은 표제언표와 밀접한 연관을 갖는다. 소제목에 대한 작가의 지나친 충실함은 이렇듯 서사적 계기성을 훼손시킬 우려가 있다.

트 전반부는 전체적으로 노국공주에게 무게가 쏠린 듯한 인상을 준다. 둘의 대조적인 성격이 이를 설명해 줄 수 있다.

> 『(중략) 공주! 내가 가구 싶어하는 것은 무어 부귀영화를 탐내서 제왕의 자리를 엿보자는 것이 아니야. 그저 공주 같은 어진 아내와 함께 그리운 고향으로 돌아가서 아들 낳고 딸 낳고 그림 그리구 글씨 쓰면서 평온히 한 세상 살자는 것야.』
>
> (중략)
>
> 『아버님께 말씀을 사뢰고 위에 아뢰어 나를 한개 백성, 고려의 백성으로 돌아가게 해주시오. 부귀가 내 소원이 아니구 제왕이 내 욕심이 아니라구.』
>
> 『그렇게 백성이 좋으셔요? 벼슬도 못하는 가난한 백성이……』
>
> – p. 15

인용문에서 드러나는 공민왕의 성격은 부귀영화나 제왕의 자리보다는 일개 백성의 신분으로 살면서 예술을 추구하는 평범하다 못해 낭만적이기조차 한 것이다. 이에 비해 '벼슬도 못하는 가난한 백성이' 그렇게 좋으냐는 노국공주의 한마디는 그녀의 정치적 성격과 삶의 지향점을 확연하게 드러내고 있다. 따라서, 보다 역동적 행위를 요구하는 서사적 흐름은 공민왕보다는 노국공주가 주도해나가기 쉽다. 실제로 Text-1 서사진행의 고리를 풀어나가는 역할은 모두 노국공주에게 주어져 있음을 볼 수 있다. 왕기와의 결혼 전에 이미 공주가 자신의 마음을 왕기에게로 작정하고 있었다는 사실(S1.), 일개 백성으로 가겠다고 원의 황제에게 부탁해달라는 공자 왕기를 왕의 자격으로 고려에 돌아가게 손은 쓴 것도 공주이며, 원세력을 믿고 방약부도하게 구는 기철을 유배보내는 데 공민왕의 결정을 주도

하거나, 패아찰연을 위해 나온 원나라 난란태자가 궁녀 향저에게 빠진 것을 이용해 고려 변방에서 원나라 군사를 물러나게끔 정치적 협상을 벌이고, 이를 이용해 기철을 죽이고 쌍성을 회수하는 데 결정적인 역할을 감당한 것도 결국 노국공주이다. 이렇게 Text-1은 주인공인 공민왕은 오히려 탈역사적, 탈정치적이고 예술적인 감수성이 강조될 뿐이며, 이에 반해 상대적으로 공주의 영웅성은 극도로 부각되고 있다. 인물의 영웅성이 서사의 흐름을 넘어설 때, 자칫 동화적일 수 있다는 사실을 텍스트는 그대로 보여주고 있다.

> 『이런 고마울 데가 어디 있소. 옛적 요순 같은 임금은 이보다 더 어지시겠소? 노국공주야말로 치마 두르신 요임금이나 순임금이시구려!』
> 『고려가 인제는 흥하려나 보오. 우리들 백성의 복이로구려!』
> (중략)
> 노국공주가 은폐물 금패물이며 모의옷을 내놓았다는 소리가 여자들의 귀에 들어가자 고려의 어진 아내와 착한 딸들은 함빡 은비녀와 은가락지를 뽑아 주비청으로 바쳤다. …… 나중에는 궁녀들도 수식을 뽑고 가락지를 뽑았다. 의녀와 무당과 관비 사비까지 이르도록, 하다 못해 은반지 한 개라도 아니 바치는 이가 없었다. 주비청 곳간에는 군용품으로 피륙과 쌀과 금은 붙이가 적여구산으로 쌓여졌다. 감격의 회오리바람이 달을 넘어 온 고려에 가득히 찼다. 장수들의 마음은 헝그럽고 군사들의 의기는 하늘을 찌를 듯이 떨쳤다.
>
> – pp. 71~72

쌍성을 회수하기 위한 군자금을 마련하기 위해 부족한 것은 백성들에게 거둘작정이라는 공민왕의 말을 듣고 노국공주는 추호도 있을 수 없는 일이라며 자신의 패물을 모두 군자금에 보태라고 내준다. 이 소문을 들은 백성들의 반응은 애국심의 정도가 지나쳐 현실성을 잃을 정도이며, 이는 노국공주의 영웅성까지도 추상화시켜 텍스트를 민담적 성격으로 만들어간다.

공민왕의 공주에 대한 사랑 또한 별다르게 시작한 것이 아니라, 바로 이와 같은 공주의 고려와 고려 백성들에 대한 사랑 때문이다. 혼인을 치루던 날, 대례복 속에 고려 복색을 입어 공민왕의 향수를 자극하던 것부터 시작하여, 기철과의 마찰에서 보이는 자신의 조국 원나라에 대한 대척적 태도, 자꾸 약해지려는 공민왕을 곧추 세우는 말끝 한마디 한마디에서 묻어나는 고려에 대한 사랑 등 공주의 충절어린 모든 것이 공민왕에게는 그지없이 고맙고 감사하고 사랑스럽게 보인다. 이렇듯 Text-1의 의미구조는 표면적으로 보이는 공주와 공민왕의 사랑이야기보다는 애국심을 바탕으로 한 노국공주의 영웅성 부각을 따라 짜여지고 있다. 따라서, 전반부만 떼어 놓고 볼 때, 부분적으로 조선조의 여장부소설 형태를 계승하고 있는 것으로도 볼 수 있다.

서사를 이끌어 오던 노국공주 사후의 공민왕 시기의 정치적인 영역에 대한 부담은 편조가 공주의 영웅성을 계승하고 있는 것으로 해결된다. 편조의 언술과 노국공주의 언술이 텍스트에서 구별이 가지 않을 정도로 거의 흡사하게 드러나는 이유는 이 때문이다.

Text-2는 공주의 죽음이후 승려 편조가 등장하면서 실의에 빠진 왕에게 반혼법으로 공주의 영혼을 불러오게 하는 부분부터 편조와 왕의 죽음까지 다루어진다. Text-2의 서사 모티프는 '공주의 죽음'이다. 공주의 죽음으로 인한 사랑의 상실과 그로 인해 더욱 커진 공주에 대한 열망이 Text-2를 이끌어 나간다. Text-2 또한 몇 개의 소서사들로 구성되어 있다. 노국공주의 혼을 불러오는 반혼법(S6.), 반야의 임신과 왕자 무니로의 출산(S7.,S9.), 공주의 영전 건립 역사(S8.), 신돈과 왕의 죽음(S10.)이 중요 핵서사들이다. 이 서사들을 가능케 하는 모티프는 바로 '노국 공주의 죽음'이다. 공주의 영혼이라도 보고 싶은 열망에서 승려 편조에게 떼를 쓰다시피 해서 얻어낸 약속이 '반혼법'이며, 이 반혼법으로 인해 반야가 임신을 하게 되고, 왕자 무니로를 낳게 되지만 여전히 왕은 죽은 공주에 대한 죄책감 때문에 이들을 의도적으로 돌보지 않는다. 또한 편조에게 정사를 완전히 맡기고 손을 떼버린 이유는 다름아닌 노국공주의 넋을 위로하기 위한 왕륜사 영전을 건립하는 데 온 힘을 쏟기 위해서이다. 공민왕의 노국공주에 대한 집념은 여기서 그치지 않고 다시 마암에 승려 3천명을 수용할 영전을 다시 짓기로 결심한다. 이 영전 사업으로 민심이 피폐해지자 신돈과 대립하게 되고, 영전 건립을 반대하고 나선 신돈을 죽이게 된다. 이후 공민왕은 퇴폐적 생활과 함께 극심한 정신적 파탄을 겪게 되고 결국 자신을 죽음으로까지 몰고간다.

　이로 볼 때 Text-1은 Text-2의 모티프를 제공하는 전제 서사라고 할 수 있다. Text-1의 '결혼->죽음'의 형식이 Text-2의 모든 서사 행위에 영향을 미치고 있음을 볼 때, Text-1은 Text-2의 비극적 결말을 예고해 주는 미시구조의 기능으로도 볼 수 있다. 그러나, 두 개의 텍스트는 전혀 다른 의미구조를 지향하고 있기 때문에 오히려 파행적 결과를 초래한다. Text-1에서 보았듯이 노국공주는 공민왕의 세계대응의 준거이자 문제 해결의지의 토대였으며, 그 토대의 본질은 고려에 대한 애국심이었다. 그러나, 그 지향점의 끈을 Text-2에 일관되게 연결시키지 못하고, 공민왕의 노국공주에 대한 사랑 자체에만 매달림으로써 구조를 파행화시킨다. 신돈이 노국공주의 언술을 계승하고 있음에도 불구하고, 전반부와는 달리 애국심의 문제라든가 정치적 사건의 역사적 의의들이 텍스트에서 겉돌고 있음은 이 때문이다. 신돈의 등장은 애초에 노국공주를 잃은 상실감이 모티프가 되어 지극히 개인적인 차원에서 이루어진 것이기 때문에 노국공주의 정신적 지향을 진정으로 계승할 수 없었던 것이다. 따라서, 공민왕은 심리적 파탄이라는 개인적 영역 속으로 침몰하고 신돈의 이야기는 흥미중심의 삽화차원으로 떨어질 수밖에 없다. 결국 이러한 구조 때문에 『다정불심』은 역사의 사사화의 혐의나 낭만주의적 역사소설로 분류[75]되는 원인이 된다.

(3) 반복적 연맥구조와 '기다림'의 표지 (『전야』)

『전야』는 흥선 대원군의 낙척시절을 다루고 있는 작품으로, 바로 앞서 발표된 김동인의 『운현궁의 봄』과 같은 제재를 취하고 있다는 이유로 두 작품의 영향관계 속에서 많은 논의가 이루어져 왔다. 따라서 텍스트 내의 흥선군에 관련된 삽화들도 거의 유사함을 보이고 있다. 그러나 동인의 삽화들과는 전혀 다른 형식으로 운용되고 있으며, 주제화의 기능 또한 다르게 나타나고 있으며[76], 박종화 서술기법의 특징인 섬세한 정황묘사와 맞물려 동인이 가진 관념성이 어느 정도 극복되고 있다. 먼저, 연속체로 정리하면 다음과 같다.

S1. 김씨의 세도가 날이 갈수록 높아져 가는 때에 흥선이 태어나 의분과 회의와 야망이 불붙는 청년으로 성장한다.

---

75) 조규일, 강영주의 앞의 논문 참조
76) 모든 형태의 언어적 진술에 있어 동일한 사건 또는 대상이 다른 이념적 기의로 표상되는 현상은 그것을 투사하고 있는 화자가 가진 관점의 상이성으로부터 유래된다.

S2. 헌종비가 승하하고, 홍선은 십년 내에 제왕이 나올 것이라는 가야산에 부모의 묘자리를 쓰고 때를 기다린다.

S3. 헌종의 건강이 악화되자 세손이 없는 것을 걱정한 김문일가는 강화도령 원범으로 은밀히 결정하여, 헌종이 승하한 후 철종으로 등극한다.

S4. 송석원에서 홍선은 천하장안과 계섬월을 첫대면하고, 그들에게서 궁중의 소식을 듣는 한편, 명복을 왕자로서 교육시키기를 게을리하지 않는다.

S5. 김문일가는 경평군 이호사건과 이하전 역모사건을 통해 종반의 세력을 무력화시킨다.

S6. 조대비의 조카 조성하를 통해 조대비를 알현한 홍선은 후일에 대한 은밀한 암시를 받고 기뻐한다.

텍스트는 김문일가와 홍선의 정치적 대립이나, 홍선의 낙척시절의 시련양상보다는 홍선의 정치적 야망에 초점이 맞추어져 있다. 즉 한마디로 요약하면 '홍선의 정치적 대권을 향한 기다림과 준비과정'이라고 할 수 있다. 따라서, 서사는 바로 이 '기다림' 속에서 발생되고, '준비과정'을 통해 진전되어 나가는 양상을 갖게 된다. 홍선의 때를 향한 '기다림'에 대한 언급은 텍스트 내에 반복적으로 나타나 일련의 구조적 연맥을 형성하고 있다.

① 홍선정 이하응이 젊은 가슴에 **커다란 야망을 품고** 기운 펼 길을 얻지 못하여 무료한 일월을 난초 그리기에 재미붙이어 흘려보낼 때 -

- p. 35

② 흥선군 이하응이 덕산 가야산에 자기 아버지와 어머니의 면례를 모시고 **고요히 때를 기다리며** 일의전심 난초를 그리어 세월을 흘려 보낼 때-

— p. 63

③ 흥선이 **스스로 몸을 낮추어** 놀음과 술에 빠지고 시정 천인들과 어깨를 겯고 틀어 장안 파락호의 생활을 여전히 계속할 때 -

— p. 132

④ 도정궁 이하전이 역적으로 몰리고 흥선군 이하응은 **아직도** 시정 무뢰배 틈에 **몸을 감추었을 때** -

— p. 140

'기다림', '야망', '몸을 낮춤', '몸을 감춤' 등은 텍스트의 의미를 파생시키는 핵심적인 어휘군들로서, 이들은 전체 서사구조내에서 '핵단위'로서의 기능을 수행하고 있으며, 이 어휘군들과 관련된 흥선의 행위들이 일관성 있게 전개된다. 이는 ①~④ 까지가 단순히 흥선이 대세를 기다리고 있다는 것만을 형식적 반복을 통해 강조하는 것이 아니라, 시간의 흐름과 서사의 진행을 유표화시키는 일종의 표지 기능을 하고 있는 데서 밝혀진다.

①에서는 효현왕후가 자식없이 승하하자, 그때 수릉관이 되어 산천과 지리에 대한 지식을 쌓은 흥선은 부모의 묘자리를 보러 전국을 누비다가 십년 내에 제왕이 나올 자리라는 가야산 중턱에 있는 명당을 발견하고, 여러가지 계책을 쓴 연후에 그곳에 부모를 면례시키는 데 성공한다(S2.). ②에서는 헌종의 건강이 악화되자, 이에 김문일가는 위기감을 느끼고 자신

들의 목적에 꼭 들어맞는 무식한 농군에 불과한 강화도령 원범으로 왕을 결정하고, 헌종이 승하하자 그를 철종으로 등극시킨다. 이에 홍선은 부모 면례 뒤에 얻은 둘째 아들 명복을 왕자의 자질을 갖도록 은밀히 교육시키고, 천·하·장·안을 통해 궁중 내의 소식들을 얻어낸다.(S3., S4.) ③에서는 이씨 종반에 대한 김문일가의 탄압이 자행되고(S5.), 이에 위기감을 느낀 홍선은 더욱 자신의 몸을 감추기 위해 난행을 그치지 않는다. ④에서는 김문일가들의 정치적 부패가 점점 심각해지고 전국 도처에서 민란이 일어나는 소용돌이에 휩싸이면서, 앞으로의 실세는 조대비가 될 것이라는 판단 하에 홍선은 조대비의 조카 조성하를 통해 조대비를 알현하고 후일을 언약받게 된다.

이렇듯 '기다림' 이라는 반복적 연맥 속에 일련의 역사적 사건('효현왕후 승하', '헌종의 승하와 철종 등극', '이하전 역모사건', '서원의 병폐와 민란')과 이에 대한 홍선의 대응양상이라는 '준비과정'(가야산 묘자리에 부모 면례, 찬하장안의 포섭, 명복의 교육, 난행, 조대비 알현)을 설정함으로써 이야기의 일관성있는 구성의 효과를 거두고 있다.[77] 따라서, 독자의 독서방식 또한 바로 이와 같은 반복적 연맥 구성의 흐름을 따라 '홍선의 대권에 대한 기다림의 실현' 이라는 텍스트의 중심 메세지로 접근이 가능하게 되는 것이다.

따라서 김문일가들과 관계된 홍선의 일화들은 동인의 일화들처럼 김문일가들의 야비한 놀림과 이에 대한 홍선의 억눌린 분노와 울분에 초점이

---

77) 따라서, 『전야』를 "외척세력과의 투쟁을 통해 박해 받는 민족의 삶을 성찰할 수 있는 작품"(윤병로, 『현대작가론』, 선명문화사, 1974, p.140)이라거나 "홍선이 온갖 시련을 건디고 극복하여 마침내 대권을 잡게되는" 시련의 플롯으로 이해(조규일, 앞의 논문, p.87.)하고 있는 기존의 평가는 재고되어야 할 것이다.

맞추어지기보다는 '기다림'에 근거한 흥선의 낙관적 대응심리를 표출시키고 있다.

　　하옥 김좌근이 무참하여 담배만 피우고 있을 때 흥선군 이하응은 비로소 너털웃음을 껄껄 웃었다. 돌아간 그 아버지의 잘난 체하지 말라는 당부가 머리속으로 휙 스쳐졌다.
　　「사가집이나 나라집이나 큰일이 있을 때면 가다가 말썽이 좀 있어야 재미가 있는 거야. 허허허, 완창군 자네도 좀 고정하게. 하옥대감, 관상명정은 시생이 맡어 모시오리다.」

- p. 39

　　흥선은 옆으로 내려섰다. 내려서서 병기에게 무슨 시비를 한 번 채릴 듯하다가 얼른 생각을 돌리고 혀끝을 꼭 깨물었다.
흥선의 머리속에는,
　〈못난 체를 해라!〉
하던 아버지 남연군의 말씀이 번개불처럼 스쳐진다.
일순 뒤 -
흥선의 얼굴에는 가득한 웃음이 비치었다.

- p. 101

　　'대의'를 향한 낙관적 기다림으로 인해 흥선의 김문일가들에 대한 태도는 따라서 당당해질 수밖에 없다. 이렇듯 『전야』에서 드러나는 삽화들은 동인의 삽화들처럼 서사 밖에 존재하면서 서사적 흐름을 단절시키기보다는 서사내에 포섭되어 그 흐름 속에 놓여지고 있음을 볼 수 있다.[78]

그러나 구성방식이나 삽입된 일화들이 모두 때를 '기다림'이라는 일관된 주제에 기여하고 있음에도 불구하고, 일화 차용 방식에 대한 서술자의 태도와 흥선의 권좌를 향한 준비가 부분적으로 '가야산 묘자리'와 그로 인해 얻은 '명복'에 대한 기대 등으로 동기화되고 있다는 사실은 '역사적 史實'이 자칫 운명론에 근거한 낭만적 접근방식으로 인지될 위험이 있다.

(4) 의미동위체 ±[윤리성]의 전이기능 (『여명』)

『여명』은 대원군 집정기 천주교탄압과 양요의 퇴치의 전말을 소재로 한 작품으로, 대원군의 부실이 된 계섬월의 동료 기생 초운을 중심으로 박해받는 천주교도들의 운명을 그려내고 있다. 이 작품은 박종화 역사소설의 주요 특징 중의 하나로 간주되어온 추상적인 서술체나 미화된 아어체의 묘사가 불식되고, 사실적인 묘사에 일층 접근해 있다.

역사서사물이라는 특수성 때문에라도 소설에 특수한 사실적 색채를 부여해주는 구체적 시대사건에 대한 언급이 중요시될 수는 있지만, 여기서 중요한 것은 흥선의 쇄국정책이라는 역사적 사실 자체가 중요한 것이 아니라 중심적인 문제는 오히려 작가가 자신의 텍스트에 주제적 의미망으로 깔아둔 것이 무엇이냐는 것이다.

작가는 천주학을 통해 흥선의 개화와 서구열강에 대한 인식과 대응의 정도를 독자에게 보여주고 있다. 우선 이 작품은 초운이라는 매개인물을

---

78) 이런 측면에서 박종화의 『전야』, 『여명』이 흥선의 출생부터 시작해 집정 이후의 본격적인 정치활동까지로 사건이 확산되어 있음에 비해 김동인의 『운현궁의 봄』이 흥선의 집정 이전에서 집정까지로 사건이 압축되어 전개되기 때문에 유기적이고 극적인 짜임을 보여줄 수 있다는 기존의 견해(박종홍, 앞의 논문, p.75)는 수정될 수 있다. 텍스트의 유기성은 스토리가 가진 시간 확산의 정도에 달린 것이 아니라, 그 시간들이 서사내에서 얼마나 잘 짜여져 운용되느냐에 결정되기 때문이다.

설정함으로써 다른 역사서사물에 비해 개연성을 확보하고 있는 편이다. 그러나 후반으로 접어들면서 역사 텍스트의 우세 속에 인물은 사라져 버리고 객관적 사실(史實)만이 남게 되는 기형적 구조를 가지고 있다.

『여명』을 텍스트 의미론적으로 분석해보면 동위체 현상 ±[윤리성]이 그 작품의 주제적 구상에서 중심이 됨을 알 수 있다.[79]

텍스트는 천주학에 대해 윤리적 잣대를 준거로 한 이하응의 해석행위가 중심을 이루고 있다. 먼저, 천주학의 모습은 기생 초운이라는 매개인물을 통해 단계적으로 보여지고 있다. 초운이 천주교에 입교한 때부터 계섬월, 흥선부인, 흥선 등 초운이 자신부터 흥선의 주변인물로 그리고 급기야 흥선에게까지 천주학을 전파시키려는 최종목표를 향해 나아가는 것이다. 이 천주학의 모습은 사람들에게 종교적인 의미보다는 계급철폐와 의료행위라는 윤리적 모습으로 다가온다.

> 초운은 어려서부터 박·마르테를 잘 알았다. 그가 가끔가끔 찾아와서 성호를 긋고 천주학 이야기를 할라치면 미친 여편네라 비웃고 조롱한 일까지 있었던 것이 우연히 그 어머니의 속병으로 해서 드물에도 아기든다는 격으로 마르테의 권에 의지해서 서양 사람의 약 몇 번을 쓴 것이 신통하게 들어맞자 마르테와 서양 사람은 이것으로 성모 마리아의 영적이라 주장했고 초운의 집안은 새로이 천주교의 신자가 된 것이다. …… 초운이가 더욱 천주교에 호감을 갖게 된 것은 신통하게 병이 낫는 성모 마리아의 영검도 영검이려니와 그들이 자기를 대우하는 태도에 감복했던 것이다. …… 천주교

---

79) 이러한 동위체 현상의 전체적 의미는 부가적인 작업, 다시 말하면 특수한 재구성작업의 토대 위에서, 예를 들면 (동시대인들에게는 필연적으로 주어져 있으나 우리에게는) 공시의적으로 실현될 한 지시체계를 고려했을 때에야 비로소 나타난다.(허창운 편저, 앞의 책, p.256.)

> 신자들은 아무리 높은 지위에 있는 주교와 신부라도 기생 초운을 한 사람 인격있는 여자로 대접했다. …… 남에게 굽히기 싫어하고 꼬장꼬장한 깔끔한 성격을 가진 초운의 비위에는 이것이 무엇보다도 상쾌한 일이었다.
>
> – p. 203

애초에 초운이 천주교에 입교한 이유부터가 자신이 조선사회에서 가장 천한 기생임에도 불구하고 다른 양반과 동일하게 사람대접을 받을 수 있었다는 점과 두 번째는 그들의 의료기술로 어머니의 지병을 치료할 수 있었다는 점이었다. 마찬가지로 초운은 자신의 동료인 계섬월에게 그녀의 아버지가 오래전부터 병을 앓았었다는 정보를 듣고 치료를 해주면서 계섬월을 신도로 만드는 데 성공한다. 천주학에 대한 박해가 격심해짐에도 불구하고 초운은 대담하게도 흥선 부인의 딸을 치료해줌으로써 흥선부인에게 천주학을 알리는 데 힘쓴다. 마침내 흥선은 계섬월의 방에서 예수가 십자가에 매달린 목걸이를 그리고 흥선부인의 묵주를 발견하게 되지만, 조심할 것만을 당부할 뿐 별다른 조처를 내리지 않는다. 바로 흥선이 외세침략의 척후병이라고 생각하는 천주학에 대해 이렇듯 미온적으로 반응하는 이유는 물론 섭정 이전의 시기 때문이기도 하지만 더 중요한 것은 천주학의 모습들이 윤리적 행위들로 비춰졌기 때문인 것이다. 따라서 초운을 중심으로 한 서사행위들은 +[윤리성] 의미다발들로 해석될 수 있다.

그러나 섭정을 실시하게 되면서 이하응은 역사텍스트에 훨씬 근접할 수 있는 위치에 서게 되는데, 이는 천주학에 대해 전면적으로 대응해야 함을 의미하기도 한다. 다시 말해 어느 정도 허구적인 전반부와는 달리 흥선의 역사적 사실행위가 더 우세한 부분에 접어들게 된 것이다. 여기서 흥선의 쇄국정책의 일환으로 그리고 외세열강에 대한 흥선의 강경한 입장을 그려내기 위해서는 필연적으로 천주학에 대한 흥선의 대응행위를 필요로 하게 되는 데, 이를 위해서는 결국 천주학의 의미자질의 변화를 요구할 수 밖에 없다. 이 변화의 출발은 아주 적절하게도 흥선의 선친묘소를 파헤친 것으로 드러난다. 동양적 윤리관으로 생각해볼 때 묘를 파헤친다는 것은 상상조차 할 수 없는 일이다. 이러한 행위를 도굴을 위해 묘를 파헤쳤다는 사실을 알았을 때 그리고 도굴하는 데 앞장을 선 자가 신부라는 사실에 흥선의 분노가 어느 쪽을 향하리라는 것은 명약관화한 것이다.

> 그들은 신부 페론이 앞잡이 섰으나, 예로부터 조선 왕능엔 금은보화를 많이 감추어둔다는 풍설을 듣고 한목 큰 돈을 잡아볼 야망을 품고 남연군 묘소를 굴총하기로 계획한 더러운 해적떼요, 추잡한 간도단이었다.
> 스무 하룻날 장계가 서울에 바쳐지자 만조백관은 해연히 놀라고 대원위의 분노는 화산처럼 터졌다.
> 「양인놈들이 내 아버니 산소를 굴총하다니!」
> 대원위는 이를 부드득 갈았다.
>
> − p. 312〜313

이로써 텍스트는 전반부의 천주학에 대한 +[윤리성]이 −[윤리성]으로 의미자질이 바뀌면서 그 궁극적 의도가 드러나고 있다. 결국 외세의 정체가 비윤리성에 놓여 있음을 말하는 것이다. 그러나 이는 '쇄국'이라는 흥선의 대외정책이 개인적 복수심에서 발단하는 것으로 읽혀질 수 있으며, 서구 열강에 대해 당대 세계사적 흐름에 대한 진지한 접근보다는 단순히 인간 정서에 호소하는 윤리성의 차원으로만 역사를 해석하는 여지를 제공한다.

또 한편, 역사텍스트가 우세했을 때 허구적 인물의 행위는 그 근거를 상실할 수밖에 없는데 『여명』은 바로 역사서사물이 역사텍스트를 잘못 운용했을 때 야기될 수 있는 이러한 현상을 그대로 노출시키고 있다는 점에서, 서사성의 약화와 더불어 작품의 완성도조차도 의심받는 원인이 되고 있다.

박종화의 역사소설은 흔히 아어체의 문체에 퇴폐적 낭만주의 경향을 가진 『다정불심』, 『금삼의 피』와 사실주의적 문체에 역사의식이 보다 뚜렷하게 보여진다고 생각되는 『대춘부』, 『전야』, 『여명』 등으로 구분되어 논의되어 왔다. 그러나 작품 전반에서 보여지는 박종화의 역사의식은 사실 그 존재여부가 의심될 만큼 거의 일천한 것이 사실이다. 이는 작품에서 정작 중심을 차지하고 있어야 할 역사적 사건들이 진지한 공적 사유에 의해 접근되는 것이 아니라 개인적 상황에 의해 해석되고 판단되는 현상으로 드러난다. 이러한 경향이 가장 짙게 드러난 것은 『금삼의 피』로, 이 작품은 역사·사회와 관련된 공적 인간으로서 연산은 사라진 채 개인적 차원에 머물러 있음을 볼 수 있다. 어머니의 원한에 얽힌 연산의 복수 과정과 그로 인한 심리적 파탄과정에 초점이 모아져 있는 이야기 구성방식은 역사적 사건까지도 개인의 사적 관계 속에서 해석해낸다. 조선시대의 4대사화 중 가장 처절했던 무오사화나 갑자사화가 단지 연산의 단순한 복수심과 이유없이 유생들이 싫다는 것만으로 일어났다는 사실은 사적(私的) 해석의 극단을 드러내는 부분이다. 결국 역사소설이라고 명명되면서도 정작 역사는 배경으로 물러나 있는 형국으로, 이는 『금삼의 피』가 역사의 사사화라는 혐의를 받는 동시에 작가의 역사철학이 의문시되는 원인이 된다. 『다정불심』 또한 이 범주에서 크게 벗어나지 않는다. 쌍성회수나 신돈의 등장 등 역사적으로 중요한 의미를 지니는 사건들이 간단하게 개인적 차원에서 이루어지고 있음을 볼 수 있다. 특히 노국공주의 죽음이후 공민왕은 자신의 공적 위치를 상실한 채 철저히 개인화되어 있다. 따라서 연산이나 공민왕은 개인으로서의 삶의 모습을 중점적으로 드러낼 수밖에 없으며, 자연스럽게 탈역사화되는 것이다. 결국 역사의 중심이라고 할 수 있는 당대의 군주들을 그려내고 있음에도 불구하고, 역사는 사라지고 사적 개인과 관계되는 사건만 남게되는 것이다. 앞에서 살폈던 서술 형식들은 군왕들의 바로 이러한 개인적 정서를 드러내거나 강조하기에 적절한 기능을 갖추고 있다. 시적 문체소들은 공적이고 역사적인 사건과 관계되기보다는 사적 정서를 드러내는데 보다 효과적이기 때문이다.

박종화의 창작태도에서 보여지는 이러한 역사의식의 정도는 보다 사실적이라고 평가되는 『전야』, 『여명』에서도 여실히 드러난다. 『전야』는 김동인의 『운현궁의 봄』과 같은 시대와 소재를 취하고 있는 작품으로, 비록 김동인의 영웅주의적 사관이라는 위험성을 노정하고 있긴 하지만, 나름대로 흥선이 대권을 차지하기 위한 이유가 민족주의적 관점에서 설득력있게 제시되어 있다면, 『전야』는 애초에 이런 민족적 정서는 사라져 버리고 없다. 다만 흥선의 대권을 향한 개인적 욕망만이 자리하고 있을 뿐이다. 그리고 그 욕망은 세계를 향한 적극적 대응방식으로 나타나는 것이 아니라 묘자리를 힘써 얻은 뒤 그 발복을 기다린다는 운명성에 근거를 두고 있다. 공적 인간을 다루는 데 있어서 박종화의 미숙함은 『여명』의 후반부를 파행적으로 이끄는 결정적 원인이 된다. 전반부가 사실주의적 묘사와 더불어 초운이라는 중개적 인물을 통해 상당한 문학적 형상화를 수반하고 있음에 반해, 정작 흥선의 섭정과 동시에 천주교에 대한 박해가 극심해지는 작품의 후반부에 오면 전반부의 사실성들이 극도로 감퇴하면서 역사적 사건과 인물들이 완벽하게 유리되는 파행성을 보이고 있다.

결국 역사라는 공적 사건을 다루는 데 대한 작가의 미숙함과 역사에 대한 사사화의 혐의는 역사소설 작가로서의 박종화의 뚜렷한 창작의식이 부재함을 의미하며, 동시에 역사의 진보에 대한 합리적 사고의 부재를 드러내는 것이다.

4. 현재적 서술을 통한 회화적 구성 : 현진건

1920년대 우리나라 대표적인 단편작가로 인정받아 온 현진건은 1930년대에 들어와 장편소설 창작에 주력하게 되는데, 이때 『웃는 포사』(〈신소설〉, 1930. 9, 〈해방〉, 1931. 1~3), 『무영탑』(동아일보, 1938. 7. 20~1939. 2. 7), 『흑치상지』(동아일보, 1939. 10. 25~1940. 1. 16), 『선화공주』(〈춘추〉, 1941. 4~9) 등 4편의 역사소설이 쓰여지게 된다. 중국 주나라의 몰락을 배경으로 하는 『웃는 포사』를 제외하고는 모두 우리나라의 고대 삼국시대를 배경으로 하고 있다. 이 중 『무영탑』을 제외하고는 모두 연재 도중에 중단된 미완성 작품들이다. 여기서는 완성작 『무영탑』만을 분석 텍스트로 한다.

『무영탑』은 불국사의 다보탑과 석가탑의 조성에 얽힌 석수장이의 이야기와 그림자못의 전설을 소설화한 것으로, 근대역사소설 중 가장 높은 평가를 받아온 작품이다. 사실주의 문학의 선구자답게[80] 그의 역사소설들

---

80) 이재선은 현진건을 "문학의 내용과 기교의 문제를 종합적으로 인식한 작가"(『한국현대소설사』, 홍성사, 1979, p.285)로, 김우종은 "한국의 근대 단편소설의 개척자, 또는 만만치 않은 사실주의 문학으로서 그의 소설사상 공적"(『한국현대소설사』, 성문각, 1982, p.157)을 치하하고 있다.

또한 다른 작가들의 작품에 비해 디테일의 묘사나 치밀한 구성이 돋보이는 이유 때문이다. 이 작품에 대한 지금까지의 논의는 대략 두 가지 방향으로 진행되어 왔다. 하나는 이 작품을 민족주의적 정신을 고무시키는 데 상당한 역할을 하고 있다고 보고 있는 관점[81]이며, 다른 하나는 작가의 역사의식의 빈약성을 비판하는 관점[82]으로 분류되고 있다. 두 가지 관점 모두 사회·역사적 맥락 안에서 작품을 이해하는 태도를 견지하고 있다. 이러한 기존 논의를 바탕으로, 당대의 역사소설들과는 판이한 방식으로 나타나고 있는 서술의 형태와 작품에 대한 객관적인 분석을 통하여 그 의미구조를 밝혀보기로 한다.

1) 중개성 제로를 향한 장면화

근대역사소설 가운데 서술자의 문제를 다루는 데 있어서 다른 작품들과 가장 뚜렷한 차이점을 보여주고 있는 작가는 현진건이다. 그의 작품에는 다른 역사소설에서 빈번하게 보이는 서술자의 권위에 관련된 도덕적, 철학적 우월성과 관련된 논평이나 해설, 판단 등이 거의 드러나지 않는다. 이는 그가 주로 단편들에서 볼 수 있는 바와 같이 사실주의 기법을 주요 창작기법으로 사용해 온 결과라고 볼 수 있으려니와, 보다 중요한 것은 '허구'에 대한 작가적 인식이 토대로 작용했기 때문에 가능한 것이라 여겨진다.

앞에서 설명한 바와 같이 이야기를 전달하는 방식에는 가장 크게 '설

---

[81] 신동욱, "현진건론", 『현대문학』, 통권 185호, 1976.
이주형, "현진건 문학의 연구사적 비판", 『현진건 소설과 그 시대인식』, 새문사, 1981.
[82] 정한숙, "양면의식의 허약성", 『인문논집』 20. 고려대, 1975.
김중하, "빙허의 사회인식에 대한 반성", 『어문학』 33. 한국어문학회, 1975.

명'과 '제시' 두 가지가 있을 수 있는데, 이는 주로 환기되는 사실이 텍스트 안에 어느 정도 직접적으로, 혹은 간접적으로 나타나 있는 가에 관한 '화법의 범주'와 관련된 것으로, 현진건의 이야기 전달방식은 직접적으로 환기되는 '제시'에 가깝게 드러난다. '제시'는 전통적으로 서술자가 이야기를 하고 있는 것이 자신이 아니라는 환상을 만들어내려는 데 궁극적인 목적이 놓여 있는 방식이며, 그 전달의 형식으로는 직접화법과 관련된 인물간의 대화나 독백 등과, 역시 서술자의 간섭을 최소화할 수 있는 '현재형 동사'가 주로 사용된다. 그러나 그 중에서도 가장 서술자의 존재를 발견하기 힘든 경우는 역시 인물간의 대화가 어떤 중개도 없이 이루어져 있을 때이다.

"흥 〈요조숙녀책〉! 그러기에 무식하단 말이지. 시전이란 말은 못 하고."
"누가 시전인 줄이냐 모르나요. 오빠가 그 책만 펴들고 앉으면 밤낮 〈요조숙녀〉만 고성대독을 하니 그렇지. 남의 귀가 아프게시리."
"누가 네게 들으라고 하던."
"그건 고만두고, 그 꿈의 머린가 발인가 얘기나 좀 해요."
"맑고 맑은 물가에 비둘기 한 쌍이 내려와서……"
"오호호, 비둘기가 왜 물가에 내려올꼬."
"왜 〈관관저구 재하지주로다〉 바로 시전에 있는 걸."
"시전에만 있으면 고만예요, 호호. 그러면 으례 〈요조숙녀〉가 또 뛰어나왔겠군요?"
"암 그렇지, 그야."
"그래 요조숙녀가 누구입디까?"
"꿈 속에 나타난 걸 어떻게 분명히 아누."

"모르긴 왜 몰라요. 꿈에 보고도 몰라요?"

"글쎄 네가 잠을 깨워서 놓쳐 버렸다는 밖에."

"아이구 가엾어라. 꿈에나 실컷 보시게 할 걸 갖다가……"

"그렇기에 방정을 떨지 말란 말이야, 히히."

― 상권, pp. 80～81

    서사적인 현존의 최소한의 지표라 할 수 있는 '그는 말했다.' 와 같은 부가구절까지도 생략되어 있는 위의 예문은 인물들의 화법을 넘어선 어떤 것도 기록하고 있지 않고 있다. 모두 인물들의 대화만으로 되어 있는 이와 같은 형식은 서사물의 일부분이라기보다는 연극의 한 장면 같은 느낌이 들 정도로 중개성이 제로화된 극적인 형식에 가깝다. 이러한 화법의 사용은 이야기의 객관성의 정도를 확보해주며, 동시에 이야기시간과 텍스트시간이 완전히 일치하면서 텍스트를 장면화하는 데 기여하게 된다. 장면화와 관련된 또 다른 유형은 인물의 발화와 같은 언어적 행위뿐만 아니라 인물의 행동에 대한 묘사와 같은 비언어적인 행위와 함께 표현될 때이다.

"이상한 노릇이야. 우리도 그 석수가 탑 위에 앉고 서고 하는 건 봤지만 손대는 것은 못 보았는걸."

누가 맞장구를 친다.

좌중도 그렇다는 듯이 고개를 끄덕인다.

"저는 여러 번 봤어요"

먼발치에 앉아 있던 어린 사미 하나가 말참례를 한다.

"오 차돌이냐. 너는 참 알겠구나. 그 방에 시중을 드는 터이니깐. 그래 그 어른이 어느때 일을 하시든?"

떠는턱은 차돌의 말에 옳다구나 하는 듯이 반색을 한다.

- 「무영탑」, 상권, pp. 15~16

"이래도 못 일어날까. 이래도 못 일어날까, 털아! 털아."

"아야! 네."

하고 털이는 별안간 나는 듯이 일어나 앉는다. 그제야 자는 이는 주인이 깨우는 줄 알고 질겁을 하며 일어난 것이나 아직도 잠이 덜 깨어서 연상 조아붙는 눈을 비빈다.

"애, 정신을 좀 차려, 좀."

주만은 힘없이 끄덕이는 털이의 머리를 사납게 휘술레를 돌리며 재우친다.

털이는 또 한참 주먹으로 눈을 비비고 닦고 나더니 발그스름하게 잠발이 선 눈으로 어색하게 웃어 보인다.

"애 무슨 잠이냐. 그래도 잠이 깨지를 않니!"

"왜 안 깨긴요. 벌써 깬 걸입시오."

"그럼 불러도 일어나지를 않으니."

"아마 깜박 잠이 들었던가봐요, 헤헤."

깬 이는 무안한 듯이 또 한번 웃는다.

"깜박 든 게 뭐냐. 그렇게 사람의 애를 태워."

주만은 깨우느라고 진땀을 뺀 것이 아직도 성이 풀리지 않은 듯 털이를 노려본다.

- 상권, pp. 65~66

'~라고 말했다.'라는 서술자의 존재를 말해주는 최소의 부가절조차 생략되고 있으며, 단지 발화하는 인물이 말하는 모양이나 그 발화에 대한 다른 인물들의 반응만이 묘사되고 있음을 볼 수 있다. 물론 그렇다고 해서 서술자의 존재가 텍스트에서 사라지는 것은 아니다. 이러한 인물의 행위를 문장으로 옮겨놓은 것도 서술자이며, '먼발치'는 서술자의 공간적 위치를 나타내주는 분명한 표지이며, '별안간', '나는 듯이', '한참', '진땀을 뺀 것이', '힘없이', '어색하게' 등은 서술자의 주관적 개입의 정도를 나타내주는 표지이기 때문이다. 그러나 관습상 행위들을 지칭하는 중립적 낱말들은 의식적으로 서술자의 매개를 피하려는 경향을 가지고 있다. 드러나게 주제적인 해석이 없는 한, 육체적 행동에 대한 사실 그대로의 묘사는 본질적으로 비중개된 것으로 느껴지는 것이 사실이다. 그리고 이를 비중개된 것으로 느끼게끔 하는 데 결정적인 역할을 하는 것은 바로 현재시제의 사용에 있다. 위의 예문에서도 고딕체로 표기된 현재형 동사의 사용으로 인해 인물의 행위와 묘사행위가 동시에 이뤄지고 있음을 볼 수 있는데, '친다', '끄덕인다', '한다', '앉는다', '웃는다', '노려본다' '비빈다' 등은 인물의 발화 행위를 현재화시키면서 동시에 서술자의 '주관성'의 정도를 제로화시키는 데 기능한다.

이 외에 텍스트에서 빈번하게 보이는 '제시'의 또 다른 형식으로 인물의 의식을 재현하는 '독백'의 경우가 있다.

아아, 이상한 운명!
생각하면 할수록 운명의 장난은 오밀조밀하다. 하고많은 날 가운데 하필 그이가 용돌을 찾아가고 하필 그날 금 성이가 들이쳤던고. 하고많은 사람 가운데 하필 그이의 구원을 받게 되었던고. 은혜를 입게 되었던고.
그이가 아니고 다른 분이라면 무슨 수를 하더라도 그 은혜의 만분의 일,

만만분의 일이라도 갚을 수 있지마는 그이에게는 갚으려야 갚을 도리가 없지 않은가.

은혜를 갚기는 커녕 그이에게는 원수가 될 이 몸이 아닌가. 그이가 장가를 오기 전에 나는 아사달과 달아날 사람이 아닌가. 아무것도 모르고 꾸벅꾸벅 초행을 왔다가 신부가 달아나고 없다면 신랑에게 그런 모욕이 또 있을까. 아무리 내가 나쁜 년이고 매친 년이고 죽일 년이라고 돌리더라도 그이는 그이대로 못난이가 되고 웃음거리가 될 것 아닌가. 이 몸이야 내가 지은 업원 때문이니 처참만륙을 당한들 한한 줄이 있으랴마는 그이야 무슨 죄가 있는가, 무슨 잘못이 있는가. 그야말로 못된 놈 곁에 있다가 벼락을 맞는 격이 아닌가.

① <u>생각할수록 경신의 처지가 딱하고 민망스러웠다.</u>
전에라도 아버지께서 그렇게 좋아하시는 그를 욕보이는 것 같아서 마음에 꺼림칙하지 않음이 아니었으나 그래도 그때는 그와 나와 아무런 계관이 없던 터수가 아니었던가.

그러나 오늘날 와서는 그이는 아사달의 은인이요, 따라서 내 은인이 되지 않았는가. 비록 은혜는 갚지 못할 값에 도리어 그이에게 망신을 주고 창피를 주고 모욕을 준다는 것은 차마 못할 노릇이 아닌가.

② '아아, 아사달님이 왜 하필 그이의 구원을 입었던고.'
만 사람의 구원은 다 입어도 그이의 구원만은 입어서는 안 된다. 그이의 은혜만은 입어서는 안 된다.

— 하권, pp. 107~108

이미 아사달과 도망하기로 약속을 한 주만이 불국사에서 금성의 무리들에게 욕을 당하고 있는 아사달을 우연히 경신이 구해준 사실을 알고 괴로워하는 심사가 내적독백을 통해 드러나고 있다. 인용문 중간에 있는 ①은 아사녀의 내적 심리 상태가 서술자의 발화에 의해 대체된 서술독백의 형식이지만, 이것이 서술자의 중개에 의해 전달되고 있다는 사실은 갑작스런 과거형 동사의 사용에 의해서일 뿐 사실 그 외에는 완벽하게 주만의 내적 발화라고 할 수 있다. ②는 ' '의 기호와 단락이 구분된 형태가 명백히 표시되어 있어 의심할 여지 없이 인물의 것이다. 그 외의 모든 부분 또한 ' '와 같은 인용부호가 생략되어 있긴 하지만, 마찬가지로 주만의 내적 독백이라는 사실에는 의심할 바 없다. 이는 인물의 자기 언급이 '이 몸', '내'와 같은 일인칭으로 이루어져 있다는 사실과, 초점인물에 의해 규정되는 대상 지시와 관련된 '그이', '-께서', '-하시는'과 같은 양상어에 의해 뒷받침된다. 또한 이와 같은 내적 독백의 시제는 현재형을 지향함으로써 앞의 인물의 대화순간과 같은 효과를 발휘한다. 즉, 현재의 발화순간은 이야기시간과 동일하여, 서술자의 발화간섭을 가능한 한 견제하는 것이다.

지금까지 살펴본 것처럼 텍스트는 화법의 특수한 사용으로 인해 서술자의 간섭이 최소화되어 있어 다른 역사소설들에서는 지나치게 보이는 논평이나 요약, 자의식적 서술 등을 거의 찾아볼 수 없다. 따라서 인물간의 대화나 사고에 의해 도저히 말해질 수 없는 부분에 한해서만 서술자는 자신의 모습을 드러내되, 그 또한 가능한 한 최소한의 정보만 제공하는 모습으로 나타난다.

〈큰방〉이란 절에 무슨 일이 있으면 공사하는 처소요, 또 이 절 주지 아상 노장의 거처하는 곳이다.

금공자라 함은 시중 금 지의 아들 금 성을 가리킨 것으로 주만과 혼인말이 있는 귀공자다.

놀이란 금 성이의 몸종으로, 말하자면 장가 안 든 도련님을 맡은 소임을 가졌다. 도련님은 도련님이지만 나이도 많을 뿐더러 더군다나 놀라운 당나라 벼슬까지 하기 때문에 도련님을 높여서 서방님이라고 부른다.

고두쇠란 그의 마부의 이름이었다.

이와 같이 서술자의 존재가 거의 드러나지 않는 직접화법 형식들에 상당부분 기대고 있는 이야기들은 그 극적인 성격 때문에 독자의 몰입 정도가 훨씬 강하게 나타날 수 있다. 『무영탑』이 당대의 역사소설과는 달리 관념화되지 않고 사실성을 획득한 것이나, 이야기성이 뛰어난 것은 바로 이와 같은 서술의 형태 때문이다.

또 한편, 이같은 서술 형식은 내포독자들에게 다른 종류의 이야기에서보다 더한 유추를 요구하며, 그렇지 않을 경우라도 최소한 특별한 종류의 유추를 요구한다. 독자는 그 순수하게 외부적인 행동에 대한 꾸밈 없는 설명으로부터 주제를 유추해야 하는 것이다. 독자들은 스스로 인물들에 의해 서로서로 말해지는 문장들의 언표내적인 힘, 즉 그 말들이 행위의 맥락 안에서 실제로 담당하는 기능으로서 무엇을 '의미하는 지'를 밝혀내야 한다. 거기에는 그 행위에 대한 아무런 직접적인 보고도 없기 때문이다. 이러한 텍스트는 독자의 사고를 자연스럽게 해주는 장점을 지닌다. 따라서

『무영탑』은 서술자의 위압적인 언설이 없음에도 불구하고, 국선파와 당학파의 대립이 주체와 외세라는 문제를 상징하고 있다는 사실을 훨씬 자연스럽게 유추해낼 수 있는 것이다.

2) 이야기 구성방식과 의미구조

(1) 이중 탐색의 교차구조 (『무영탑』)

『무영탑』이 주만과 아사달과 아사녀가 얽혀있는 삼각관계에 주목하여 통속적 연애담을 바탕으로 하고 있는 소설이라는 생각은 지금까지 연구자들에게 별 이의없이 받아들여져 온 것이 사실이다. 이런 생각의 기저에는 보통 주만과 아사달을 주인공으로 하고 아사녀의 존재가 부수적으로 끼어 있는 듯한 느낌이 전제되어 있었음도 물론이다. 그러나 성격이나 행위의 발전과정이 관심의 주요 초점이 되는 인물을 '주인공'이라 했을 때,[83] 『무영탑』의 주인공은 아사녀와 주만으로 재편성된다. 왜냐하면 아사녀와 주만은 각자의 독립된 이야기를 이끌고 있으며, 여기에서 아사달은 두 인물 행위의 목적 이외에는 별다른 기능을 하지 않고 있는 것으로 보여지기 때문이다.[84] 이에 주만과 아사녀를 주인공으로 하는 각각의 이야기를 〈주만의 이야기〉와 〈아사녀의 이야기〉라 명칭한다. 두 이야기는 그 의미단위에 따라 각각 7개와 8개의 연속체로 나누어진다.

---

83) 김병욱 편, 최상규 역, 『현대소설의 이론』, 대방출판사, 1986, p.173.
84) 실제로 아사달이 텍스트 내에서 차지하는 양적 분량은 아사녀와 주만이 이끌고 있는 것보다 적은 것이 사실이며, 대부분 주만의 이야기 속에 편입되어 있어 그다지 관심을 끌지 못하고 있다. 그리고, 아사달에 대한 묘사는 대부분 탑 조성에 얽힌 것으로서 그의 행위가 서사진행에 큰 영향력을 끼치지 못하고 있는 것이 사실이다.

〈주만의 이야기 - Text-1(이하 T-1로 표기)〉

S1. 초파일날 아사달을 처음 보고 한눈에 반하게 된다.

S2. 금성의 집안에서 혼담을 청해 온다.

S3. 주만은 아사달에게 자신의 심정을 고백한다.

S4. 유종은 금성의 혼담을 거절하고, 경신을 주만과 혼례시키려 한다.

S5. 주만은 경신에게 자신의 아사달에 대한 감정을 털어놓고 이해를 구한다.

S6. 탑을 완성한 아사달에게 같이 도망할 것을 요구하지만, 아사녀의 죽음을 알게된 아사달은 이를 거부하고 그림자못에서 돌부처를 조각한다.

S7. 주만은 화형대에 올려지고, 불에 타는 것을 경신이 구한다.

〈아사녀의 이야기 -Text-2(이하 T-2로 표기)〉

S1. 사위 아사달을 기다리던 부석이 죽고, 팽개는 작지가 겁탈하려는 순간 아사녀를 구하고 아사녀의 신임을 얻는다.

S2. 팽개가 아사녀에게 흑심을 품고 있었음이 탄로나자, 아사녀는 부여를 떠난다.

S3. 불국사에 도착한 아사녀는 문지기의 거부에 의해 아사달을 만나지 못하고 그가 알려준 그림자 못으로 향한다.

S4. 그림자못에서 아사녀는 콩콩을 만나고, 콩콩은 아사녀에게 환심을 산다.

S5. 아사녀는 날마다 그림자못에 나가 완성된 탑의 그림자가 보이기를 기다린다.

S6. 콩콩의 음모를 알아차린 아사녀는 달아나 불국사에로 가지만 우연

히 주만을 보게 되고, 망설이다 콩콩에게 붙잡힌다.
S7. 콩콩과 그림자못을 지나던 아사녀는 못에 빠져 죽고 만다.
S8. 격분한 콩콩은 불국사에로 가 문지기에게 퍼붓고 아사달은 아사녀의 죽음을 알게 된다.

『무영탑』은 이렇게 두 여인의 행로를 중심으로 한 각각의 이야기가 서로 교차되면서 사건이 진행되고 있다. 두 텍스트의 시간은 현재에 비교적 충실함을 보이고 있다. 즉, 스토리-시간과 텍스트-시간 사이[85]의 뒤틀림이 심하게 일어나지 않고 있다는 것이다. 두 텍스트의 시간 진행과 교차를 살펴보면 다음과 같다.

| T-1 | (S2)-S1-S2-S3-S4 | | | S5 | | S6-S7 |
| T-2 | | S1-S2 | S3 | S4 | S5-S6-S7-S8 | |

위의 도표에서 두 이야기의 시간이 순차적으로 진행되고 있음을 확인할 수 있다. ⟨T-1⟩의 처음 (S2)는 S2에서 금성의 집안에서 주만의 집안에 혼담을 청한다는 같은 내용이 S2에서 금성에 의해 회상되어지는 것이며, 시퀀스를 분리하고 있는 선은 ⟨T-1⟩에서 ⟨T-2⟩로 넘어가거나 그 반대의 상황을 가리키며, 자체의 이야기에서 분리된 선은 주변인물의 심리상태나 사건진행에 별 영향을 주지 않는 정적모티프[86]들이라고 생각하면 큰 무리가 없다.

---

85) 스토리-시간의 개념은 이상적인 연대기적 순서와 동일시하거나 또는 '자연적 시간 순서(natural chronology)'와 동일시되며, 텍스트-시간은 '인과율'에 따른 것으로 엄격히 말해 시간적이기보다는 공간적 차원에서 이해될 수 있다.(S. Limmon-Kenan, 앞의 책, p.37, 71.참조.)

서로 다른 인물을 주인공으로 하는 독립된 이야기가 서로 교차하면서도 서사진행은 철저하게 주인공의 현재에 바탕을 두고 행해지고 있다. 전체 164장에서 63장에서부터 다루어지는 아사녀의 이야기가 아사달이 떠나던 때를 기점으로 삼고 있다. 다시 말해 1장부터 62장까지의 시간이 아사달이 부여를 떠난 후 3년 째인 현재를 그려내고 있는데, 아사녀의 이야기는 그 3년 간의 기간을 회상이라는 형식을 통해 압축시키지 않고 3년 전을 현재로 삼고 이야기를 다시 출발시키고 있다는 데서 서사시간의 단순성을 발견할 수 있다.[87] 때문에 『무영탑』에서는 시간착오나 시간역전 현상 같은 근대적 기법은 그리 활발하지 않다.[88] 이러한 순차적 구조는 핍진성의 결여라는 문학적 결함을 가져오게 되지만 두 이야기의 교차적 서술이 이를 어느 정도 상쇄시켜주고 있다고 할 수 있다.

  한편, ⟨T-1⟩, ⟨T-2⟩에 등장하는 모든 인물들은 자신의 열망을 '시도'하기 위한 행위로 사건을 이끌어 나가고 있다. 따라서, 한 상황에서 다른 상황으로의 이동을 묘사하는 즉, 서사를 진행시키는 데 동적 역할을 하고 있는 술어인 '시도하다'를 두 이야기의 핵심동사로 볼 수 있겠다. 이를 가지고 서술의 최소단위인 서술명제를 'S=Np+Vp' 식으로 나타내면 이야기의 심층적 의미가 확연히 드러나게 된다.[89]

---

86) 토마체프스키는 모티프를 상황을 변화시키는 '동적 모티프(motifs dynamiques)'와 변화시키지 않는 '정적 모티프(motifs statiques)'로 구분하고 있다. (T. Todorov 편, 『러시아 형식주의』, 김치수역, 이화여대 출판부, 1988, p.239.)
87) 이렇게 3년이라는 시간적 차이를 어떤 시간착오의 방법에도 의거하지 않고 동시에 현재로 기술하고 있는 것은 이 작품이 분명히 서로 독립된 두 개의 서사구조를 지니고 있다는 점을 반증하는 것이라고 볼 수 있겠다.
88) 현진건의 단편들에서도 시간의 비약이 드물고, 사건의 진행과 함께 현재에서 미래쪽으로 전진하고 있는 서술기법이 많이 사용되고 있음을 볼 수 있다. (김정자, 「한국근대소설의 시간기법연구」, 부산대 박사논문, 1984, p.102. 참조.)

T-1	T-2
주만이 아사달과의 사랑을 시도하다 금성이 주만과의 혼인을 시도하다 유종이 주만과 경신의 혼인을 시도하다	아사녀가 아사달과의 만남을 시도하다 작지가 아사녀의 겁탈을 시도하다 팽개가 아사녀의 겁탈을 시도하다 콩콩이 아사녀의 매매를 시도하다

주만은 왕족들과 불국사로 미행을 간 날 다보탑과 미완성된 석가탑을 보고 그 아름다움에 충격을 받는다. 그리고 왕 앞으로 불려나온 아사달을 보고는 그만 한눈에 반해 사랑의 열병에 휩싸이게 된다. 그녀의 아사달에 대한 열병이 〈T-1〉을 이끄는 주요 모티프이며, 이는 아사달에게 구애를 끊임없이 시도하는 행위로 이어진다. 아사녀 또한 남편 아사달이 불국사 탑 조성을 위해 경주로 떠난 뒤 아버지 부석마저 죽자 아사달과의 만남을 위해 길을 떠나 끊임없이 그와의 만남을 시도하고 있다. 주변인물들 또한 같은 행위항을 갖는다. 작지와 팽개는 아사녀를 겁탈하기 위해 신뢰감을 위장하여 아사녀에게 접근한다. 콩콩도 아사녀를 인신매매하기 위해 환심을 사고 그녀를 돌봐준다. 금성은 주만과의 혼담건을 성사시키기 위해 몇 번의 시도를 보이고 있으며, 이손 유종 또한 자신이 사윗감으로 정한 경신과 자신의 딸 주만을 혼인시키기를 바라고 이를 행동에 옮긴다.

이들의 시도는 아사녀를 제외하고는 처음부터 결핍상황을 갖지는 않는다. 다만 대상을 발견하고 그 대상의 가치에 대한 욕망의 발생은 자연스럽

---

89) 촘스키의 변형생성문법을 중심으로 한 문학이론가들은 한 편의 소설텍스트에서 가장 핵심이 되는 단어를 찾아내어 텍스트 전체의 핵심적인 의미를 지닌 'S->Np+Vp' 식의 기본문 구조로 표현하는 작업이 가능하다고 본다. (B. H. Smith, *On the Margins of Discouse*, 『소설의 문체와 기호론』, 이상신, 느티나무, 1990, p.26에서 재인용)

게 '결핍상황'을 유발하게 되며, 여기에서 인물들의 '시도'의 행위가 시작된다. 이 욕망은 대상에 대한 신체적 소유라든가, 정신적 갈망, 제도적 가치 등 여러 가지 모습을 내포한다.

따라서, 『무영탑』의 서사진행은 욕망의 발생상태에서 욕망의 충족상태로 향한 이행의 과정이라고 할 수 있다. 그러나 이들의 시도는 하나같이 실패로 끝나게 된다. 어느 누구도 자신의 욕망을 충족시키지 못하며, 욕망의 발생상태까지도 무력화시키는 지경에 이른른다. 그리고, 인물들의 행위의 실패는『무영탑』의 장르 결정과 긴밀성을 갖는다.

(2-1) 이중탐색의 인물범주 모형

『무영탑』의 서사진행을 이끄는 주요 술어가 '시도하다'라는 동사임을 위에서 살핀 바 있다. 이를 달리 말하면 '무엇인가를 얻기 위해' 시도한다는 것을 의미한다. 특히 두 개의 이야기의 주인공인 주만과 아사녀는 대상을 구하고자 하는 명분이 분명히 드러나 있으며, 구하는 과정에서의 시련 양상 또한 뚜렷하게 지니고 있어 탐색담으로서의 가능성을 보여주고 있다. 주인공들의 시련은 각 이야기들의 주변인물의 행위와 관련이 된다. 앞에서 살핀 바와 같이 주만이 아사달과의 사랑을 시도한다는 것을 줄거리로 한 〈T-1〉의 주변인물들의 '시도'의 목적 대상이 모두 주만과 관련되어 있음을 알 수 있다. 사정은 〈T-2〉 또한 마찬가지이다. 아사녀와 아사달을 만나려는 큰 이야기 안에 속하는 작지, 팽개, 콩콩의 시도 대상은 역시 아사녀이다. 주변인물들의 행위의 의도는 두 주인공의 행위의도에 상치된 성격을 갖고 있다. 따라서 주변인물들의 행위는 주인공들이 극복해야할 하나의 시련양상으로 떠오르게 된다. 이를 바탕으로『무영탑』의 탐색담으로서의 가능성을 타진해 볼 수 있다.

주만은 자신의 사랑을 성취하기 위해 적극적인 행위를 보여주고 있다. 당대 권세를 부여잡고 있는 당학파의 거두 시중 금지의 아들이자, 당나라에 유학까지 다녀온 금성의 혼인제의를 단호히 거절하며, 그녀의 행동 또한 제고의 여지가 없다. 그녀에게 있어서 '조금 작지만, 얼굴이 희고 싹싹한' 금성의 용모는 '꼽추' 이상이 아니며, 다른 사람들에게는 우러러 보이는 '당나라 공부'가 '어수선한 글자'로 밖에는 생각되지 않는다. 금성의 혼담제의가 아버지 유종에 의해 거절되자 한숨을 돌린 주만은 다시 경신과의 혼담이 오가는 데에 긴장하게 된다. 그러나 여기에서도 주만은 금성에게만큼 표나게 굴지는 않지만 경신에게 아사달에 대한 연정을 밝히고 혼담을 없는 걸로 해달라는 요구를 할 정도의 대담성을 보여주고 있다. 다행히 그녀의 제의는 경신에 의해 받아들여지지만 자신의 마지막 목적을 성취하지는 못한다. 아사달이 탑을 완성하면 같이 부여로 도망할 계획을 갖고 있던 주만은 아사달과 자신의 관계를 알아버린 아버지의 노여움으로 인해 자신의 집 하인배들의 쫓김을 받게 된다. 이에 급한 아사녀는 탑을 완성한 아사달에게 같이 부여로 떠날 것을 종용하지만 이미 아사녀의 죽음 소식을 들은 아사달에게 있어 주만의 말은 귀에 들어오지 않는다. 그림자못에 있는 돌에 부처를 새기기 위해 신들린 듯이 정만 휘두를 뿐이다. 결국 주만은 하인배들에게 잡혀 화형장으로 끌려가게 된다. 자신의 탐색 대상을 얻기 위한 주만의 탐색은 몇 번의 시련 극복에도 불구하고 탐색의 실패로 돌아가게 되는 것이다.

이렇듯 시련과정에서의 성공적 수행에도 불구하고 궁극적 탐색이 실패로 돌아가고 만 것은 이미 서사구조 내에 노정되어 있음을 볼 수 있다. 주만의 첫 번째 장애인 금성의 혼담 제의 사건에서 조력자(adjuvant)라고 할 수 있는 그녀의 아버지 이손 유종이 두 번째 장애인 경신과의 혼담건에 가서는 적대자(opposant)의 기능으로 돌아서게 된다. 즉 기능의 역전현상이 일어나게 되는 것이다. 따라서 조력자는 은폐된 적대자에 다름 아니기 때문에 결국은 첫 번째 난관극복의 성취가 순수한 성취물이 될 수 없다는 결론이다. 이는 탐색의 근저부터 뒤틀리게 만드는 역할을 함으로써 결국 탐색의 실패를 유도하게 된다. 그리고 탐색의 실패로 인해 주만의 이야기가 비극적 속성을 가진 것이라면 기능자의 이중적 성격은 비극성을 더욱 심화시키고 있는 촉매라고 볼 수 있겠다. 이와 같은 분석을 계기로 〈T-1〉을 그레마스의 인물범주 모형[90]에 맞추어 도표화 시켜보면 다음과 같다.

〈T-1〉

1) ϕ → 금성의 혼인 거부 → 주만
　　　　　　　　　　　↑
　　유종　→　주만　←　금지

2) ϕ → 경신과의 혼인 거부 → 주만
　　　　　　　　　　　↑
　　경신　→　주만　←　유종

3) ϕ　→　아사달과의 사랑　→　ϕ
　　　　　　　　　　↑
　경신, 사초부인 → 주만 ← ϕ

---

[90] 그레마스는 모든 작품의 인물들이 주체와 목표, 돕는자와 적대자, 수여자와 수익자 등의 세쌍인 여섯 기능자로 이루어져 있음을 주장하고, 이야기의 구성진행이 화살표와 같음을 주장한다.

　　　destinateur(수여자)　→　object(목표)　→　destinataire(수익자)
　　　　　　　　　　　　　　　　　↑
　　　adjuvant(돕는자)　→　sujet(주체)　←　opposant(적대자)

그는 이 모형으로 이야기의 유형론이 가능하다고 보는데, 여섯범주의 인물들을 정리하다 보면, 어느 한 범주의 인물과 또 다른 범주의 인물이 일치한다고 주장하여, 그 두 범주의 인물일치가 바로 이야기의 유형을 보인다는 것이다. 그 예로 프롭이 정리한 민담에서 주체와 수익자가 일치하는데, 그 주체와 주익자의 일치가 민담의 유형이라는 주장이다.(양희철, "서사체의 인물범주 모형에 대하여", 『한국문학과 기호학』, 최현무 편, 문학과 비평사, 1988, pp.264~66에서 재인용.). 이런 점에서 『무영탑』의 인물들을 이 모형으로 정리하면 주체와 수익자가 일치하고 있음을 볼 수 있는데, 이는 『무영탑』이 민담을 근거로 하고 있다는 사실과 더불어 탐색담적 요소를 갖고 있다고 할 수 있다.

위의 도표와 같이 1)에서 조력자의 자리에 있는 유종은 2)에 가서 방해자의 자리로 옮겨 있음을 확인할 수 있다. 그리고 1)과 2)에서 주체와 수익자가 일치하고 있어 다음의 서사진행을 돕고 있으며, 마지막 3)에 가서 수익자가 'φ'로 되어 있음은 탐색의 실패를 의미하는 것이다.

〈T-2〉에서 시련을 극복해 나가는 아사녀의 태도는 주만과는 상이하다. 주만의 적극적 태도에 비해 아사녀는 오히려 조력자들에 의해 떠밀려 가고 있다는 의심을 사기에 충분하다. 남편 아사달의 부재와 아버지 부석의 죽음이라는 결핍상황에서 출발하고 있는 아사녀의 결핍충족을 위한 탐색과정은 주만의 탐색 사유에 비해 훨씬 더 현실적이고 적극적인 사유가 되기에 충분하다. 그럼에도 불구하고 아사녀의 위기는 조력자들에 의해서 결정적으로 극복되어진다. 먼저 아사녀의 시련은 자신의 마지막 기둥이었던 아버지 부석이 죽으면서 시작된다. 평소부터 아사녀에게 흑심을 품고 있던 제자들 중의 하나인 작지가 아사달을 가장하고 아사녀의 집에 들어와 그녀를 겁탈하려고 한다. 이 위기의 순간에 아사녀는 다른 제자인 팽개와 싹불에 의해서 구출된다. 이 사건으로 인해 팽개와 싹불은 아사녀를 보호한다는 명목아래 아예 아사녀의 집 사랑방에 기거를 하게 된다. 아사녀는 부석이 죽은 뒤부터 말없이 자신의 일을 앞장서 처리해주고 아주머니 대접을 깍듯이 하는 데에 신뢰감을 갖게 된다. 그러나 아사녀가 직면하는 두 번째 시련은 바로 그녀가 믿어 의심치 않았던 팽개에 의해서 제공된다. 싹불이 제 집에 가고 없는 틈에 병석에 며칠째 누워 정신이 몽롱해져 있는 아사녀를 겁탈하려는 것이었다. 이 위기 순간도 우연찮은 팽개 아내의 출현으로 인해 무사히 넘기게 된다. 팽개의 정체가 탄로나자 이것을 계기로 아사녀는 적극적인 탐색의 과정에 나서게 된다. 아사달이 있는 경주를 향해 직접 길을 나선 것이다. 우여곡절 끝에 경주에 도착한 뒤에 아사녀가 당하게 되는 위기도 마찬가지이다. 불국사 문 앞에 도착한 아사녀는 아사달을 만날 수 있다는 기대에 들 떠 있지만 예상밖으로 문지기의 박대로 인해 아사달을 만나지 못하고, 그림자못에 관한 정보만 받아들게 된다. 아사달이 조성하고 있는 탑이 완성되면 그림자못에 그 탑의 그림자가 비칠 것이라는 것이다. 문지기의 말을 듣고 실의에 빠져 있던 자신에게 물질적인 은혜를 베풀어준 콩콩에게 미심쩍으면서도 고마운 마음을 가지고 있던 아사녀는 어느날 못에서 돌아와 우연히 자신을 부잣집 대감에게 후처로 팔아넘길려고 하는 콩콩의 음모를 엿듣게 된다. 아사녀는 도망치다가 불국사 문 앞까지 오지만 안으로 들어가지 못하고 콩콩에게 붙잡힌다. 돌아오는 길에 그림자못을 지나다가 아사녀는 스스로 못에 몸을 던진다.

　이렇듯 조력자의 허위성은 아사녀에게 계속되는 위기를 제공하는 수행자나 적대자로 기능하는데, 이는 결국 아사녀의 탐색을 포기하게 만들고 급기야는 스스로 죽음을 선택하게 하는 주요인이 된다. 〈T-2〉도 앞에서와 같이 인물범주 모형에 맞출 수 있다.

〈T-2〉

〈공간 : 부여〉

1)　ф　→　작지의 겁탈 탈출　→　아사녀
　　　　　　　　↑
　팽개　→　　아사녀　　←　작지

2)　　ф　　→　팽개의 겁탈 탈출　→　아사녀
　　　　　　　　　↑
　팽개의 아내　→　　아사녀　　←　팽개

⟨공간 : 경주⟩

3) 문지기 → 그림자못의 기다림 → 아사녀
　　　　　　　　　↑
　　콩콩　　→　　아사녀　　←　φ

4) φ → 콩콩의 인신매매 탈출 → 아사녀
　　　　　　　　↑
　　φ　→　　아사녀　　←　콩콩

5) φ → 아사달과의 만남 → φ
　　　　　　↑
　　φ　→　아사녀　　←　φ

　편의상 공간을 부여와 경주로 나누었다. 부여 1)에서 팽개는 작지의 사건을 도와주는 조력자의 자리에 있지만 2)에 가서 스스로 시련을 제공하는 적대자의 자리로 옮겨진다. 경주에서도 마찬가지로 3)의 조력자 콩콩이 4)의 적대자의 기능으로 역전된다. 이렇듯 조력자의 이중적 기능은 『무영탑』의 비극성을 심화시키는 데 기여한다. 그리고 역시 5)의 마지막 수익자의 자리에 아무도 없는 것은 ⟨T-2⟩ 또한 탐색이 실패로 돌아간것을 나타내준다.
　또 한편으로 보편적인 탐색담에서 발견되는 시련의 주체자 즉, 주인공의 적대자들의 목적의 실패는 자연스럽게 주인공의 성공과 등가의 것으로 인정되지만, 여기서는 오히려 방해자들의 시도의 실패들이 탐색자들의 목적의 실패를 예고한다는 데서 장르적 성격을 엿볼 수 있다. 이 작품에서 행위주체들은 어느 누구도 자신의 '시도'를 성공하지 못하고 실패한다. 아사녀는 아사달을 끝내 만나지 못하고 물에 빠져 죽고 말며, 주만은 아사달과의 사랑을 이루지 못한 채, 화형장에 서게 된다. 이들의 적대자 또한 마찬가지이다. 팽개와 콩콩은 자신들의 흑심을 채우지 못한채 아사녀에게 발각되어 실패하며, 주만의 적대자인 금성과 유종 또한 주만과의 혼담을 추진하기 위해 자신의 아버지까지 동원하여 기를 쓰지만 주만의 아버지인 유종은 그와 정치적 견해를 달리하는 당학파라는 이유만으로 혼담을 거절하고 만다. 그러나 유종 자신의 의도 또한 주만이 경신을 설득하는 바람에 무산되고 만다. 결국 이러한 요인들이 『무영탑』의 주인공들의 탐색을 실패로 유도하며, 이 작품을 비극이게끔 만드는 데 주요한 기능들을 담당하고 있다고 할 수 있다.

(2-2) 시련양상의 계급적 편차에 의한 의미작용

흔히 『무영탑』에 대한 평가하는 데 있어서 석수인 상민계급의 아사달과 귀족계급의 주만의 사랑에만 촛점을 맞춰 계급을 초월하는 사랑이라든지 계급을 화해시키는 소설이라는 견해[91]가 있다. 그러나 『무영탑』의 서사구조를 살펴볼 때 오히려 계급 차이는 이 소설의 서사를 이끄는 주요 동력으로서 작용을 하고 있는 시련이 서로 상이한 양상으로 나타나는데 일조하고 있음을 다음과 같은 도표를 통해 확인할 수 있다.

T-1	T-2
겁탈	혼인
인신 매매	혼인
= 비합법적 차원	= 합법적 차원

이와 같이 두 여인의 시련양상은 계급적 차원에 따라 비합법적 차원과

합법적 차원으로 분리되어 있음을 볼 수 있다. 아사녀의 시련은 작지나 팽개나 콩콩이 제공하는 위기가 모두 성적 위협으로서 비합법적이고 비인간적인 양상으로 나타나고 있는데 반해 주만의 시련은 금성이나 경신의 혼인에 관한 것으로 합법적 제도적 차원에 속한 양상으로 나타나고 있다.

한편, 탐색대상에 대한 정보의 측면에서도 〈T-1〉과 〈T-2〉는 두 여인의 계급적 속성에 따라 차별성을 드러내고 있다. 이는 탐색자들의 활동 공간[92]과도 밀접한 연관을 갖는다.

	T-1	T-2
신분	귀족	상민
공간	불국사 안/밖	불국사 밖
정보	眞	僞

아사녀에게는 완전히 은폐되어 있는 아사달에 대한 정보가 주만에게 있어서는 완전히 공개되어진다. 그리고 그 정보는 그들이 활동할 수 있는 공간의 한계에 의해서 규정되고 있음을 볼 수 있다. 주만이 불국사 안과 밖을 동시에 공유하고 마음대로 드나들 수 있는 처지인데 비해 아사녀는 철저히 밖에서만 맴돌 수밖에 없는 공간의 대립적 양상을 드러내고 있다.

---

91) 『무영탑』을 이러한 시각으로 바라보는 대표적 논자로는 신동욱 교수가 있다. 신교수는 아사달과 주만의 만남과 사랑을 '상·하 두 계층의 만남이고, 사회발전의 계기를 암시하는 만남'이며 '계층과 신분을 초월한 고귀한 사랑'이라고 극찬하고 있다. (신동욱, 『한국현대문학론』, 1972, 박영사, p.120.)
92) 문학텍스트에서의 '공간'은 단순히 지형적으로만 파악할 수 있는 지역만을 말하는 것이 아니라 (현상, 상태, 기능, 인물, 가변적 가치 등등) 동질적인 대상물의 총합을 의미한다. 그리고 그것들 사이에는 일상적인 공간적 관계들과 유사한 관계들이 존재한다.(허창운 편저, 앞의 책, p.251.)

불국사 안과 밖을 공유할 수 있다는 것이 /무제한적/, /연속된/, 대상에 대해 /접근할 수 있는/ 성질을 가진다면, 불국사 밖에 있는 아사녀에게 있어 공간은 /제한적/, 대상과 /분리된/, /접근할 수 없는/ 성질을 내포한다. 때문에 아사달이 상주하는 공간인 불국사 안은 아사달에 관한 정보를 직접 습득할 수 있음을 의미하며, 상대적으로 불국사 밖은 정보자체가 아예 부재하거나 매개자를 통해 간접화되어 질 수밖에 없다. 아사녀에게 있어 아사달에 관한 정보는 불국사 안과 밖의 매개를 의미하는 '문지기'에 의해 전달된다. 문지기는 아사달을 만나게 해주는 대신 아사녀에게 그림자못에 관한 정보를 전하게 되는데, 문지기의 정보는 그 정보의 질에 따라 서사의 흐름을 바꾸어 놓을 수 있는 중요한 자리를 차지한다. 그림자못은 그 정보에 의하면 두 가지 가능성을 내포한다. 즉 '그림자가 비추는 것'과 '그림자가 비추지 않는 것' 두 가지가 다 가능하다. 이 두 가지 가능성은 서사의 진행을 역전시킬 수 있는 동적 모티프의 기능을 가지고 있다. 두 가지 가능성에 따른 다음의 서사 진행을 예측하면 다음과 같다.

가능성-1 : 그림자 있음⇒아사달의 탑 완성⇒아사달과의 만남⇒탐색성공

가능성-2 : 그림자 없음⇒탑완성 못함⇒만나지 못함⇒탐색실패

그러나 아사녀에게 전달된 그림자못 정보는 문지기의 의도에 의해 조작된 허위정보라는데 문제가 있다. 정보의 허위성은 아사녀를 '가능성-2'의 상태로 가게 한다. 또한 정보의 허위성을 이용해 콩콩은 자신의 계획을 비밀리에 추진한다. 결국 허위정보는 아사녀를 탐색의 실패로 몰아가는데 결정적 역할을 하는 것이다. 때문에 아사녀를 결정적으로 죽음까지 이르게 하는 요인은 그녀의 소극적 품성 때문이 아니라 그녀의 계급적 속

성에 있다고 볼 수 있다. 아사녀의 신분이 귀족이었다면 그녀는 불국사 앞에서 문지기와 크게 실랑이를 벌이지 않고도 수월히 아사달을 만날 수 있었을 것이다. 그녀는 자신의 신분이 주는 초라함 때문에 문지기의 박대와 함께 그림자못에 관한 허위정보를 받게 된 것이고, 이것이 죽음으로 이르게 되었던 것이다. 이러한 계급적 신분 때문에 피해를 당한 것은 아사녀뿐만이 아니라 주만의 사정도 마찬가지이다. 주만이 겪는 시련은 모두 합법적 차원에 있는 것임에도 불구하고 그것은 철저히 계급적 속성을 띠고 나타나게 되며, 결국 그 때문에 화형대까지 오르는 비극을 맞게 된다.

"이것도 상무지풍에서 오는 폐단인 줄 아옵거니와 근래 남녀의 강기가 어지러워진 것은 참으로 통탄하올 일로 아외옵니다. 남녀는 국민의 기초이오라 한번 그 관계가 어지러우면 곧 골품이 불순해지는 것이온즉 어찌 작은 일이라 하오리까. 칠세에 남녀부동석이란 뚜렷한 성훈이 있사옵거늘 심규의 처녀가 예사로 외간남자를 대하옵고, <u>상민천한의 자녀야 거론할 것이 못되옵지만 한 나라의 사표가 되올 집안의 딸이 제 지체도 돌아보지 않사옵고 하향천한을 따른다</u>는 해괴한 소문이 항간에 파다하온즉 이런 괴변이 어디 있사오리까?"

— p. 185

"여보 이손, 우리나라 법에 행실 잃은 계집애 처치를 어떻게 하는지 이 손도 아시겠지"
"불에 태워 죽이는거야 누가 모른단 말이오."   — pp. 188~89

시중 금지가 상감에게 아뢰는 말 중 "상민천한의 딸이야 거론할 것이 못되옵지만"에서 알 수 있듯이 주만의 계급이 귀족이라는 것이 결정적으로 그녀를 화형대까지 오르게 하는 원인이 된다. 이렇게 『무영탑』은 탐색자들의 계급적 속성에 의해 시련의 양상이 달라질 뿐만 아니라 공간과 정보의 질까지도 달라지고 있음을 알 수 있다. 또한 아사녀의 죽음이나 주만의 죽음이 상민과 귀족이라는 자신의 계급적 지위와 무관하지 않다는 점에서 『무영탑』이 아사달과 주만의 관점에서 볼 때 초계급적 사랑을 그리고 있다거나 계급을 화해시키는 작품이라는 기존의 논의들은 재해석될 수 있다.

『무영탑』은 그 구조에서 잘 드러나듯이 아사달을 향한 주만과 아사녀의 사랑에 관한 이야기가 중심을 이룬다고 할 수 있다. 사실 두 개의 탐색 구조를 보여주고 있지만, 어느 탐색에서도 그 대상이 역사적 사실과 관련되고 있지 않다는 측면에서 『무영탑』에서 역사는 배경으로 밀려나 있는 듯하다. 『무영탑』이 민족주의적 성향을 가진 작품이라는 평가는, 기실 텍스트의 한 부분을 이루는 주만의 이야기에서 보여지는 당학파와 국선파의 대립과 관련된다. 당시 상당한 안정기에 접어든 통일신라 내에서도 친당적인 당학파와 우리의 것을 숭상하는 국선파가 갖는 성격이 당대의 정치적 상황에 어느 정도 맞물리기 때문이다. 그러나 이러한 대립은 텍스트의 중심에 서 있는 것이 아니라, 인물들의 외모나 품성의 대립적 성격으로 단순화시켜버림으로써 오히려 진지한 역사·사회적 접근을 차단하고 있으며, 또한 이 대립이 주만과 경신, 금성의 혼사와의 관련 하에서만 잠깐씩 언급되는 정도에 머무르고 있는 형편이다. 두 개의 집단이 보여주는 적절한 정치적 상징성에도 불구하고 텍스트 전체 구조는 인물들의 사랑이야기로 움직임으로써, 현진건 자신이 이미 밝힌 바 있었던 역사소설의 비유적 효과는 상당히 상쇄된 채 간접화되어 나타나는 것이 사실이다.

Ⅳ. 근대역사소설의 담론 기능과 그 의의

특정한 사회적 담당체는 특정한 시점에서 연관성 있게 정리된 장르 복합체를 가지고 그 시점에 상응하는 문학을 생산한다. 그러한 복합체를 공시적 장르체계라고 할 수 있으며, 또한 장르에 대한 기대 지평이라고 할 수 있다.[93] 이러한 맥락에서 우리나라 근대문학사에 뚜렷이 자리잡고 있는 역사소설에 대한 양식적 기대지평은 어떤 수준이었는가를 짚어볼 필요가 있다.

역사소설이란 역사상의 인물 또는 사실을 소재로 하여 창작한 소설이나 소재상으로 분류해 놓은 소설의 한 형식이다. 보다 자세히 말하자면, 역사상의 기록을 소재로 하여 작가의 역사의식과 역사적 상상력을 통해 재구한 것으로서 역사적 사실을 똑같이 재현한 것은 아니며, 여기서 한 시대의 역사와 사회에 대한 작가의식을 발견할 수 있다. 중요한 것은 역사적 사실, 작가의 역사의식, 역사적 상상력 등이 상호관계 속에서 긴장감을 어떻게 유지하느냐에 작품의 성패가 달려 있는 것이다. 이러한 관점으로 우리나라 근대기의 역사소설들을 논의하는 데 있어서 가장 큰 난점은 바로 통속성이라는 걸림돌이다.

근대역사소설에 대한 당대나 현재의 평가들이 대부분 현실도피나 독자들의 복고적 취향에 영합하려는 통속소설이라는 측면을 공통적으로 지적하고 있다.

과학적 분석적이 아니오. 관념적이며 진취적이 아니오, 복고적이오, 투

---

[93] J. Link, 앞의 책, p.476.

쟁적이 아니고 도피적인 무기력······[94]

사이비문학의 통속소설의 아류······[95]

  1930년대에 있어서의 역사소설의 생성은 옛 시대에 대한 낭만적인 향수나 현실 조준의 역사적 우의성보다는 현실의 제약과 억압에서 벗어나려는 도피주의적 성향과 더 많이 연관된다. 또한 당대의 대중소설과 영합함으로써 과거가 다시 찾아지는 편에 있어서 멜로드라마적 형태로 역사적 사실성이 재구되어지는 경향이 없지 않기도 하다.[96]

  이같은 견해는 근대역사소설을 한국문학사에서 본격문학의 대열에 올리지 못하게 하는 결정적 원인으로 작용해 왔다. 이런 시각이 나름대로 설득력을 얻을 수 있는 근거는 식민지사상 1930년대가 정치적으로 가장 탄압받았던 데다[97] 비록 식민통치시기나마 자본주의적 생산양식이 어느 정도 자리잡은 시기에, 역사소설이 대량으로 그것도 조선총독부의 사상적 검열을 거친 신문지면을 통해 쏟아져 나왔다는 사실에 있다.[98] 근대역사

---

94) 김기진, "조선문단의 현단계", 〈신동아〉, 1935. 1, p.144.
95) 안회남, "통속소설의 이론적 검토", 〈문장〉 20호, 1940. 11, p.153.
96) 이재선, 앞의 책, p.235.
97) 1931년 만주사변을 기점으로 일제는 군국파시즘체제를 강화하고, 식민지 조선의 병 참기지화와 황국신민화의 정책수행을 위해 민족해방을 위한 우리나라 최초의 좌우합작노선이었던 신간회 해체, 문단의 사상적 핵심을 이루어왔던 카프의 해체, 황국신민서사제정, 조선어교육의 폐지, 창씨 개명, 조선어 민간신문의 폐간, 신사참배의 강요, 조선문인협회의 결성이라는 후방전시체제의 완결구조를 성취하게 된다. 이 시기에 군사력과 경찰력을 대폭 증강시킨 일제가 가장 먼저 탄압하기 시작한 것은 물론 민족주의이건 사회주의이건 구별없이 이들에 대한 사상통제였으며, 반제민족해방운동의 기능을 마비시키거나 분쇄시키는 데 집중한다.(강만길(1984),『한국현대사』, 창작과 비평사, pp.32~37. 참조.)

소설 중 현재 연구대상으로 빈번하게 인용되는 작품 23편 중에 16편이 장기적으로 신문에 연재된 소설들이며, 5편이 잡지에 연재, 그리고 이광수의 『세조대왕』만이 박문서관에서 단행본으로 출판되었다는 사실에서 이를 확인할 수 있다. 신문연재소설의 사상적 여과와 더불어 당대 신문사의 운영이 자본주의적 원리에 의해 이루어졌었다는 점에서 신문소설은 곧 통속소설이라는 인식[99]이 팽배해지는데, 이러한 발표지면을 통해 나온 역사소설 또한 마찬가지로 통속소설의 범주[100]에 놓여질 수밖에 없었던 것이다. 사실 이러한 경향을 부추긴 것은 물론 신문사의 과다경쟁[101]과 작가의 경제적 입장들의 상호작용이었음은 쉽게 짐작할 수 있다. 다음의 인용문은 당대 신문사의 초기자본의 논리와 신문연재소설이 어떻게 영합하고 있는 지를 잘 드러내고 있다.

〈동아일보〉는 문예를 모른다. 이순신 사당을 중수할 기금을 얻기 위하

---

98) 같은 역사소설이라 할지라도 『흑치상지』 같은 경우, 동아일보에 1939년 10월 25일부터 연재되던 중, 민족주의적 의식이 너무 선명히 노출되자, 1940년 1월 16일 52회 연재로 일제에 의해 강제 중단되고 만다는 점에서 당대 신문에 연재되었던 역사소설들의 수준을 짐작할 수 있다.
99) 김남천, "작금의 신문소설-통속성을 위한 감상-", 〈비판〉 52호, 1938. 12.
100) 백철, 『한국신문학발달사』, 박영사, p.281., 김남천, "장편소설계", 『조선문예연감』, 인문사, 1939. 참조할 것.
101) 일제강점기 민족지의 양대 산맥을 이루고 있던 조선일보와 동아일보는 1930년을 넘어서면서 증면경쟁에 접어들어 6면에서 8면, 10면으로 그리고 1936년에 이르면 두 양지가 모두 12면이라는 최고 지폭을 갖게 된다. 조선중앙일보 또한 1933년 여운형을 사장으로 맞이하면서 활기를 띠기 시작하여 1936년 7월부터 12면제로 발전했다. 잡지의 경우도 1930년 이후가 되면 신문사에서 간행한 이른바 신문잡지가 출현하게 되는데, 동아일보사에서 『신동아』, 『신가정』을, 조선일보사에서 『조광』, 『여성』을, 조선중앙일보사에서 『중앙』, 『소년중앙』을 간행함으로써 잡지의 중심적 역할을 담당하게 된다.(김강호(1994), 「1930년대 한국통속소설 연구」, 부산대 박사학위논문, pp.24~25. 참조.) 이는 지금까지 동인지를 중심으로 순문학을 지향해 오던 잡지의 형태에서 상업적 대중적 지향의 상품으로 잡지의 성격을 변화시켜 나가는 데 일조한다. 이러한 신문사들의 본격적인 경쟁시대에 장편소설연재는 구독자를 확보하기 위한 하나의 전략일 수 있었던 것이다.

여 그 인기를 높이고자 춘원에게 〈이순신전〉을 쓰기를 명하며, 만주사변이 일어날 때에 인기를 얻기 위하여 만주를 배경으로 한 소설 제조를 명하여 (이 일은 여러 가지 사정으로 중지는 되었지만) - 이렇듯 소설이라는 것을 단지 한낱 기회적 이용물로 여기고……[102]

사실 신문의 목적은 소설 연재에 있는 것이 아니며, 이에 연재소설은 독자에게 주는 신문 기업주의 일종의 서비스라고 생각할 때, 작가들의 신문연재 행위 또한 이러한 논리에 전적으로 규정당할 수밖에 없다.

> 신문연재소설은 직업에 따른 경제적이니 여건 때문에 쓰는 것이지 작가들의 예술은 보려면 아직은 단편을 떠나 구할 데가 없다.[103]

글쓰는 것 외에는 별다른 직업을 갖지 않은 전업작가로서는 장기간의 고료를 확보할 수 있는 신문연재소설이라는 형식이 상당히 매력적이었을 것이고, 끊임없이 자극받기를 원하는 독자들의 흥미를 돋우기 위한 작가의 고심은 당연히 통속적 요소를 지향하는 쪽으로 흐르게 됨을 쉽게 추리할 수 있다. 특히 매수제한이 불가피했던 연재소설의 형식 때문에 제한된 매수에 독자의 흡인력을 가진 내용으로 채우기 위해서는 사건 기복이나 빠른 장면 전환, 생생한 느낌을 전달하는 문체 등 나름대로의 내적 요구가 필요했을 것이다. 이때, 장편이라는 형식을 요구하며, 또한 소재를 찾기 쉬운 데다, 궁중비화나 야사들을 풍부하게 담을 수 있는 역사소설이 작가

---

102) 김동인, 『동인전집』 4권, p.346.
103) 이태준, "단편과 掌篇", 『無序錄』, 1941. 6, p.91.

들에게 흥미로운 소설양식으로 비쳤을 것이라는 추리 또한 가능하다. 작가들이 처한 몇 가지 필요조건을 충족시켜 줄 수 있는 문학양식으로 역사소설이 대상화될 수 있었음은 한 비평가의 비판과 소설가들의 자기반성의 글에서 확인할 수 있다.

우리가 창작하고자 제작하는 것이 아니고 일원 이원의 고료 때문에 붓을 잡는다라는 고백을 한 것과 틀림이 없이 다만 돈을 받기 위해서 역사적 삽화를 가져다가 흥미중심의 로맨스로 만들기에 열중한 것이다.[104]

문학의 길에 대하여 청교도 같은 주장을 지니고 있던 당년의 나는 〈동아일보〉가 고답적 소설을 인용하지 않는 한 나는 붓을 잡을 수 업오라고 내내 사절하였다. 진정한 의미의 신문학에 주춧돌을 놓았노라고 스스로 믿고 있는 나로서는 차마 문학의 발달에 저해되는 일을 할 생각이 없기 때문이다. 아래 다시 쓸 기회가 있겠거니와, 당년에 그렇듯 프라웃하던 내가 돌변하여 역사소설로, 史譚으로 막 붓을 놀리어서 적지 않은 사람을 뒤따르게 하여 발전 노정에 있던 신문학을 타락케 한 것은 나로서는 이론이 따로 있다 할지라도 또한 스스로 후회하여 마지 않는 바이다.[105]

나의 〈단종애사〉는 매일 쓰고 있습니다. 그러나 요지간은 감기까지 덮쳐서 아주 병상의 인이 되었으므로 가끔 며칠식 궐하게 되어 읽어 주시는 여러분에게 대단히 미안스럽습니다. 소설은 아마 삼백 회 가량은 갈 것 같

---

104) 김기진, "조선문학의 현대수준", 『신한국문학전집』 18, 어문각, 1976, p.87.
105) 김동인, "문단 30년의 자취", 『동인전집』, 제 8권, p.433.

습니다. 아무쪼록 많이 써야 나 자신의 빵 문제도 해결이 될 터이니까요.[106]

인용문에서 알 수 있는 것은 역사소설을 창작한 이유 중의 하나가 분명 경제적인 이유와 관계있다는 점과, 역사소설 창작 행위가 신문학의 발전에 저해를 가져왔다고 인식한 사실이다. 이 두 개의 요소가 근대역사소설이라는 양식 속에서 맞물릴 수 있는 자리는 의외로 많은 곳에서 확인된다.

첫째로 흔히 통속소설에서 가장 많이 발견되는 애정의 삼각관계 구도가 역사소설 전반에 걸쳐 나타나고 있다는 사실이다. 이러한 구도는 작품의 부수적인 요소로 기능하는 것이 아니라, 때로는 정도를 넘어서 진지한 사유를 필요로 하는 역사적 사건들이 오히려 배경으로 물러나고, 남녀간의 사랑을 중심으로 한 이야기가 텍스트의 압도적인 부분을 차지하기조차 한다. 『젊은 그들』의 재영과 인숙, 『다정불심』의 노국공주와 공민왕, 『원효대사』의 원효와 요석공주, 『무영탑』의 아사달과 아사녀, 『이차돈의 사』의 이차돈과 달님, 『마의태자』의 궁예와 난영, 김충과 계영의 사랑 등이 이에 해당된다. 또한 이들의 사이가 대부분 삼각관계를 바탕으로 이루어지면서, 특히 여성들 간의 질투를 중심으로 인물의 심리에 대한 현대화가 극심하게 보이고 있다. 인숙과 기생 연연, 아사녀와 주만, 달님과 평양공주, 요석공주와 아사가 등이 연적에게 갖는 심리는 사실성을 넘어서 극단으로 치달아 역사소설로서의 양식적 속성을 의심받게조차 할 정도이다. 남성인물들 또한 파행적 여성관계를 보여주고 있어 이에 우려를 더한다. 『다정불심』의 신돈과 공민왕, 『금삼의 피』의 연산의 여색행각은 그 정도를

---

106) 이광수, 삼천리, 1929. 6.

지나치고 있다.

두 번째로 문제되는 것은 야사적 속성을 가진 삽화들에 대한 작가들의 집착이다. 따라서 비슷한 소재를 바탕으로 쓰여진 역사소설들은 작가는 다를지라도 똑같은 삽화들이 텍스트마다 반복되는 경향을 보인다. 이들 삽화들은 텍스트에 자연스럽게 수렴되지 못하고 괴리되면서 역사소설을 단순한 읽을거리로 전락시키는 데 일조한다. 또한 삽화들이 가지고 있는 의미들이 주제화에 기능하지 못할 때, 서사진행을 방해하고 전체적으로 서사성까지 훼손시키는 원인이 되고 있다.

이러한 점들을 살펴볼 때, 독자의 흥미를 불러일으킨다는 작가의 부차적 의도는 자칫 텍스트의 목적 자체를 전도시켜버릴 위험이 충분히 있을 수 있다. 이러한 위험성에 근대역사소설가들이 줄타기를 하고 있었다는 것은 명약관화한 일이며, 때문에 그 양식의 존재 근거가 위협 받고 있었다는 것 또한 사실이다. 우리나라 근대기의 역사소설이 1930년대 들어 근 10여년 동안 신문연재소설로 자리를 굳건히 굳히면서 집중적으로 창작되었다는 사실과, 위에서 지적한 요소들이 텍스트마다 반복되어 나타나는 재생산성을 보인다는 사실이, 어쩌면 같은 종류의 작품들이 같은 종류의 대중에게 가능한 최대규모로 팔리는 자본주의적 시장 논리에 의해 설명될 수도 있기 때문이다.

그렇다면, 근대역사소설은 통속소설로 분류되어야 마땅한가. 사실 소설이 본질적으로 지니고 있는 대중적 속성과 그 통속적 변용은 삶의 문제에 대한 보편화와 개별화의 과정에서 그 차이가 드러나게 마련이다. 소설은 한 개인의 삶을 보편적인 인간의 운명으로 형상화하는 것이지만 통속소설에서는 보편화가 거부된다. 주인공의 삶은 그의 개인적인 국면에 한정되어 개별적인 예외성을 보이고, 때문에 인간의 삶이 문제적으로 인식되지 않고, 특이한 것으로만 보여진다. 문제성의 행방을 찾을 수 없고 다만 그 예외적 개인의 행위만을 구경하는 셈이기 때문이다. 소설 속의 인간의 삶이 구경거리가 되고 있다는 것은 독자의 의식이 그만큼 문제성에 대한 인식으로부터 벗어나 있음을 뜻한다. 당대의 평자들의 눈에 거슬렸던 바로 이와 같은 도피적 속성이 근대역사소설 전체를 설명하는 데 합당한 준거인가. 개인으로서는 불가피한 사회적 규범들과 요구나 강제와 긍정적으로 화해하기를 즐겨 제시하는 통속문학의 속성[107]을 여실히 가지고 있는가. 이렇듯 근대역사소설을 단순히 통속문학으로 치부해버리기에는 몇 가지 의문점들이 뒤따른다.

여기서 논의는 역사소설에 대한 당대의 기대지평은 무엇인가라는 문제의 출발점으로 돌아온다. 기대지평이라는 것이 문학의 현실과의 교호작용, 즉 현행의 규범체계를 의문시하고 변형시키면서 독자의 현실이해에 간여할 수 있는 가능성과 관련된다고 볼 때, 근대역사소설이 당대의 사회문화적 소통체계에 어떤 방식으로 관련되어 있는가하는 문제라고 할 수 있다. 결국 텍스트를 중심으로, 의도를 창출시킨 작가와 그것의 수용자인 독자의 관계가 얼마나 잘 교통되느냐하는 것이 관건인데, 이 세 층위는 본 논의의 핵심 요소들이기도 하다. 먼저, 당대 작가들의 역사소설이라는 양식에 대한 기본적인 인식부터 살펴보자.

> 역사소설이 현대소설보다 가장 편의한 점이 가령 민족혼을 은근히 일으킨다든지 정의감을 부채질해서 현실의 불의를 응징할 때라든지 이런 때 나는 많은 효과를 보았다고 생각합니다. 현대소설로는 도저히 현실의 추악상

---

107) 허창운, 앞의 책, p.302.

을 그릴 수 없습니다. 그것은 곧 현대의 권력자 또는 권력자의 불의를 선양함으로써 당국의 비위를 거슬리는 때문입니다.[108]

하나는 작가가 허심탄회로 역사를 탐독완미하다가 우연히 심금을 울리는 사실을 발견하고 작품을 빚어내는 경우입니다. 이런 경우는 사실 자체가 주제를 제공하고 작자의 감회를 자아내는 것이니, …… 또 하나는 작자가 주제는 벌써 작정이 되었으나 현재에 취재하기도 거북한 점이 있다든지 또는 현대로는 그 주제를 살려 낼 진실성을 다칠 염려가 있다든지 하는 경우입니다.[109]

일단은 역사소설 창작을 당대의 다른 소설 창작과 구분해내고 있는데, 그 준거는 현실을 소재로 삼는 일반 소설이 당시의 정치적 상황으로 인해 불의를 그대로 그려내기에는 부적절하며, 이에 비해 역사소설은 일단 과거를 소재로 삼기 때문에 검열과 같은 장애를 피해가기에는 효과적이라는 데에 있다. 역사소설은 근대기의 다른 소설 형태와는 달리 나름대로 목적의식성을 토대로 창작되었음을 알 수 있다. 마찬가지로 근대역사소설 발생에 대한 평가들 또한 이 부분에 초점이 맞추어져 있다. 정창범은 "작품의 질 여하는 고사하고 양적으로 일제시대에 우세했다는 사실은 그 당시의 시대적 상황이 지닌 운명적 조건" 때문이며, "현실을 '리얼'하게 그릴 수 없는 전제주의 아래서 민족적인 울분, 항거, 그렇지 않으면 패배감에서 어쩔 수 없이 택한 세계"로 역사소설의 발생을 설명[110]하고 있다. 당시 검

---

108) 박종화, "민족문학과 나의 창작태도"
109) 현진건, "역사소설문제", 〈문장〉, 1939. 12, pp.128~129.
110) "역사소설의 리아리티", 〈현대문학〉 제 10호, 1955. 10, p.64.

열을 전제한 공식적인 지면을 통해 발표해야만 했었던 작가들로서는 비록 간접화된 양식이긴 하지만 역사소설을 통해 무엇인가 전달하려 했던 것이고, 일부 평자들은 바로 이러한 지면의 성격에 결부된 사상성의 감퇴나 자본주의적 측면 때문에 도피주의적 속성이라는 혐의를 던졌던 것이다.

그렇다면, 작가들의 목적의식의 지향점은 구체적으로 무엇인가. 그들이 역사소설 창작을 통해 무엇을 희구하였으며, 독자에게 무엇을 전달하고자 했는 지를 보기로 하자.

> 나는 역사소설의 형태를 빌어서 문학으로 사회에 참여하고 있는 것이다. 역사소설의 주인공을 통해서 나는 전대 인간들과 대화를 하면서 이 땅, 이 조국을 아름답게 건축해 보자는 것이다.[111]

> 내가 소설을 쓰는 究竟의 동기는 …… '조선과 민족을 위하는 봉사-의무의 이행이다. …… 내가 일생에 하는 일이 조선과 조선 민족의 지위의 향상과 행복의 증진에 毫末만큼이라도 기여함이 되어진다 하는 것이 내 모든 행위의 근본 동기이다. …… 내가 소설을 쓰는 근본 동기도 여기에 있다.[112]

인용문에서는 역사소설을 통해 민족에 봉사하고 사회에 참여하고 싶다는 작가들의 희구가 잘 드러나 있다. 조국의 앞날과 민족의 행복을 위해 무엇인가 해주고 싶다는 것이다. 물론 그 '무엇'에 대해서는 역사소설을

---

111) 박종화(1966), 『월탄박종화선집』 서, 삼성출판사, p.2.
112) 이광수, "여의 작가적 태도", 앞의 책.

창작했던 작가들마다 표면적으로 달리 나타나고 있음은 사실이다. 이광수는 정신의 문제에 몰두하고 있으며, 김동인은 난세에 영웅의 필요성에 대해, 그리고 현진건은 당대의 정치적 상황을 비록 간접적이긴 하지만 가장 명확하게 드러내고 있다. 물론 이광수의 대안인 정신의 문제가 자칫 봉건윤리로의 회귀나 허무주의를 기반으로 한 불교정신의 귀결로 읽힐 수도 있으며, 김동인의 강력한 영웅 출현의 필요성이 자칫 강자 논리의 식민주의를 합리화시킬 수도 있다는 측면에서 위험성에 노출되어 있음은 사실이다. 마찬가지로 박종화의 텍스트들이 역사의 사사화로 인해 작가의 역사의식조차 의심받을 수 있는 여지를 남겨두고 있으며, 현진건은 식민지적 현실을 비유한 뚜렷한 상징성에도 불구하고 그것이 자칫 남녀 주인공의 애정이야기에 묻혀버릴 수도 있음은 물론이다. 그럼에도 불구하고 이들이 역사소설 창작을 통해 독자들에게 망국의 현실을 인식하게 하고 민족의식을 고취시키며, 그에 대한 대안을 나름대로 제시하려 했던 노력을 했었다는 것은 분명하다.

그러나 단순히 정치적 배경에 따른 민족의식의 고취라는 형식으로 역사소설 발생을 설명하기에는 미흡하다. 왜냐하면 이러한 정치적 징후는 개화기 상황부터 시작하여 심각하게는 한일합방을 거쳐 이미 1930년대 즈음에는 식민지적 정치형태가 고착된 시기이며, 더구나 이때 일제는 조선을 발판으로 대륙침략을 행하고 있던 시기이기 때문이다. 따라서 유독 1930년대를 전후로 하여 역사소설이 범람하듯 쏟아져 나온 상황을 정치적 상황으로만 귀착시키려는 것은 자칫 결정론적 오류를 범할 수 있다.

작가들이 밝히고 있는 도덕적 명분 이외에도 근대역사소설을 근 10여 년 동안 독자적인 영역을 구축하게 만든 분명히 다른 이유가 있을 것이라는 추정을 할 수 있다. 이것은 지금까지 앞에서 살펴온 바, 근대역사소설이라는 특수한 장르체계를 구성하는 자질들과 관련된다. 장르체계를 구성하는 자질들이란 전체 장르 체계의 특징적인 자질들을 만한다. 예를 들어, 먼저 역사를 배경으로 하고 있다는 것, 그리고 구성의 축조 형식, 애정의 삼각구도와 같은 일말의 통속성, 삽화 차용과 관련된 설화성, 인물의 영웅성, 서술자의 개입 양상 등이 이에 해당된다.

특히 서사적 기법이 그 자체로 목적이 아니라 어떤 효과를 기록하는 수단이라고 볼 때, 서사물의 구성요소나 기법에 관한 것은 장르의 존재 요건과 밀접한 관련을 갖게 된다. 독자와 작가의 의도는 다양한 반면, 그들이 텍스트의 가치와 의미의 문제로부터 독립될 수 없다는 것은 명백하며, 이는 특정 텍스트나 특정 장르가 당대에 존재하는 근거인 것이다.

중요한 것은 이러한 의미 찾기를 위한 독자들의 작업이 얼마나 적극적으로 이루어지느냐이다. 물론 적극성의 정도에 따라서 대중적 영향력 또한 달라질 것이다. 그리고 적극성의 정도는 결국 텍스트 가해성의 정도와 관련된다. 즉 근대역사소설에 대한 당대의 담론적 기능을 살펴보는 데 중요한 것은 독자들이 얼만큼 적극성을 가지고 의미를 해독해냈느냐인, 근대역사소설에 대한 당대 독자들의 가해성의 측면이다.

텍스트가 성취해야 할 목표가 한 가지 있다면 텍스트는 반드시 읽혀질 것이라야 한다는 것이다. 우선 텍스트가 읽히자면 이해 가능한 것이어야 하고, 독자에게 친숙한 규약이나 틀이나 형태에 뿌리박음으로써 가해성을 높여야 한다. 텍스트를 이해하려면 그 요소들 상호간의 통합이 요구되는데, 이것은 여러가지의 잘 알려진 일관성의 모델에의 의존을 포함하는 개념이다. 텍스트와 기존 모델과의 동화를 '자연화'(naturalization)라고 부를 수 있다. 하나의 텍스트를 자연화한다는 것은 그것을 어떤 담화의 유형 또는 어떤 의미에 있어서 이미 자연스럽고 명료한 모델과 결합시키는 일이다.[113] 이 모델은 '현실'로부터도 끌어올 수 있고 문학으로부터도 끌어올 수 있는데, 현실 모델은 우리의 세계 인식을 지배하는 어떤 개념에 의존하여 요소들을 자연화하는 데 도움이 되어 준다. 역사소설은 바로 독자들이 숨쉬고 있는 토대인 '역사'를 현실 모델로 취하고 있다는 점에서 우선 자연화를 이루어내고 있다. '역사'라는 모델은 아주 친숙한 것일 수 있기 때문에 자연스러운 것으로 보이고 거의 모델로서 의식되지 않을 수도 있다. 이렇게 '역사'라는 현실모델과 '역사소설'이라는 문학적 장르 관계는 텍스트와 독자 사이에 일종의 계약을 성립시키기 때문에, 어떤 예상은 그럴 듯한 것으로 표현되고 어떤 예상은 제외되며, 다른 맥락에서는 기이하게 생각될 요소가 그 장르내에서 가해적인 것으로 만들어진다. 따라서, 역사소설에서 소재로 취하는 역사적 상황은 근대의 정치적 상황에 대한 환유적 가능성을 가질 수 있다. 이는 당대 독자들의 독서행위 패턴에서 잘 발견된다.

> 「단종애사」는 춘원이 일본식민지란 절망기에 처해있던 우리들의 환경 속에서 민족문학을 구성시켜 보려는 의도 아래 생육신과 사육신의 몸을 죽이기까지 해서 정의와 싸우는 우리 선민들의 자취를 그려 보려고 노력한 작품이다.…… 이때 이 당시 일본 사람한테 강제로 나라를 뺏긴, 조선사람 3천인의 마음은 마치 사백여년 전에 동족은 동족이면서 강폭한 수양대군 한테 강제로 신민 노릇을 당하고 있는 그때 그 심경이었다.[114]

---

113) 바르트 '규약(code)', 후르쇼프스키 '준거체계(frame of reference)', 에코 '텍스트 상호체계(intertextual frames)', 페리 '틀(frame)(독자가 익숙해져 있는 모델을 기반으로 하는 독서 과정의 형성이란 일련의 틀의 사용을 의미한다)'에 각각 대응된다.
(S.Limmon-Kenan, 앞의 책, p.179. 참조.)
114) 박종화, "단종애사해설".

인용문에서 확인할 수 있는 바와 같이 역사소설의 자연화 기능에 도움을 주고 있는 것은 그러한 역사적 상황을 움직이는 인물의 문제이다. 근대역사소설의 대부분의 주인공들은 역사상의 유명 인물들이며, 때로는 영웅성들이 강조되는 지도자들이다. 일단, 영웅이나 당대 왕 같은 유명인물을 주인공으로 등장시킨 이유로는 사료가 충분하여 접근하기 쉽다는 점과 이미 독자들의 컨텍스트(context)적인 지식이 형성되어 있기 때문에 쉽게 시대적 상황에 대한 알레고리화가 가능하다는 점을 들 수 있다.

앞에서 살폈던 근대역사소설들이 지니고 있는 몇 가지 서사학적 특성들 또한 마찬가지로 가해성에 영향을 주는 텍스트 구성 기호들로 볼 수 있다. 텍스트와 독자가 친숙해 나가는 일련의 과정으로 볼 수 있는 자의식적 서술의 형태와, 텍스트의 정보가 명시적이고 충분하게 전달될 수 있는 장치인 고차서사기호들과 이질적 언술의 형태로 삽입된 역사적 사료들이 그것이다. 이들은 모두 텍스트 해독에 필요한 사전 정보와 관련된 것들로 서술자의 직접개입에 의해 이루어진 것들이다. 그리고 이러한 서술자 개입의 기회는 근대역사소설이 특수하게 액자구조화를 지향하고 있다는 사실과 관련되며, 서사의 종결까지 이미 알고 있는 외부이야기의 서술자가 내부이야기 속에 자의적으로 침투함으로써 유발되는 현상임을 알 수 있었다. 서술자가 직접 작중인물의 행동 동기를 설명해 준다거나 복잡한 상황을 선명하게 풀어주기도 하고, 어떤 행위의 도덕적 가치도 평가해주기도 하며, 여러 가지 애매성을 제거해 주기도 한다. 또는 이미 일어난 사실을 상기시키기도 하고 앞으로 일어날 일을 예고해 주기도 하며, 독자의 질문의 방향을 잡아주거나 대답을 확정해주기도 한다. 이때 서술자의 지나친 지적 권위나 고압적 자세가 문제되긴 하지만, 일단 필요한 정보를 독자에게 수시로 제공하고 있다는 점에서 독자의 해독행위에 영향을 주는 장치임은 틀림없다.

또한 조선조의 '전'의 서술형식을 계승한 연대기적 서술방식도 가해성을 높이는 데 일조하는 형식일 수 있다. 한 서사물내의 사건들이 텍스트상으로는 인접해 있으면서도 시간상으로 인접해 있지 않은 경우나 또는 그 사건들이 텍스트에 나타나는 순서가 실제로 그것들이 발생하는 시간 순서와 일치하지 않은 경우, 그 서사물이 전개되는 시간 순서를 확정하기 위해서는 더 많은 조작이 필요할 수밖에 없다.[115] 이렇게 볼 때, 순차적 시간 순서를 바탕으로 한 연대기적 서술은 시간착오가 심하게 일어나는 텍스트보다 그 가해성의 정도가 훨씬 높다고 할 수 있다.

근대역사소설의 인물 구성의 차원도 마찬가지이다. 일단은 서술의 직접한정에 의해 선명하게 부각된 인물의 자질은 서사가 종결될 때까지 일관성을 유지하며, 성격 변화로 독자에게 혼란을 주지 않는 것이 특징이다. 더 나아가 몇 사람의 작중 인물이 동일하거나 유사한 행동을 수행함으로써 집단적 특성을 드러내기도 하는데, 이때 대부분은 선악을 기준으로 한 대립적 구도를 바탕으로 독자의 심리적 공감대를 유발시키기도 한다.

그러나 이러한 가해성이 텍스트의 대중성을 확보하는 것은 물론 아니다. 다시 말해서 가해성과 가독성(readabliity)이 비례하는 것은 아니다. 대중성의 문제는 가독성과 관련되며, 이는 텍스트를 해독하거나 의미를 파악하는 것이 쉽다는 것 뿐만 아니라 그것이 흥미있고 재미있다는 것을 의미한다. 지금까지 살핀 바와 같이 유형화나 일관성과 관련된 지나친 동질화나, 정보의 필요이상의 노출과 명시성 등은 오히려 이러한 재미와 흥미를 삭감시킬 수도 있다. 근대역사소설들은 일련의 특징적인 서술 방식

---

[115] G. Prince, 『서사학』, p.207.

들이 유발할 수 있는 이러한 문제점들을 이야기 구성 방식을 통해 해결하고 있다. 당대의 독자들과 친숙해져 있는 탐색담의 구조라든지, 추리기법의 활용이나 삽화의 주제화 기능 등 자연화와 관련된 형식이나 나름대로 주제화에 기여하는 독특한 이야기 방식을 사용하여 자신의 창작의도를 실현시키고 있는 것이다.[116]

바로 이러한 특징들이 역사성의 고취라든가, 역사적 진실이라든가, 당대 정치적 상황과 관련된 알레고리화와 같은 교시적 효과와 적절히 맞물려 근대역사소설을 당대 대중적 문학 양식으로 자리잡게 한 요소일 수 있다.

근대역사소설에서 볼 수 있듯이, 특정한 장르를 세계와의 내적 관계 속에서 살펴보면, 어떤 장르도 세계를 해석하기 위한 고유한 방법과 수단을 갖고 있다는 것을 알 수 있다. 세계를 인식하고 이해하는 과정은 일정한 장르의 형식으로 세계를 형상화하는 과정과 떼어질 수 없다. 이렇게 장르와 장르가 파악하는 세계는 서로 유기적으로 결합되어 있다. 따라서 장르는 세계에서 드러나는 집단적 지향점의 수단을 모은 것이고 완결을 지향하며, 이 지향점 때문에 세계의 새로운 측면들을 파악할 수 있는 것이다. 장르의 현실적 존재 의미는 바로 여기에 있는 것이다.

이러한 의미에서 근대역사소설이 단순한 이야기거리를 제시하는 데서 끝나는 것이 아니라 위협적으로 경험된 당대 현실에 대해 역사적 차원을 맞세움으로써 사회적 심리적 기능을 수행했음을 볼 때, 텍스트 수용자의 현실에 대해 비판적, 변혁적으로 개입하는 것이 아님에도 불구하고, 문학

---

[116] 물론 독자의 심리적 측면에 지나치게 기댄다든지, 서사적 필연성을 견지하지 못하고 우연성을 남발한다든가 하는 문제점도 동시에 가지고 있음은 사실이다.

이 현실과 관계할 수 있는 방식의 하나임을 분명히 보여주고 있다.

V. 결론

　본 서는 한국 근대 역사소설이 집단적으로 보여주는 서사학적 특성에 대한 고찰을 통해 근대기의 역사소설이 갖는 양식적 특질을 구명하고, 이러한 특질들이 텍스트의 주제화에 어떻게 기여하고 있는지, 그리고 이와 관련된 근대역사소설의 담론적 기능은 무엇이었는지를 밝히고자 하였다.
　먼저 소설은 하나의 '허구적 서사물'이며, 작가가 서사물을 통해 독자에게 전달하고자 하는 의도를 가지고 있다는 사실은 명백한 것이고, 그것은 하나의 의식, 의미를 전달하려는 의도로 귀결된다는 측면에서 서사물이 '특정소통상황' 안에 놓여 있음을 전제로 출발했다. 이때 서사물의 소통구조에서 피화자, 내포독자, 실제독자가 모두 소통과정의 수신자임에도 불구하고, 피화자는 임의적으로 나타나며, 실제독자는 텍스트에서 제외되고 그 대리인이 내포독자이기 때문에, 본 서에서는 사실상의 수신자를 '내포독자'로 규정하였다. 내포독자는 텍스트가 그 수용 조건으로 제시하고 있는 가능한 독자로 텍스트 구조의 방향 제시에 따라 생겨나게 될 독자를 가리킨다.
　이와 같은 전제를 바탕으로 본 서의 텍스트 분석은 서술행위와 관련된 서술자, 이야기 방식과 의미구조, 인물 구성 등 텍스트를 구성하는 각 층위에 대한 면밀한 검토를 시도하였다. 이를 요약하면 다음과 같다.
　먼저, 근대역사소설의 서술적 특징으로는 텍스트에 다층적 서술의 공존이 이중노출로 나타나 텍스트를 액자구조화 한다는 것이다. 즉 내부서사를 현재로 이끄는 서술자에 외에 다른 시간차원을 가진 외부서사-서술자가 침투하여 두 가지 서로 다른 차원의 시간이 공존하는 다층적 시간 현상을 보여주고 있다. 구조의 액자화와 더불어 동시에 발생하는 서술의 경계해체 속에서 외부서사 서술자는 이야기의 객관성의 정도를 무너뜨리면서 자신이 가지고 있는 전지적인 시간 능력으로 독특한 형식의 의사소통 구조를 마련하게 된다. 제1서술자는 내부서사에서 특정인물의 시간적 전망을 가장하면서, 갑작스럽게 앞으로 도약해 독자에게 그 인물이 알지 못하고 제2서술자로서도 짐작 못할 무엇인가를 폭로하는 양상을 보인다. 이때 독자는 인물의 지각을 통해서 사건들을 감지하며, 그 인물의 현재시간 속에 살아가는 동시에, 인물이 인지하는 방법과는 다르게 사건을 인지하게 된다. 독자는 제1서술자의 존재에 의해 인물의 미래시간으로부터 사건을 거꾸로 보게 되기 때문이다. 다시 말해, 독자는 서술자의 특권화된 서술을 공유하는 것이다. 이러한 방식으로 독자에게 부여된 서사 능력은 텍스트 전반적인 서사 코드나 특정한 작업에 적합한 코드를 점점 더 빠르게 읽어내게 해주는 효과를 갖는다. 또한 텍스트의 액자구조화는 내부서사가 제1서술자의 세계관이나 가치관의 통해 초점화된다는 의미에서 텍스트 주제화에 기여한다.

두 번째로, 근대 역사소설들은 대부분 유명 인물의 행적을 중심으로 시간의 역전 없이 순차적으로 서술해 나가는 형식을 보이고 있다. 이는 조선시대에 실존인물의 생애를 일차자료로 하여 생전의 행적을 연대기적으로 기술해나가는 「전」의 양식을 일정 부분 수용하고 있다는 증거로 보인다. 이의 구체적인 증거로는 창작동기나 입전의도가, 내용이 간단하게 소개되어 있는 「전」의 서두부와 창작동기와, 그 인물을 고른 이유, 시대배경에 대한 간략한 해설의 서장, 서론 등의 형식과 유사하며, 서술자의 자신의 서술행위에 대한 간단한 감상의 형식이라든지, 텍스트의 스토리 층위에는 소속되지 않는 사족이나 사후 평가가 텍스트 끝부분에 붙어있는 데서 논찬부의 잔영을 짐작할 수 있다.

세 번째로, 역사소설에서는 자의식적 서술과 관련된 텍스트의 자체 언급적 국면뿐만 아니라, 해독행위와 관련된 텍스트의 규약에 관해 명시된 고차서사기호들이 존재하는 것을 확인할 수 있다. 근대역사소설에서 이 기호들은 필요에 따라 앞에서 진술했거나 일어났던 사건을 요약해주거나, 복잡한 논의의 요점만 간추려주기도 하며, 인물에 의해 제공된 정보의 진위 여부를 가려주기도 하고, 나아가 상황에 대한 가치판단까지 내려주는 등 다양한 양태로 드러나고 있다. 이 기호들은 역사소설이 어떻게 이해될 수 있으며, 또 어떻게 이해되어야 하는가라는 서술자의 주관적 의도와 깊게 맞물려 있어 독자의 해독행위가 텍스트의 궁극적 지향점을 향해 나아가도록 하는 데 기여하고 있음을 알 수 있다.

네 번째로, 소설은 그 장르가 갖는 본래의 개방성 때문에 다양한 층위의 문학적 관습들과 접촉할 수 있는데, 근대역사소설에서 빈번히 발견되는 이질적 구성요소들은 역사적 사실에 해당하는 기록물들과 한시, 시조, 동요, 민요와 같은 운문형식들이다. 중요한 것은 일종의 이질적 목소리에 해당하는 이러한 항목들이 텍스트 내에서 서사의 흐름을 방해하는 것이 아니라, 오히려 텍스트의 소통적 기능을 강화시키는 데 기능한다는 것이다. 기록물들은 일종의 주석적 효과를 갖게 되며, 시와 노래들은 운문이라는 양식의 특성상, 흔히 인물의 정서적인 심리상태를 드러낸다거나, 인물을 소개하는 데 적절히 이용되고 있으며, 때로는 텍스트 내의 서사정보를 제공해주는 상징적 기능을 갖기도 한다. 또한 대부분의 근대역사소설들이 연대기적 성격을 갖는 것과 관련, 서술의 양적 부담을 주로 서술자의 간섭이 최대화된 논평과 요약에 의존하기 마련인데, 이때 시나 노래 등의 삽입은 논평이나 요약과 같은 효과를 가지면서도 동시에 서술자의 간섭을 최소화하게 된다. 이는 시나 노래 등 운문형식이 가지고 있는 장르적 특징과도 관련된 것으로, 암시적이면서도 동시에 직접적이고 자발적인 표현방법이랄 수 있는 민요와 동요와 같은 노래나, 시 등은 서술자의 과도한 개입 없이도 상황이나 개인의 정서적 상태를 가장 효과적으로 드러내는 장치가 되는 것이다. 특히 개인의 발화에 의해 드러난 이와 같은 형태는 매개화되지 않고 직접적인 통로를 통해 제시되기 때문에 서술자의 간섭적이면서 동시에 간접화되는 논평보다도 훨씬 강력하게 인물의 정서 상태가 독자에게 전달된다.

근대역사소설에서 인물에 대한 정보나 제시는 대부분 권위적 서술자의 논평을 통해 요약되거나, 이러한 서술자의 권위를 내재한 인물의 시각을 통해 드러나기는 직접한정에 의해 이루어지고 있다. 특히, 인물 제시는 외모에서부터 품성에 이르기까지 대부분 대조적으로 묘사되고 있으며, 명백하고 완결된 모습으로 독자에게 직접 제시되기 때문에 경제적이어서 독자의 반응을 쉽게 유도할 수 있게 된다. 그러나 인물에 대한 직접한정의 방식이 텍스트 내의 사건 자체의 의미나 중요성에 대한 직접적인 진술의 성격을 갖게 된다는 측면에서 근대역사소설은 인물을 단일화시키고 동시에 독자의 해독행위 자체를 단순화시킬 수 있는 부담을 안고 있는것이 사실이다.

근대역사소설의 인물구도는 대개 두 인물그룹으로 나뉘는 인물구도와 구성적인 이원적 대립을 통해 규정된다. 텍스트들에서 보여지는 인물구도는 거의 대부분 주체와 외세라는 준거를 중심으로 대칭적 구도를 보여주고 있으며, 이는 당대 정치적 배경과 맞물리면서 인물들의 환유적 기능을 담보하고 있다.

이광수의 텍스트들은 서술자의 편집자적 권위를 강하게 드러내는 요약에 의존하고 있다. 요약에 대한 서술자의 지나친 의존과 집중은 먼저 요약하고 나중에 장면으로 제시된다거나 뒤이은 인물의 회상으로 장면화되는 성급함으로 드러나 서사의 흐름을 단절시키는 하나의 요인이 된다. 요약이나 유추반복서술 형태는 텍스트의 양적 분량을 감당해야 하는 서술자의 부담감과 밀접한 것으로, 서술자가 인물의 일대기 속에 포함된 사건의 추이에 지나치게 집중하다보니 텍스트-시간이 요구되는 묘사나 대화같은 '장면'성에는 인색할 수밖에 없으며 따라서 그만큼 인물의 생명력과 더불어 이야기의 사실성을 감소시키게 된다. 그러나 한편으로 텍스트를 해독하는 동안 서술자는 독자의 신념이나 관심과 공감을 엄격하게 통제할 수 있는 이점이 있을 수 있다. 요약 서술은 독자의 판단을 고정시키기 위한 확실한 방법일 수 있기 때문이다.

서술자의 특권적 권위는 여기서 그치지 않고 인물과 서사의 미래에 대해 지나친 언급을 행한다든지, 자신의 서술행위가 지적 작업이며, 신빙성을 근거로 하고 있다는 사실을 끊임없이 주지시키고자 한다. 이렇게 독자가 텍스트를 해독하는 데 크게 상관 없는 객관적 지식에 대해 장황하게 설명을 덧붙이는 서술 행위는 서술자 자신의 지식의 정도를 바탕으로 한 계몽적 의지를 보여주는 것으로 생각할 수 있다. 또한 텍스트 내에 등장하는 인물과 사건의 미래에 대한 언급은 미래에 대한 정보를 완벽하게 제공함으로써 독자의 예상을 드러내놓고 통어하게 된다는 측면에서 서술자는 자신의 명백한 의도를 달성할 수는 있지만, 다른 한편으로 독자들의 창조적인 해독행위는 자연 방해받을 수밖에 없게 된다.

『단종애사』는 조선시대를 배경으로 한 역사소설 중 높이 평가되고 가장 많은 독자를 확보한 작품으로 세조의 왕위 찬탈과정과 이에 맞선 사육신들의 단종 복위 운동의 과정을 다루고 있다. 거의 모든 서술과 구조는 단종의 비극을 강조하기 위한 반복적 노출을 보이고 있다. 사건발생이나 사건전환, 인물소개에 있어서까지 반복적으로 예시되는 단종생애의 비극성은 이때 독자에게 일종의 선험적 명제로 인식되어, 객관적 거리감을 상실하고 텍스트의 의도에 따라 이끌려갈 수 있다. 단종을 중심으로 한 사육신들의 의리와 수양의 부도덕성이 극도로 대립되어 독자의 도덕적 판단을 유도하고 있기도 하다. 이렇게 텍스트는 당대 독자들의 가장 관습적인 윤리정서에 기댄 알레고리화라는 교시적 효과를 의도하고 있음을 알 수 있다.

원효대사의 수행과정을 전기적 형태로 형상화하고 있는 『원효대사』는 원효의 수행에 따른 고뇌와 실천을 중심으로 서사가 진행된다. 텍스트는 원효가 귀족적 불교관을 상징하는 '무애행'을 버리고 민중속으로 들어가 그들과 삶을 함께 하고 궁극적으로 그들을 불법으로 계도하는 '두타행'으로의 전이과정을 보여주고 있다. 여기에 서사의 시간적 흐름을 따르면서 하나의 완결된 이야기들로 존재하는 몇 개의 삽화들은 '두타행'과 관련된 원효의 의식의 상승적 전이양상을 보여준다. 독자는 삽화가 가진 성격의 흐름에 따라 원효의 종교적 고뇌를 인지해 나갈 수 있게 되며, 따라서 이러한 형식을 가진 텍스트는 삽화가 가진 민담적 속성으로 인한 오락적 독서행위와 동시에 교시적 속성으로 인한 지적 독서행위를 가능케 하는 특징을 지닌다.

『이차돈의 사』는 이차돈의 순교를 다룬 내용으로 지금까지 별 주목을 받지 못한 작품이다. 서사구조는 근대적으로 변형된 적강모티프와 영웅의 탐색담이 적절하게 결합된 양식을 보이고 있는데, 이차돈은 두 개의 상이한 성격을 가진 탐색을 이끌게 된다. 탐색대상은 물질적 차원에서 정신적 차원으로 전이되며, 이는 이차돈의 세계관의 변화 혹은 확대과정과 궤도를 같이한다. 정신적 차원 또한 국가적 차원에서 민족적 차원으로 그리고 범인류적 차원으로 확대되어 종교적 귀결로 나아가는 일련의 과정을 보여주고 있다. 그러나 첫 번째 탐색의 서사적 동기는 내적 필연성에 의해 이루어지는 것이 아니라, 일관되지 않은 인물의 성격화와 관련되면서, 우연성에 의해 이끌어지며, 두 번째 탐색 또한 운명에 의해 이미 결정지워졌다는 점에서 고소설적 낭만성을 여실히 드러내고 있다. 따라서 텍스트는 여러가지 고소설적 요소로 흥미유발은 되었을지라도 내적 필연성의 결핍으로 인해 텍스트에 심각한 훼손을 가져오고 있음을 알 수 있다.

  이와 같이 이광수는 역사소설 창작을 통해 가능한 한 자신의 계몽적 의도를 전달하는 데 궁극적 목적을 두고 있음을 알 수 있다. 요약이나 유추 반복 형태의 서술 방식들은 텍스트를 해독하는 동안 서술자가 독자의 신념이나 관심과 공감을 엄격하게 통제할 수 있으며, 이러한 서술이 특히 지적 작업이나 신빙성에 근거하고 있음을 지속적으로 주지시킴으로써 서술자의 권위를 확보하고 있다. 일단 권위를 보장받은 서술자는 자연스럽게 독자의 우위에 서서 자신의 의도를 쉽게 관철시킬 수가 있으며, 독자는 서술자의 강력한 통어의 대상이 된다. 따라서 이러한 서술 방식하에서는 독자의 창조적인 해독행위는 사실상 불가능하게 되며, 서술자의 의도만 살아 남게 된다. 이러한 서술 태도가 이야기 구성 방식과 긴밀하게 연결되는 지점에서 텍스트의 궁극적 지향점이 발견될 수 있다. 사실 이광수의 텍스트들은 근본적으로 미래지향적이다. 『단종애사』는 단종의 비극적 생애를 그려내고 있지만, 인간의 인정과 의리는 절대 불변한다는 진리를 확인해

주고 있으며, 『원효대사』나 『이차돈의 사』 또한 마찬가지로 의식의 상승이나 세계관의 확대를 따라가는 구조이기 때문에 미래지향적일 수밖에 없다. 『원효대사』는 귀족적 불교관에서 민중적 불교관으로의 전이를 통해 의식이 상승하고 확대되는 면모를 보여주고 있으며, 『이차돈의 사』는 개인의 의식이 국가적 차원에서 민족적 차원으로 다시 범인류적 차원으로 확대되고 있음을 보여준다. 두 텍스트 모두 그 지향점은 물론 종교적 세계이며, 그것을 향한 개인들의 열망은 모두 실현되고 있다. 이렇게 볼 때 이광수의 역사소설들은 불의 속에서도 의는 살아있으며, 끊임없는 회의와 수련과정을 통해 참된 종교적 세계에 도달할 수 있다는 신념과 약속, 인간에게 중요한 것은 국가나 민족과 같은 분파적 욕망이 아니라 개인의 구원이라는 방법의 제시까지 미래지향적이고 낙관적 세계관에 놓여 있음을 알 수 있다. 이렇듯 이광수의 역사소설들이 보여주는 서술 형식과 이야기 구성 방식은 대부분 당대의 식민지적 현실에 대한 직접적 대응보다는 국가적 존망에서 중요한 것은 오히려 의식의 문제에 있다는 작가의 의도를 전달하는 데 기여하고 있음을 알 수 있다.

김동인의 서술방식의 특징은 복수 초점화로 독자가 주요인물들의 행동과 심리를 조합하여 입체화시킬 수 있는 토대를 마련한다는 것이다. 이러한 서술방식은 한 사람의 내적 초점화가 주는 제한된 시야를 개방시키는 효과와 더불어 파노라마적 기능을 수행함으로써 서술자의 간섭을 최소화시킬 수 있다.

이야기 구성방식으로, 『운현궁의 봄』은 대원군의 섭정시절을 배경으로 하고 있는데, 대원군이 자신의 권좌 획득을 위해 적극적 서사행위를 보여주기보다는 대부분 당시 핵심 권력세력이었던 안동 김씨 일문들과 대원군의 대립적 양상에 초점이 맞추어져 있다. 이러한 양상은 대부분 파불라와 수제 두 층위의 시간 어디에도 속하지 않은 삽화들을 통해 이루어지고 있으며, 삽화들은 그 '무시간성'으로 인해 텍스트 내에서 독립된 형식들로 존재하면서, 주제적 유사성으로 인해 독자들에게 강력한 집중성 혹은 공감성을 불러일으키는 기능을 담당한다. 이를 볼 때 동인은 역사서사물에서 흔히 중요시되는 선적 구성에 기여하는 시간의 문제에 염두를 두기보다는 작가의 주제적 의도에 더 많은 초점을 두고 있었음을 알 수 있다. 하나의 화제를 의미론적으로 긴밀하게 엮는 응집은 서술자가 텍스트를 주관함으로써 생겨나는 서술자의 의도 또는 의지에 의한 것이라고 볼 수 있기 때문이다.

『젊은 그들』은 동일한 시간을 두 번 이상을 반복시키는 독특한 시간형식을 기반으로 추리식 구성 효과와 더불어 서사 공간을 확대 창출해 보이고 있다. 동일한 시간 속에 설정된 상황들이 서로 다른 이야기를 갖고 진행되다가 동일한 공간지점에서 현재시간으로 만나는 장면을 반복적으로 보여주고 있다. 이는 복수초점화라는 서술방식과 긴밀히 연관된 것으로, 이렇게 분화된 소텍스트들은 사실 거대서사가 진행되는 서사의 시간적 흐름을 단절시키면서 보여주기식의 장면화에 기여한다. 또한 초점의 교체로 인해 의문의 제기와 해답의 제시가 반복되는 추리기법의 효과가 파생되는데, 한 제한된 시야가 야기시키는 의문과 수수께끼가 다음에 연이어 서술되는 다른 인물의 초점화에 의해 해결되는 형식이다. 이같은 구성방식은 텍스트의 서사적 긴장감을 유지시키는 동시에 독자의 흡입력을 최대화시킬 수 있다. 한편, 텍스트는 태공과 민비당의 극단적 대립을 바탕으로 활민숙생들의 활약상을 그려내고 있는데, 모두 태공의 영웅주의적 면모를 계승하고 있는 이들은 앞에서 말했던 각각의 독립적인 서사를 이끔으로써 그 영웅성들을 담보하고 있다.

김동인의 역사소설에서 공통적으로 드러나고 있는 것은 영웅주의적 사관에 입각한 등장인물들의 지도적 품성과 이 인물들의 권력획득을 위한 과정이다. 인물의 영웅성을 부각시키기 위해 텍스트들은 거의 모두 인물들의 극단적인 대립상들을 만들어내고 있다. 『운현궁의 봄』은 흥선과 김문일가들의 대립, 『젊은 그들』은 흥선 태공과 민비일파의 대립으로 나타나고 있으며, 이 대립들은 모두 흥선의 권력획득의 당위성과 그리고 그 권력의 지향점이 모두 우국적 처사에 있음을 드러내고 있다. 김동인은 역사소설 창작을 통해 식민지적 상황에서 일종의 정신적 지주로 설 수 있는 민족적 영웅제시의 필요성을 제기하고 있는데, 서술방식이나 이야기 구성방식 그리고 인물을 드러내는 방식까지 모두 인물의 이러한 영웅성을 강조하는 데 기여하고 있다.

박종화의 텍스트들의 서술의 차원은 대부분 시적 이미지와 관련된다. 첫 번째로, 서사적 과거시제와 묘사적 현재시제가 서로 교환되는 현상이 텍스트 전체를 회화적 이미지로 이끌어가면서, 현장감을 배가시키기 위한 표현적 효과에 기능하고 있음을 알 수 있다. 또한 이런 시제 이동을 보이고 있는 대부분의 지문들이 인물의 구체적인 서사 행위와 관련된 현장감보다는 정적인 묘사 장면에 집중적으로 나타나고 있다는 점에서 텍스트를 회화화시키는 결정적 요인으로 결론지을 수 있다. 두 번째로 서술자의 발화와 인물의 발화의 경계가 해체되어 나타나는 '이중목소리'의 빈번한 사용으로, 서술자의 주관적 정서를 인물의 발화에 침투시킴으로써 독자의 정서적 발로를 자극시키는 효과를 파생시키고 있다. 하나의 발화 맥락에서 같은 지향점을 가진 두 개의 목소리가 겹쳐져 이를 동시에 엿들을 수 있기 때문에 독자의 정서적 공감은 그만큼 배가되는 것이다.

이야기 구성방식으로, 『금삼의 피』는 전제서사인 〈장한편〉으로부터 서사의 주인공격인 왕비 윤씨의 죽음을 예고받은 독자의 관심은 '다음에는 무슨 일이 일어날까?' 하는 의문으로부터 오는 긴장감을, '그 일이 어떻게 발생할까?' 라는 의문을 중심으로 하는 긴장감으로 대체시키면서 이중적인 독서행위를 유발하고 있으며, 『다정불심』은 노국공주와 공민왕의 사랑과 고려말의 격동적인 정치 상황을 배경으로 하고 있으며, 서사적 긴장감과 민담적 요소로 인해 독자들의 흥미를 자극하는 작품이다. 노국공주의 죽음을 기점으로 두 개의 의미단위로 나누어져 있으며, 전반부는 조선조의 여장부소설을 계승하는 표면구조를 보여주고 있을 만큼 노국공주가 소서사들을 대부분 주도하고 있으며, 후반부는 노국공주의 죽음이 모든 소서사의 모티프가 되고 있고 있다. 전반부는 주요 갈등들이 모두 친원세력과의 대립에서 발생하고 있는데, 원나라가 친정인 노국공주가 철저한 반원정신과 고려에 대한 사랑으로 이 갈등들을 해결해 나가고 있음을 볼 수 있다. 그러나 동기화되지 않은 노국공주의 고려에 대한 사랑은 이상화되어 동화적 성격으로까지 나아가고 있으며 노국공주 한 개인에 의해 고려말의 정치가 좌우되고 있다는 점과, 후반부에서 고려말의 몇 가지 중요한 역사적 사실들이 노국공주 개인의 죽음이 모티프가 되고 있다는 점 등은 역사를 개인적 차원으로 해석해내고 있는 특성을 보여주고 있다. 『전야』는 '흥선의 정치적 대권을 향한 기다림과 준비과정'을 그리고 있는 것으로, 흥선의 때를 향한 '기다림'에 대한 언급은 텍스트 내에 반복적으로 나타나 일련의 구조적 연맥을 형성하여, '기다림'이라는 반복적 연맥 속에 일련의 역사적 사건('효현왕후 승하', '헌종의 승하와 철종 등극', '이하전 역모사건', '서원의 병폐와 민란')과 이에 대한 흥선의 대응양상이라는 '준비과정'(가야산 묘자리에 부모 면례, 찬하장안의 포섭, 명복의 교육, 난행, 조대비 알현)을 설정함으로써 이야기의 일관성있는 구성의 효과를 거두고 있다. 그러나 구성방식이나 삽입된 일화들이 모두 때를 '기다림'이라는 일관된 주제에 기여하고 있음에도 불구하고, 일화 차용 방식에 대한 서술자의 태도와 흥선의 권좌를 향한 준비가 부분적으로 '가야산 묘자리'와 그로 인해 얻은 '명복'에 대한 기대 등으로 동기화되고 있다는 사실은 '역사적 史實'을 자칫 운명론에 근거한 낭만적 접근방식으로 인지될 위험이 있다. 『여명』은 ±[윤리성]이 텍스트의 주제적 구상에서 중심이 되어 천주학이 갖는 자질들이 변화하면서 흥선의 행위와 관련된 서사의 근거가 마련된다.

박종화의 역사소설들은 역사적 사건들의 연쇄를 군왕 개인의 복수심의 과정으로만 파악한다든가, 한 개인의 죽음이 중요한 역사적 사실들의 모티프로 작용한다든가, 군왕으로서의 권력획득이 개인적 욕망과 희구의 차원에서 그려지는 등 공적 개인이 탈역사주화되는 경향을 보여주고 있다. 역사의 중심이라고 할 수 있는 군주들을 그려내고 있음에도 불구하고, 사적 개인만 남게 되는 형국으로, 바로 이러한 경향이 박종화의 역사소설이 역사를 사사화시키고 있다는 혐의를 받는 단서가 되고 있다. 따라서 이들은 공적 위치보다는 개인으로서의 삶의 모습을 중점적으로 드러낼 수밖에 없는데, 앞에서 박종화의 역사소설에서 나타나는 서술 형식들은 군왕들의 바로 이러한 개인적 정서를 드러내거나 강조하기에 적절한 기능을 갖추고 있다. 시적 문체소들은 공적이고 역사적인 사건과 관계되기보다는 사적 정서를 드러내는데 보다 효과적이기 때문이다.

근대역사소설 가운데 서술자의 문제를 다루는 데 있어서 다른 작품들과 가장 뚜렷한 차이점을 보여주고 있는 작가는 현진건이다. 그의 작품에는 다른 역사소설에서 빈번하게 보이는 서술자의 권위에 관련된 도덕적, 철학적 우월성과 관련된 논평이나 해설, 판단 등이 거의 드러나지 않으며,

서술자의 존재를 알려주는 최소한의 부가절조차 생략되어 있는 인물간의 대화나, 독백 등과, 역시 서술자의 간섭을 최소화할 수 있는 '현재형 동사'가 주로 사용된다. 이와 같이 서술자의 존재가 거의 드러나지 않는 직접화법 형식들에 상당부분 기대고 있는 이야기들은 그 극적인 성격 때문에 독자의 몰입 정도가 훨씬 강하게 나타날 수 있다. 『무영탑』이 당대의 역사소설과는 달리 관념화되지 않고 사실성을 획득한 것이나, 이야기성이 뛰어난 것은 바로 이와 같은 서술의 형태 때문이다.

『무영탑』의 이야기 구성 방식은 지금까지의 논의와는 달리 텍스트 분석을 통해 주만의 이야기와 아사녀의 이야기가 각각 독립된 텍스트를 이끌면서 탐색 또한 이중적으로 이루어짐을 알 수 있었다. 사실 두 개의 탐색구조를 보여주고 있지만, 어느 탐색에서도 그 대상이 역사적 사실과 관련되고 있지 않다는 측면에서 『무영탑』에서 역사는 배경으로 밀려나 있는 듯하다. 『무영탑』이 민족주의적 성향을 가진 작품이라는 평가는, 기실 텍스트의 한 부분을 이루는 주만의 이야기에서 보여지는 당학파와 국선파의 대립과 관련된다. 당시 상당한 안정기에 접어든 통일신라 내에서도 친당적인 당학파와 우리의 것을 숭상하는 국선파가 갖는 성격이 당대의 정치적 상황에 어느 정도 맞물리기 때문이다. 그러나 이러한 대립은 텍스트의 중심에 서 있는 것이 아니라, 인물들의 외모나 품성의 대립적 성격으로 단순화시켜버림으로써 오히려 진지한 역사·사회적 접근을 차단하고 있으며, 또한 이 대립이 주만과 경신, 금성의 혼사와의 관련 하에서만 잠깐씩 언급되는 정도에 머무르고 있는 형편이다. 두 개의 집단이 보여주는 적절한 정치적 상징성에도 불구하고 텍스트 전체 구조는 인물들의 사랑이야기로 움직임으로써, 현진건 자신이 이미 밝힌 바 있었던 역사소설의 비유적 효과는 상당히 상쇄된 채 간접화되어 나타나는 것이 사실이다.

지금까지 살펴본 바와 같이 근대역사소설이 갖는 장르체계의 자질들은 당대 역사소설의 존재의미와 존속의 근거를 설명해 줄 수 있다. 서사적 기법이 그 자체로 목적이 아니라 어떤 효과를 기록하는 수단이라고 볼 때, 서사물의 구성요소나 기법에 관한 것은 장르의 존재 요건과 밀접한 관련을 갖게 되는 것이다. 이는 역사소설에 대한 당대 독자들의 가해성과도 연결되는 것으로, 작가들은 자신의 창작물에 대해 윤리적 의도와 더불어 가해성의 성취를 위해 자연화의 방법을 택하게 된다. 텍스트가 성취해야 할 목표가 한 가지 있다면 그것은 텍스트는 반드시 읽혀질 것이라야 한다는 것이다. 우선 텍스트가 읽히자면 이해 가능한 것이어야 하고, 독자에게 친숙한 규약이나 틀이나 형태에 뿌리박음으로써 가해성을 높일 수 있다. 그 규약은 일단 작가나 독자가 모두 공감하고 있는 '역사'라는 측면에서 일단 장르적 자연화를 거치게 되며, 역사적 인물의 일대기를 그리고 있다는 점은 일단 독자에게 친숙함의 토대를 마련하게 한다. 나아가 여타의 문학적 관습과 관련된 독자들의 기호에 맞는 이야기 전달 방식의 사용으로 가해성과 가독성을 동시에 충족시키고, 이는 근대역사소설이 대중적 양식으로 자리잡는 데 기여하며, 동시에 작가들의 궁극적 의도였던 윤리적 의도 즉, 당대 정치적 상황을 알레고리화하여 근대역사소설의 양식적 존재 근거를 마련하고 있다. 물론 가해성과 가독성의 요소들이 검열의 문제라든지, 신문연재라는 특수한 전달형식의 문제나 작가들의 경제적 여건과 관련된 보다 복합적인 창작의도와도 맞물려 있음은 사실이나, 분명한 것은 근대역사소설이 문학이 현실과 관계할 수 있는 방식의 하나임을 확연히 보여주고 있다는 것이다.

지금까지 살펴본 바, 본 서의 근대역사소설 형식적 특성에 대한 천착은 역사적 진실성의 문제나 작가의 역사의식 등 내적 측면을 세심히 다루지 못한 한계를 지니고 있다. 또한 본 서에서 다루지 못한 개화기의 역사전기소설이나 광복 이후에 쓰여진 일련의 역사소설들이 드러내는 서사 특성의 대비적 검토를 통한 연계성 연구는 앞으로 해결해야 할 과제로 남는다.

근대 투영으로서의 서사 읽기 2

한승원의 『불의 딸』 의미구조 분석
— 원시적 생명력을 중심으로 —

1. 서론

　작가의 상상력이 자신의 원체험 공간으로부터 여간해선 벗어나기 힘들다는 사실을 한승원만큼 잘 보여주는 작가도 드물 것이다. 김현은 이를 한승원의 '갯가스러움'[1]으로 표현을 했거니와, 『불의 딸』 또한 이 '갯가스러움'의 자장 안에 있는 작품이다. 한승원의 '갯가스러움'의 한 축을 형성하는 '바다', '여성', '어머니', '생명'과 같은 인자들이 이 소설 전면에 충일되어 있기 때문이다.
　『불의 딸』은 김동리 이래 한국의 샤머니즘을 소재로 하여, 그 정신적 가치를 묻고 있는 소설로 평가[2]되고 있다. 근대사회로 접어들면서 미신이라는 이름으로 폐기처분 대상이었던 샤머니즘이 민족 정신의 원류를 형성하는 하나의 요소로 재인식되면서, 샤머니즘이 가지고 있는 가치를 본격적으로 재검토해 보자는 반성적 인식이 작품으로 형상화된 것으로 보여진다.

---

1) 김현, 「억압과 저항」, 『제3세대한국문학』 3권(삼성출판사, 1983) 참조.
2) 김주연, 「샤머니즘은 한국의 정신인가」, 『불의 딸』(문학과지성사, 1983) 참조.

물론, 샤머니즘을 문학적 소재로 본격화한 작가는 김동리라 할 수 있지만, 한승원은 샤머니즘이 갖는 정신적 측면을 긍정적으로 풀어내고 있다는 점에서 두 작가는 변별되고 있다. 김동리의 샤머니즘 계열의 작품 중 대표적이라 할 수 있는「무녀도」와 한승원의『불의 딸』두 작품 모두 기독교와 샤머니즘의 대립을 주요 모티프로 하면서도 전자가 주로 허무적이고 비극적 이미지로 샤머니즘이 그려지고 있다면,『불의 딸』에서 보여지는 샤머니즘은 생명력을 기반[3)]으로 하고 있다는 것이 그것이다.

그러나『불의 딸』에서 이렇듯 가장 중요하게 다루어져야 할 샤머니즘의 생명력에 대해 그 동안의 논의들은 아주 추상적인 개념 제시에서 그치거나, 혹은 논리적으로 설명할 수 없는 부분에 대해서는 신비주의로 환원시켜버리는 문제점을 갖고 있다. 사실『불의 딸』에서 샤머니즘의 생명력은 민족적 정체성의 문제와 맞물리면서 종교적 차원 이상의 확장된 의미를 텍스트에서 드러내고 있다는 점에서 보다 체계적인 논의를 필요로 한다.

이에 본고는『불의 딸』[4)]의 의미구조를 분석함으로써 샤머니즘으로 표상된 '생명력'의 텍스트적 의미를 밝혀보고자 한다. 이 과정에서 그 생명력이 어떤 경로를 통해 텍스트에서 제시되고 있는지, 그리고 그것의 원천은 무엇인지, 나아가 생명력이 텍스트에서 드러나는 독특한 형식은 무엇인지가 밝혀지게 될 것이다.

---

3) 김주연(위의 글)은 이 생명력에 대해 '세계 창조의 신비한 힘과 인간의 원초적 에네르기'로 정리하고 있으며, 권영민은 작가가 '삶 그 자체로서 무속의 세계에 내재해 있는 불변하는 힘과 생명력'(권영민, [토속적 공간과 한의 세계],『한국현대작가연구』(민음사, 1989))을 찾고 있다고 보고 있다.
4) 본고의 분석 텍스트는『우리시대 우리작가 한승원』(동아출판사, 1987)에 실려 있는『불의 딸』이다.

2. '나'를 찾아가는 두 가지 여행

『불의 딸』은 「불배」, 「불곰」, 「불의 딸」, 「불의 아들」, 「불의 문」 등 모두 5개의 독립된 소설로 이루어진 연작소설이다. 5개의 독립된 텍스트는 고향을 떠나온 지 30년만에 '나'가 부모님의 흔적을 찾아 떠나는 다섯 번의 여행으로 구성되어 있다. 텍스트 표면상으로는 '나'의 근원인 부모의 흔적을 따라가는 여행이지만, 심층적 의미는 '자아의 정체성'과 '민족적 정체성'을 찾아나가는 여행이라고 볼 수 있다. 텍스트에서 전자는 어머니의 흔적을, 후자는 아버지의 흔적을 따라가는 과정과 일치한다. 물론 두 사람의 흔적을 찾아나가는 과정은 동시에 이루어지지만, 두 사람의 텍스트적 의미가 변별되기 때문에 여기서는 구별해서 분석하기로 한다.

2-1. 불, 혹은 어머니의 흔적

먼저, '나'의 근원을 알기 위한 자아탐색과정은 공간적 의미항이 소설 텍스트 전체의 의미의 영역과 유기적으로 관련되면서 구체적으로 드러나게 된다. 이 소설 텍스트의 공간적 의미항인 〈서울〉-〈회령나루〉[5]는 '나'가 자아의 정체성을 찾아나가는 다섯 번의 여행이 반복되는 공간이다.

첫 번째 여행 : 서울 → 회령나루

---

[5] 각각의 텍스트에서 여행경로는 서울에서 회령나루, 용시동, 진도, 남도포, 화문원 등으로 달리 나타나지만, 서울을 제외한 나머지 공간은 모두 '나'의 근원과 관련되어 있다는 점에서 '나'가 고향이라고 생각하는 '회령나루'에 수렴된다고 볼 수 있다. 다시 말해, 여기서 '회령나루'는 '나'의 자아정체성과 관련된 은유적 공간이라 할 수 있다.

두 번째 여행 : 서울 → 용시동

세 번째 여행 : 서울 → 진도

네 번째 여행 : 서울 → 남도포

다섯 번째 여행 : 서울 → 화문원

'서울'은 여행의 반복 지점이자, 처음 시작점이기도 하다. 이 반복되는 여행의 처음 동기는 '서울'이 갖는 공간적 의미와 관련이 있다.

'나'는 삼십 년 전, 어머니가 집을 나간 이후 열세 살 되던 해에 의붓아버지 '똘쇠'에게 쫓겨나 늦은 가을에 거지처럼 떠돌다가 설렁탕 배달꾼으로 들어가 주경야독한 끝에 대학까지 졸업해 신문기자가 되고 그 집 딸과 결혼까지 한, 나름대로 출세한 사람이다. 따라서, '나'에게 '서울'은 출세와 안정의 공간이었다.

그런데, 그런 안정이 깨지기 시작한 것은 아들 '성영'이 사고를 당해 백치가 되어버린 때부터였다. 아내가 교회 일을 보기 위해 친정에 맡겨 두었던 아이가 교통사고를 당한 후, '나'의 출세의 기반이었던 처가의 기독교에 대한 신앙이 부담스러워지다가 결국 끔찍스러워지고 이는 아내와의 심각한 갈등으로 나타난다. 게다가 '십오 년 동안 일해 오던 신문사에서 이렇다 할 까닭없이 쫓겨'난 후, 날마다 집안에서 빈둥거리며 지내게 된다. 출세와 안정의 공간이었던 '서울'이 그 근본부터 흔들리면서 심각한 갈등과 분열의 공간으로 변모하게 되는 것이다.

분열과 갈등의 공간
↑
서울

분열과 갈등의 공간인 '서울'에서 자신이 서 있어야 할 자리를 찾지 못한 '나'를 더욱 힘들게 하는 것은 고향을 향해 촉수처럼 뻗어 있는 미묘한 들썩거림이다.

> 내가 열 두 살 나던 해 초여름의 어느날 밤에 보았던 바구니만한 **불덩이에 대한 생각**은 나를 더 이상 서울 바닥에 머물러 있지를 못하게 하였다. (중략) 나는 간밤 내내 엎치락뒤치락하면서 **어머니를 찾아야겠다는 생각**을 했다. 물론 **아버지도 찾아야 한다고 생각**했다. 그들은 대관절 어떤 피를 가진 사람들인데, **내 가슴 속에 그런 줄과 끈을 매달아 주었는가**를 알아내고 싶었다.
>
> – p.18

'나'를 서울에 더 이상 머물러 있지 못하게 한 구체적 동기는 두 가지라고 할 수 있다. '불덩이'와 '어머니'이다. 그리고 이 두 가지 동기는 모두 '내 가슴 속에 매달린 줄과 끈'으로 수렴된다. 그 불덩이와 어머니가 연결되어 있는 '줄과 끈'은 '나'의 현실 속에서 신병(巫病)의 초기 증세로 나타난다. 서울에 있으면서도 천리 밖에 있는 고향의 날씨를 몸으로 정확하게 예감해내는 것이다.[6] 이러한 예지 능력이 정작 '나'에게는 '슬픈 일'로 감지되고, 이렇듯 고향을 향해 촉수를 뻗으면서 자꾸만 들썩거리는 '나'의 '줄과 끈'의 정체를 알고 싶어진 것이다.

'나'의 근원을 알고 싶다는 욕망은 그 근원의 뿌리 중의 하나인 '어머

---

[6] 날씨를 예지하는 능력은 '나'의 어머니인 용왕례가 내림굿을 받기 전 무병을 앓는 증세와 똑같은 상황이라는 점에서 '나'와 어머니의 동질성을 의미한다.

니'에 대한 생각으로 집중되고, 다시 그 생각은 평범치 않은 어머니를 죽음으로 몰고 간 '불덩이'로 전이된다. 이런 의미에서, '나'를 찾아나가는 작업은 어머니의 흔적을 쫓는 것으로, 다시 어머니의 흔적은 그녀를 살라 먹은 '불덩이'의 존재를 쫓아나가는 과정이라고 볼 수 있다.

그렇다면, '불덩이'의 존재는 '나'에게 무엇인가.

그 **불덩이**는 속에 음험한 **모의**와 **흉계**를 가지고 있었던지 몰랐고 그것은 실제로 나한테서 많은 것을 **빼앗아 갔다. 뜻아니한 불행**이 밤잠자고 난 밀물처럼 **벼락치듯** 나한테 밀려든 것은 어쩌면 그 불덩이가 나타난 뒤였다. 그것 때문에 **어머니를 잃었고**, 의붓아버지 똘쇠한테 이유 없이 호된 **매를 맞아야 했고, 결국 집을 뛰쳐나가야 했다.**

- p.19

위에서 드러나다시피, '불덩이'는 '모의', '흉계', '불행', '벼락'이라는 어휘들이 의미하는 것처럼 어머니의 상실과, 가출이라는 개인사와 연결되어 있는 만큼 '나'에게는 '부재'이자 '죽음'의 이미지로 각인되어 있다.

한편, '나'는 '불덩이'를 향한 어머니의 시선을 따라가다가, 이 '불'들이 모두 예외없이 어머니의 남자들과 관계됨을 발견한다.

① 어머니는 물통을 땅에 내려 놓은 채 노력도 모퉁이의 불덩이를 바라보기 시작했다. (중략) 밤 사이에 나룻배가 온데간데 없어졌다. 뿐만이 아니었다. 어머니마저 없어졌다.

- pp. 45~46

② 어머니가 반 년 가까이 노력도에서 한 어부를 따라 살았다는 말을 듣고, 거기를 찾아갔을 때, 어머니를 데리고 살았었다는 늙은 어부는 중풍으로 반신불수가 되어 있었다. (중략) 어머니가 불배 타는 진도 사람을 따라간 뒤로는 소식을 알 수 없게 되었다는 것이었다.

- p.168

①은 똘쇠와 살고 있던 어머니가 회령나루 앞바다에서 며칠째 작업하던 멸치잡이 어선의 집어등에 홀리다시피 하다가 결국 그 배를 따라 사라져버린 상황이고, ②는 다시 그 멸치잡이 어부를 떠나 불배를 탔던 '판쇠'를 따라나선 어머니의 행적을 보여준다. 이런 방식으로 똘쇠부터 시작해 대장장이, 일봉, 노력도 어부, 진도의 판쇠, 도자기를 굽는 황영하 선생까지 이어지는 어머니의 남성 편력의 흔적은 모두 불과 관련된다.

따라서, '나'의 여행은 '불덩이'의 자리에 존재하는 어머니의 남성들과의 조우 과정이라고도 할 수 있다. 실제로, 이 남성들과의 만남을 통해 '나'는 마치 모자이크로 된 그림판을 완성하듯 어머니와 아버지의 흔적을 모아 그들의 생애사를 완성하게 된다. 따라서, 어머니의 남성들과 관계된 다섯 번의 여행은 부모님의 흔적을 모으는 릴레이 여행이라고 할 수 있다.

여행순차	정 보 내 용
첫 번째 여행	의붓아버지 '똘쇠'가 청년시절 신내린 여자를 범한 적이 있다는 개인사를 듣고, 어머니의 남자 '대장장이'에 대해 들음.
두 번째 여행	대장장이에게서 외할머니와 어머니가 모두 무당이었다는 사실과 아버지의 존재해 대해 들음.
세 번째 여행	어머니와 반년 가까이 살았던 노력도의 어부를 찾아 '불배'를 탔다는 '판쇠'에 대해 들음.

여행순차	정 보 내 용
네 번째 여행	'판쇠'의 사촌형에게서 '판쇠'의 죽음과 어머니가 판쇠에게서 떠난 후 옹기 굽는 가마 속에 뛰어들어가 타 죽었다는 소문이 있었음을 들음.
다섯 번째 여행	어머니의 마지막 남자였던 황영하 선생의 도예원을 찾아가, 어머니의 죽음에 대해 들음.

남성들은 모두 어머니의 행적을 증언해주는 정보적 기능을 갖추고 있으며, 다섯 개의 텍스트를 이루고 있는 다섯 번의 여행의 직접적 동기가 되어 주고 있다.

또한, 각각의 여행을 통해 전해 들은 정보들은 모두 유기적으로 관련되어 있다. 「불배」에서 의붓아버지 똘쇠를 만나 전해들은 대장장이에 대한 정보와 「불곰」에서 밝혀진 똘쇠의 개인사는 「불의 딸」에서 종합되어 외할머니와 어머니, 그리고 똘쇠의 관계를 푸는 열쇠가 된다. 똘쇠가 청년시절에 범했다는 신내린 여자는 '나'의 외할머니인 무당 '꾸실'이였으며, 그 일로 생긴 아이가 어머니 '용왕례'였다는 사실을 알게 된다. 이로써 똘쇠는 '나'에게는 외할아버지이자 의붓아버지이며, 어머니 '용왕례'에게는 친부이자 남편이 되는, 기묘한 모계의 계보가 밝혀진다. 동시에 대장장이를 통해 아버지에 대한 정보까지 얻게 되는데, 그가 무당이었다는 것과 일본 신사에 불을 지르고 다녔던 사람이었음을 알게 된다. 마찬가지로, 「불의 아들」에서 판쇠의 사촌을 만나 어머니가 옹기쟁이의 가마에서 불에 타 죽었다는 소문을 들은 바 있다는 정보는 곧 「불의 문」에서 황영하 선생의 화문원으로 찾아가는 동기가 되고 거기서 어머니 죽음의 실체를 보게 된다.

이렇듯, '회령나루'로 표상되는 고향 남도는 '나'의 근원과 관련된 정보가 집적된 공간임을 알 수 있는데, 이는 곧 고향 '회령나루'가 '나의 정체성'을 찾을 수 있는 열쇠가 됨을 의미하기도 한다.

근원 혹은 정체성의 공간
↑
회령나루

실제로 '나'는 어머니의 흔적을 따라가는 이 여행을 통해 두 가지 사실을 알아낸다. 어머니의 시선이 끊임없이 머물렀던 불의 실체가 다름아닌 어머니 자신이었다는 것과, 그리고 어머니의 불을 따라가는 과정은 결국 '나의 불의 실체'를 발견해내는 과정이었음을 알게 된 것이다.

① 나는 자네 어무니가 어디서인지는 몰라도 불에 타서 죽었을 것이라는 것을 잘 알고 있네. 꿈에 허연 불꽃이 되어가지고 왔데. 그래가지고는 우리 대장간 화덕 속으로 들어갔어. 나는 항상 자네 어무니하고 함께 사네. 불을 일으키기만 하면은, 자네 어무니가 불 속에서 얼굴을 내밀곤 하닌께 말이여.

- p.165

② 아들 성영이의 얼굴이 떠올랐다. 의식이 깊이 잠들어 있는 백치의 하얀 눈망울이 그 불처럼 머릿속을 채웠다. 그 불의 실체가 바로 성영이라는 생각이 들었다. 아니, 그게 어디 성영이뿐이랴. 내 속의 불도 퇴색되어 가고 있다. 거세된 짐승처럼 기능을 잃어버렸다.

- p.224

①은 대장장이가 '나'에게 어머니를 회상하면서 마지막으로 전한 말이다. 이 말처럼 어머니는 황영하 선생의 도예원이 있던 곳에서 산불이 났을 때, 불에 타서 죽게 된다. 어머니가 평생을 통해 쫓아다녔던 '불'의 실체는 남성도 그 무엇도 아닌 자기 자신이었음을 알게 된 것은 뜻밖에도 아들 '성영'의 모습을 통해서이다. 사고 이후 자기 세계에 갇혀 버린 채 멍하니 허공을 주시하는 아들의 뒷모습에서 '나'는 '불덩이'를 향해 있던 어머니의 뒷모습을 읽어내게 되고, 결국 그 '불'의 실체가 아들 성영과 어머니의 자기 세계였음을 보게 된 것이다. '나'와 마찬가지로 그들도 나름대로 자신을 찾아나가는 힘겨운 싸움들을 벌이고 있는 존재들이었던 것이다. '불'은 모든 존재들이 가지고 있는 존재의 실체였던 것이다.

　'불덩이'의 실체에 대한 이러한 인식은 '나'로 하여금 애초에 그것이 가졌던 부재, 죽음으로서의 이미지를 오히려 '나'를 살릴 수 있는 생명의 이미지로 바꾸게 하는 계기가 된다. 여행을 통해 어머니와 아버지의 행적을 하나씩 찾아나가면서, '나'의 몸과 마음을 괴롭혔던 들썩거림의 원인을 알아내고, 그 괴로움을 없애는 길은 '나'가 가지고 있는 '내 존재의 불덩이'를 살리는 것이라는 인식을 하게 된 것이다.

　그리하여, '나'는 나의 '불덩이'를 살릴 수 있는 방법은 결국 '나'의 근원으로 돌아가는 수밖에 없다는 결론을 내린다. 그것은 아버지와 어머니가 그랬듯 무당이 되는 것이다.

> 나는 부나비처럼 내내 불만 쫓아다니다가 죽어간 어머니의 불춤을 배우고, 아버지의 힘을 배우고, 그리하여 영원히 꺼지지 않는 불무당이 되어야 한다고 생각했다. 그게 우선 흰 밤을 맞곤 하는 내 아픔을 치유하는 길일 것이라고 나는 생각했다.
> － pp. 278~279

어머니와 아버지를 잇는 불무당이 되는 것만이 '나'를 치유하는 유일한 길이라는 인식은 '나'의 근원으로 돌아가는 것이 곧 생명성을 담보하는 길이라는 것을 의미한다. 그리고 그 생명성의 원천은 곧 불덩이이다. 따라서, 불덩이는 나의 근원이자, '나' 자신이며, 생명 그 자체가 되는 것이다.

이렇듯, 어머니의 흔적을 쫓는 '나'의 여행과 관련해서, 텍스트에서 '자기정체성'이 갖는 '불덩이'의 이미지가 죽음과 부재의 이미지에서 생명의 이미지로 역전되면서, '서울'과 '회령나루'로 표상되는 '자기분열'과 '자기정체성'의 대립은 '반생명성:생명성'이라는 중심 메시지를 환기시키고 있음을 알 수 있다. '서울'과 '회령나루'를 오가는 '여행모티프'를 의미대립의 구조적 관계로 요약하면 다음과 같다.

2-2. '집단'으로서의 아버지

텍스트에서 어머니의 흔적을 따라가는 작업이 '나'의 개인적 정체성 찾기와 관련되어 있다면, 그 과정에서 아버지의 흔적을 발견하는 작업은 보다 집단적, 종교적, 역사적, 민족적인 함의를 갖는 것으로 드러난다. 텍스트에서 '나'가 무당의 피를 이어 받은 존재로서, 불현듯 찾아와 나를 괴롭히는 신병을 치유하기 위해서는 결국 무당이 되기로 결심하지만, 여기에 아버지의 행적이 갖는 텍스트적 의미가 더해지면서 '나'의 '무당되기'는 단순한 개인적 선택의 차원이 아니라, 집단적 선택의 필연성으로 그 의미가 확장된다.

먼저, '나'에게 아버지는 애초에 흔적조차 알 수 없는 존재였다. 유년 시절에 유독 남자와 관련된 소문거리를 달고 다녔던 어머니 때문에 동네 아이들로부터 심한 놀림을 받았거니와, 친부가 누군지도 모르는 상태에서 자랐다. 때문에 여행 목적의 한 축을 이루는 아버지에 대한 인식은 극히 부정적일 수밖에 없다.

> 나는 오래 전부터 어머니의 뱃속에 나를 심어준 아버지를 **경멸**하고 있었다. (중략) 나는 내가 한 남자의 희롱거리인 여자의 뱃속에 잉태된 씨일지도 모른다는 사실에 **분노**를 느꼈다.
>
> – p.122

'나'의 여행은 이렇게 죽음과 부재로서의 '불덩이'와 아버지에 대한 '경멸'과 자기 존재에 대한 '분노'가 뒤섞인 채 시작되었던 것이다. 아버지에 대한 부정적 인식이 바뀌기 시작한 것은 어머니의 남자들을 만나면서 밝혀지기 시작한 아버지의 행적 때문이었다.

'나'는 대장장이의 입을 통해 '나'의 친부가 무당이면서 동시에 일본 신사에 불을 지르고 다녔던 사람이라는 것을 알게 된다. 친부는 외할머니의 서낭당에 몸을 숨기고 있던 중, 서낭당을 헐어내고 신사를 지으라는 면사무소의 지시에 따라 서낭당을 헐러 온 순사들에 의해 발각되어 총에 맞아 죽었던 것이다. 이때 아버지의 죽음이나 헐려지는 서낭당의 모습은 단순한 개별자가 아니다. 여기에 일제에 의해 압살 당하는 한민족의 운명이 겹쳐지면서, 아버지나 서낭당은 민족이라는 집단적 의미로 확장된다.

과거의 이야기가 갖는 이 텍스트적 의미는 아버지의 계보를 잇는 '나'의 현재 상황으로 그대로 이어진다. '나'와 '아내'의 종교적 갈등은 단순한 개별적 선택의 문제가 아니라, 민족이라는 집단적 차원의 해석을 요구하는 사안인 것이다.

이를 종합하자면, 아버지의 죽음과 관련된 '신사↔서낭당'의 대결구도는 나와 아내의 갈등과 관련된 '기독교↔무당'이라는 대결구조와 중첩되면서 외래적 종교-민족적 종교이라는 집단적 범주로 확대되는 것이다. 텍스트에서 이는 '밖에서 들어온 신'과 '재래의 신'의 대립으로 드러난다.

> 나는 이미 그들이 받들어 모시는 신이 결코 우리가 받들어 모실 신은 아니라고 생각을 하여 오는 터였다. 그것은 밖에서 들어온 신이며, 무서운 침식력으로써 재래의 우리 신을 잡아 먹거나 몰아내고 있는 것이라고 알고 있었다. (중략) 나는 우리 재래의 신들이 매우 인간적인 신들이라는 것을 알았다.
>
> – p.124

'밖에서 들어온 신'과 '재래의 신'은 각각 '무서운 침식력'과 '인간적인 신'에 대응하면서 뚜렷한 대립을 보여주고 있는데, '밖에서 들어온 신'의 공격성과 식인성이 내포한 '반생명성'과 '재래의 신'이 가진 '생명성'[7]

---

[7] 텍스트에서는 무엇이 '인간적인'지에 대해서는 구체적 설명이 없는 반면, 주로 '밖에서 들어온 신'의 공격성과 식인성에 대해 집중적으로 서술되어 있다. 공격성과 식인성이 '반생명성'으로 정리된다면, 이와 대립관계를 형성하고 있는 '재래의 신'을 설명하는 '인간적인'을 '생명성'으로 유추할 수 있다. 그리고, '인간적인'이 '생명성'을 의미한다는 것은, '밖에서 들어온 신'이 가진 긍정적 '빛'의 이미지가 아들 '성영'의 죽음을 통해 '반생명성'을 가진 죽음의 '빛'임이 밝혀지면서 역으로 증명된다.

은 텍스트에서 '빛'의 이미지를 중심으로 해서 드러난다.

 ① **무당**이 되면 또 어떤가. 세상에는 어둠을 밝히는 빛도 필요하지만, 그 **빛을 수용하는 어둠**도 있어야 하는 것이다. 너무 잘 바래져서 칼날처럼 아픈 섬광을 은은하고 부드럽게 여과시키고 중화시킨 신화 같은 숲 그늘이나 달 **그림자**도 있어야 하는 것이다.

- pp. 237~238

 ② 설사 내 몸 안에 진한 무기(巫氣)가 들어 있다손치더라도 나는 무당이 되어서는 안된다고 생각했다. 사람을 미혹시키고 세상을 어지럽히는 행위로 천대와 냉대를 한몸에 받고 있는 그 무당이 되어서 무엇을 할 것인가. (중략) 나야말로 그 어둡게 흐려지고 헷갈려진 채 갈팡질팡하는 미망 속에서 헤어나야 한다. **빛을 찾아야 한다. 빛이란 무엇인가.**

- p. 265면

이 인용문들은 신병을 격심하게 앓고 있는 '나'가 무당의 존재에 대해 고뇌하고 있는 부분들로, '빛'에 대한 '나'의 초기 인식을 잘 드러내고 있다. 먼저, ①은 '나'가 무당이 되어야겠다고 결심하고 있는 부분인데, 그 무당의 존재를 '빛'에 상반되는 '그늘'과 '그림자'로 인식하고 있음을 볼 수 있다. 이에 반해, ②는 자신을 치유하는 길이 무당이 되는 길일뿐이라는 사실을 잘 알면서도 '사람을 미혹시키고 세상을 어지럽히는 행위로 천대와 냉대를' 받는 무당이 될 수 없다는 생각에 사로잡혀 있는 부분이다. 그 미망을 벗어나는 유일한 길은 '빛'을 찾는 것이라고 자위한다. 물론 이 '빛'이란 기독교와 관련된 이미지이다. 이렇듯, 무당-기독교의 대결상황에서 '기독교'는 '빛'이라는 긍정적 이미지로, '무당'은 '그늘', '그림자'와 같은 음습하고 부정적인 이미지로 받아들여지고 있음을 볼 수 있다.

그러나, 이러한 인식은 곧 전복되고 만다. 아들 '성영'의 존재와 그의 죽음은 '아내'와 '교회'의 '빛'이 오히려 생명을 압살시키는 죽음의 '빛'임을 깨닫게 해준다.

> **아내는 빛이었다.** (중략) **성영이는 눈을 힘주어 감고 있었다.** 이상스러웠다. 창문에 새하얀 빛살이 쏟아지고 방 안은 흰 빛으로 가득찼는데도 성영이는 **눈을 감은 채 모로 누워 있기만 했다.** 해가 떴다고, 세수를 하고 밥 먹고 학교엘 가라고 아내가 그 아이를 흔들어댔다. 그래도 그 아이는 눈을 뜨지 않았다. (중략) 밥을 떠먹여 주어도 마찬가지로 **눈을 감은 채 씹어 삼켰다.** (중략) 그 작은 영혼은 빛을 두려워하거나 아파하고 있었다. 이 아이한테 어떤 빛살을 어떻게 퍼부었으면 그걸 이렇듯 두려워하고 아파하게 되었을까. <u>잠들어 있는 영혼을 일깨워 주겠다고 병원으로 교회로 끌고 다닌</u> 아내에 대한 혐오감이 커튼 늘어뜨린 방 속의 어둠처럼 내 가슴 속에 퍼졌다.
>
> — pp. 261~262

성영을 치유한다는 아내의 의지는 연일 교회사람들을 집안으로 불러들이거나 교회로 아이를 끌고 다니는 방식으로 나타난다. 그러나 아들을 낫게 하겠다는 아내의 '빛'은 오히려 '성영'을 두려움과 아픔으로 몰고 갈 뿐이다. '성영'은 자신의 아픔을 눈을 감는 행위로 표현하고 있다. 성영이 눈을 감는 행위는 '어머니'의 빛을 거부하는 상징적 행위라고 할 수 있다. 결국, 성영은 점차 이상 증세를 띠어 가면서 결국 벼락이 치면서 '커튼 사이로 새파란 빛살이 번득 비쳐들'던 날, 현관창문을 뚫고 튕겨져 나가 죽어버리게 된다.

이렇듯, '아내'로 표상된 외래의 종교로서의 '빛'은 애초의 긍정적 이미지에서 죽음과 어둠과 두려움의 이미지로 그 의미가 역전됨을 알 수 있다.

'나'에게 아버지의 죽음과 아들 성영의 죽음은 외래의 종교가 가진 반생명성에 대한 인식으로 이어지고, 이는 다시 '무당'으로 표상된 '민족적인 것' 대한 보호의식으로 나아간다.

> 그 신은 우리의 신이 아니다. 우리에겐 우리 선조들이 믿었던 신이 있다. 믿으려면 바로 그 신을 받들어야 한다. 예수의 신은 마치 바다를 건너온 몸집 큰 꿀벌하고 같다. 그 꿀벌은 자기보다 몸집 작고 힘 약한 토종 꿀벌을 채밀하는 꽃밭에서만 물어 죽이는 게 아니고 그들의 벌통 속에까지 침입해 들어가서 물어 죽이고 꿀을 빼앗아 가곤 하는 것이다. (중략) 내가 나답게 살아가려면 추방당하고 죽임당하는 우리의 신을 구해야 한다.
>
> – p.230

'나'가 존재의 근원을 찾고, 신병을 치유할 수 있는 방식으로 '무당'이 되겠다는 개인적 선택은 '우리의 신'을 구해야 한다는 집단적 선택의 의미로 확장되며, 이는 나아가 '외래의 것'에 의해 침식 당하는 '우리의 것' 전체로 확장된다고 볼 때, '내가 나답게 살아가려면'은 '나의 정체성 찾기'이자 더불어 '우리가 우리답게 살아가려면'으로 확장되어 '민족 정체성 찾기'로도 해석되는 이중적 의미를 함의한다고 볼 수 있다.

이와 같이, 아버지의 흔적을 쫓는 '나'의 여행과 관련해서, 텍스트에서 '외래적인 것'이 갖는 '빛'의 긍정적 이미지가 죽음과 부재라는 반생명적 이미지로 역전되면서 '기독교'와 '무당'으로 표상되는 '외래적인 것'과 민족적인 것'의 대립은 '반생명성:생명성' 이라는 중심 메시지를 환기시키고 있음을 알 수 있다.

앞의 두 장에서 지금까지 분석한 것을 종합한다면, 『불의 딸』 연작은 '정체성 찾기'라는 결합 모티프가 소설 텍스트의 전체 구조에 유기적으로 조직되어 있음으로써, 텍스트의 가장 심층의 층위에 함축되어 있으면서 주제적 의미 층위 및 중심 메시지를 환기시키는 의미 대립항 '생명성:반생명성'을 파생시키는 이야기라고 할 수 있다. '정체성 찾기' 모티프를 의미 대립의 구조적 관계로 요약하면 다음과 같다.

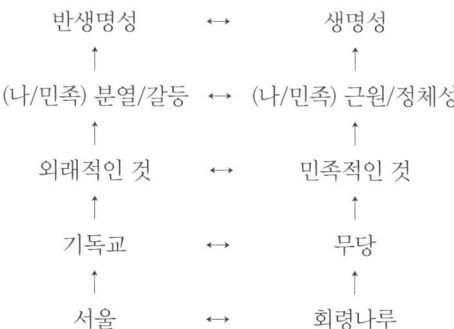

3. 원시적 생명성과 악마적 에로티즘

그렇다면, 텍스트 의미구조의 중심축을 이루고 있는 '자기정체성'과 '민족적인 것'의 최종적 의미인 '생명성'이란 무엇인가. 『불의 딸』에서 이 생명성은 '외래적인 것'에 의해 제도화되기 이전의 '우리'가 갖고 있었던 원시적 건강성 혹은 생명력으로 제시되고 있다. 텍스트에서 이 원시적 생명력은 에로티즘이라는 형식을 통해 드러나며, 나아가 '외래적인 것'에 대립되는 위악적 의미로서 '악마적 에로티즘'이라는 형식을 통해 '우리의 것'이 갖는 생명성의 의미를 제시하고 있다.

먼저, '생명성'의 원천을 탐색하기 위해서는 무엇보다도 다시 '어머니'로부터 시작해야 한다. 앞에서 살펴보았다시피, 생명성, 자기정체성과 동일 의미를 갖는 '불덩이'는 곧 어머니이기 때문이다.

텍스트에서 '어머니'는 아주 강한 성적 이미지를 동반하고 있는 것이 특징적이다. 물론 이 성적 이미지는 어머니가 평생을 좇아다녔던 '불덩이'의 자리에 존재하는 남성들과 관련된다. 어머니의 남성들은 두 가지 측면에서 공통점을 가지고 있다. 첫째, 이 남성들은 모두 원시적 건강함이 넘치는 강한 남성적 이미지로 그려지고 있다.

> 가자미의 등허리같이 거무칙칙한 낯빛, 떡 벌어진 가슴, 홍두깨 방망이처럼 굵은 팔뚝, 돼지털 같은 눈썹, 굴뚝 속같이 새까맣고 뻔한 콧구멍, 소의 삶은 간을 굵직굵직하게 썰어서 붙여 놓은 듯한 입술이 머릿속에 그려졌다.
>
> – p. 42

한때, 어머니의 시선을 사로잡았던 '일봉'의 이미지이다. 원시적 건강성이 극대화되어 있는 이 이미지는 '똘쇠'나 '대장장이' 등 다른 남자들의 이미지와도 완전히 일치하고 있다. 그리고 어머니가 이들과 처음으로 조우하게 되는 장면들은 이러한 남성성과 관련된 성적 이미지들로 꽉 차 있다.

> 아니, 그녀가 받쳐든 그릇 속의 투명한 물은 그녀의 몸 가운데서 어느 한 부분이 흘러 녹은 것이고, 그는 그 물에 벌써 취해버린 것인지도 몰랐다. (중략) 그는 탐하듯 그 물그릇 시울에 입술을 가져다 댔다. 눈을 감았다. 물을 들이키기 시작했다. (중략) 그걸 마시고 난께 힘이 솟데. 가슴속에 차돌 같은 힘이 뭉쳐졌어. (중략) 내가 물을 단숨에 다 마셔 버리고 난께 자네 어무니의 얼굴이 빨개지데. (중략) 그러더니 참던 오줌을 저리고 난 계집아이같이 몸서리를 치면서 온몸의 맥을 탁 풀어버린단 말이네.
>
> — p.39

일봉이 웃통을 벗어제치고 도리깨질을 하던 중, 느닷없이 나타난 어머니가 물을 받쳐들고 일봉에게 권하는 장면이다. 일봉뿐만이 아닌 다른 남성들과의 조우에서도 용례는 어김없이 물 한 잔으로 자신의 마음을 상대에게 전하고, 곧 그 남성들은 용례에게 마음을 빼앗기게 된다. 여기서 '물'은 '그녀의 몸 가운데서 어느 한 부분이 흘러 녹은 것'이라는 표현에서 알 수 있듯이 여성성의 상징이며, 남성이 그 물을 마시는 행위가 곧 성적 교접을 의미한다는 것은 물을 마시고 난 뒤 용례의 행위에서 잘 드러난다. 이렇듯, 용례와 관계한 남성들은 모두 건강한 남성성을 지니고 있으며, 첫 조우 또한 이러한 남성성들이 극도로 발휘된 상황에서 이루어지게 된다.

두 번째 공통점은, 어머니가 떠난 이후 이 남성들은 모두 비참한 최후를 맞이하게 된다는 것이다. 대장장이는 '나'에게 어머니에 대한 얘기를 모두 해준 이튿날, '화덕의 이글거리는 불을 끌어안은 채' 죽어버렸으며, 노력도의 늙은 어부는 중풍으로 반신불수가 되어 있었으며, '불배 타는 진도사람 판쇠'는 부두 노동판에서 싸움질을 하다가 칼에 맞아 죽고, 도자기를 굽는 황영하 선생은 어머니가 죽은 이후 '이렇다하게 좋은 작품 하나 구워내지를 못하고 시낭고낭 아프기만 하다가' 죽고 만다.

어머니가 평생을 좇았던 '불덩이'의 생명성을 생각할 때, 그 불덩이의 자리에 있었던 이 남성들이 가진 건강한 원시성은 그 생명성의 형식으로 볼 수 있다. 어머니는 남성들이 바로 이 건강한 원시적 생명력을 상실했을 때, 다른 불덩이를 찾아 떠났던 것이다. 다시 말해, 어머니가 이들에게 끌렸던 이유가 '불'로 이미지화된 생명성이었던 것처럼, 또다른 불을 찾아 이들을 떠난 것도 결국 그들 스스로 생명성을 지속시키지 못했기 때문이다. 이는 어머니를 만난 후 이곳저곳을 떠돌면서 제대로 된 불가마를 만들어내지 못하던 대장장이에 대한 어머니의 부르짖음에서 잘 드러난다.

> 그날밤 그녀는 그의 가슴에 얼굴을 묻은 채, 웃옷을 활랑 벗고, 땀을 뻘뻘 흘리면서 큰 망치질을 한번 해보라고 했다. 시뻘겋게 달구어진 쇠토막을 큰망치로 두들겨대는 걸 한번 보았으면 속이 시원해지겠다고 말했다. 그러고는 밤새도록 몸을 떨면서 울어댔다.
>
> – p.162

웃옷을 모두 벗어 젖히고 큰망치질을 하던 대장장이의 뒷모습에 정신을 빼고 바라보던 어머니가 결국 대장장이로 하여금 가정까지 버리게 하고 떠도는 생활을 시작했지만, 떠돌이 대장장이가 땅을 파고 흙을 이겨 만든 화덕이 일으킬 수 있는 불은 한계가 있었다. 때문에 큰망치질을 할 수 없었고, 급기야 어머니는 대장장이를 떠나버리고 만다. 따라서, 어머니가 떠난 이후 모든 남자들이 비극적 최후를 맞이한 것은 생명성 상실의 은유적 표현이라고 할 수 있다.

그렇다면, 남성들의 이러한 생명성 상실은 어디에서 기인하는가. 텍스트에서 그것은 제도화된 일상성으로 드러나고 있다. 어머니와 만난 남자들은 어떻든 평범한 일상성으로 되돌아가려고 했던 것이고, 그 순간 원시적 생명성은 소진될 수밖에 없었던 것이다.

이런 측면에서, 텍스트에서 드러나는 원시적 생명성은 제도화된 일상성의 세계와는 대립된 세계라고 할 수 있다. 사실 일상적 세계에서 어머니의 남성 편력은 기이하게 보일 만큼, 일상성의 세계를 위반하고 있는 삶의 형식이라고 할 수 있다. 문명사회에 기반하는 일상은 그만큼 제도와 관습과 모든 금기로 이루어진 세계이기 때문이다.

원시적 생명성의 세계가 일상의 금기를 위반, 전복하는 방식으로 구성되어 있음은 '똘쇠'의 행적을 통해 구체적으로 보여지고 있다. 똘쇠는 넘쳐나는 태생 자체가 '하루쯤만 힘을 안 쓰고 가만 있으면 어깨 다리 가슴 팍 등 허리 속에 든 힘살이 마구 꾸물거리고 들썩' 거릴 만큼 남아 도는 힘을 주체하지 못하는 사내다. 그러나 가난 때문에 노총각으로 늙어가던 그는 내부에서 분출하는 자신의 성적 욕구를 품어낼 데가 없어 어쩌지를 못하고 있던 상황이었다. '여자에 환장해 있었' 던 그는 꿈 속에 며칠 동안 나타나던 여자를 못 잊어하다가 그물을 보러 가던 중, 마치 그 여자가 가막섬에 있을 것 같은 생각에 무작정 배를 돌려 섬에 들어가 치성을 드리고 있던 무당을 범하게 된다. 관습적으로 신이 내린 여자는 성적 금기의 대상이다. '똘쇠'의 위반 행위는 여기에 그치지 않고 근친상간으로까지 확장된다.

> 어디서든지 그저 밥 잘 먹고 남자 끌어안고 잠 잘 줄밖에 모르고, 멍청스런 암소같이 펑펑 아기만 잘 낳는 여자 하나를 얻어 살았으면 좋겠다는 생각을 했다. 그 여자가 한꺼번에 세쌍둥이, 네 쌍둥이, 다섯 쌍둥이씩을 한 해 터울로 몇 해 사이에 오직 딸만을 거듭 서너번쯤 낳아 주었으면 좋겠다고 생각했다. 한 스무해 쯤이 지난 뒤에 그 딸들을 그가 혼자서 모두 데리고 살으리라고, 하룻밤에 하나씩 번갈아 가며 데리고 자리라고 생각했다.
>
> – p.98

잠자리만 잘해내는 여자를 만나 딸들을 낳고 다시 그 딸들과 하룻밤에 하나씩 번갈아 가며 데리고 자리라는 똘쇠의 생각은 문명사회에서 제도적으로도 불가능하거니와 도덕적으로도 도저히 용납될 수 없는 행위이다. 그러나 이러한 그의 생각은 자신도 모르는 사이에 현실화되고 만다. 가막섬에서 범했던 무당 '꾸실이'의 딸이자 자신의 딸인 '용례'를 실제로 자신의 아내로 삼게 되버린 것이다.

무당을 범하고 근친상간을 하는 반관습적, 반문명적인 똘쇠의 성적 행적은 그의 유년시절의 에피소드에서 극대화된 형식으로 제시된다.

> 여기서 이상한 일이 일어났다. 어머니와 사촌동생의 등뒤에 서 있던 똘쇠는 마구 가슴이 두근거렸다. 그는 자꾸 가마니때기 밖으로 나와 있는 큰어머니의 퉁퉁 부은 흰다리만 바라보았다. 가마니때기를 걷어 젖히고 싶

고, 큰어머니의 사타구니에 돋은 털과 젖가슴을 보고 싶어 미칠 것 같았다. 눈을 까뒤집은 얼굴을 보고 싶었다. 환장하게 좋은 어떤 일인가가 일어나서 동네 안의 골목길을 마구 줄달음질치고 싶어지는 때처럼, 가슴속에서 뛰고 있는 피가 홍수진 뒤에 불어난 도랑물같이 울울울 소리치면서 온몸을 휘돌아 달리는 듯했다. (중략) 이때 또 그의 머릿속에는 칼로 돼지의 몸을 이리저리 각을 내어 자르고 쪼개듯이 큰어머니의 몸을 그렇게 하는 모양이 그려졌다. 돼지 잡는 사람들이 그러듯이 큰어머니의 혓바닥과 젖통과 간 같은 것들을 생채로 소금이 찍어 먹는 사람들의 모습도 그려졌다. 그는 다시 혀끝과 입술을 번갈아 깨물어서 스스로를 벌하고 꾸짖었다.

— pp. 93~94

3·1만세사건과 관련하여 순사에게 끌려갔던 큰어머니가 어느날 바닷물에 퉁퉁 불은 채 시체로 떠내려 오고, 마을 사람들이 모두 눈물을 훔치면서 분노하던 순간에 '똘쇠'의 머릿속은 상식 외의 상상들이 펼쳐진다. 큰어머니의 젖가슴과 사타구니를 보고 싶어 안달이 나는 것과 시체를 각을 떠서 생채로 소금 찍어 먹는 상상, 즉 시체애호증(necrophilia)과 신체절단애호증(apotemnophilia)으로 정리되는 똘쇠의 생각은 실제로 문명사회에서는 정신도착증세로 규정되는 행위들이다.[8]

이렇듯, 똘쇠와 관련된 몇 가지 에피소드는 기존의 성에 대한 관습적 상식으로는 도저히 상상조차 할 수 없는 극단적인 양상들을 보여줌으로써 일상적 세계를 위반 혹은 전복하는 에로티즘[9]으로서의 성격을 분명히 나

---

[8] 스스로를 벌주고 싶어하는 심리적 현상은 똘쇠 자신의 행위가 반관습적, 반도덕적인 행위와 관련된다는 사실을 보여준다.

타내고 있다.

텍스트에서 이 위반과 전복적 행위는 '악마성'이라는 위악적 표현으로 드러난다.

> 몽환의 불 아닌 뜨겁게 태우는 불이 되고, 정말로 미친놈이 되고, 빛이 싫은 악귀가 되어야겠다고 생각했다. (중략) 나는 몽환의 불이 아니다. 태우고 사르는 불이다. 내 꿋꿋한 어둠은 울고 있는 아내의 빛 속으로 화살처럼 날아가 꽂히면서 폭죽처럼 터지고 있었다.
>
> – p. 280

'미친놈'과 '빛이 싫은 악귀'는 외래의 문명적 폭력에 의해 규정된, 그리고 그것들에 의해 끊임없이 희생당한 '나', '고향', '우리의 것'을 의미한다. '나'는 '우리의 것'을 찾기 위해 오히려 '악귀'적 존재가 되어야겠다고 생각한다. 그 '꿋꿋한 어둠'이 역설적으로 나를 '빛'과 '불'로 만드

---

9) 바따이유에 따르면, 인간은 세계를 부정하고(노동의 행위) 나아가 자기자신을 부정(욕망의 억제)한다는 점에서 동물과 구별된다. 이 부정은 자연적(동물적) 욕망의 금기와 관련되는데, 근친의 거부와 같은 것이 전형적인 형식이다. 바따이유는 에로티즘이 바로 금기의 대상을 욕망하는 순간에 생겨난다고 본다. 인간만이 욕망을 거부할 수 있다는 것을 전제할 때, 역으로 그 금기의 대상을 욕망하는 순간에 발생하는 에로티즘은 인간만이 가질 수 있는 특성일 수 있다. 즉, 에로티즘적 충동은 아무 의미없는 동물적 충동과 구별되는 인간의 충동으로 설명되는 것이다. 더불어 에로티즘은 금기를 위반하는 순간에 발생하는 욕망이기 때문에 욕망의 거부가 만들어낸 규칙이 수용되기를 거부하는 과정, 혹은 제도에 의해 발생하는 제도의 거부라고 할 수 있다. 바따이유가 에로티즘을 통해 궁극적으로 말하고자 하는 점은 인간적 세계의 완성이란 금기와 절제만으로 구성되지만은 않는다는 점이다. 오히려 이들로부터 출현하는 위반과 도발의 세계, 에로티즘적 역설과 그 순수 강렬함이 스며든 세계, 전복과 위반의 순간들이 없으면 인간성 또한 확립될 수 없다는 점이다.(Georges Bataille, 『에로티즘』, 조한경 역(민음사, 1999) 참조.)
바따이유의 이러한 논의를 바탕으로, 본 텍스트를 살펴본다면 끊임없는 남성적 편력을 보이는 어머니의 행위나, 사체애호증이나 시체절단증과 같은 도착증세와 근친상간의 방식을 보이는 돌쇠의 행위는 모두 규칙과 제도와 관련된 일상성의 세계에 대한 거부의 형식이라고 볼 수 있다.

는 힘이 된다. 위 인용문은 '나'가 '사르는 불'로 표상된 나의 정체성을 찾게 된 것을 성적 능력을 회복하는 은유적 방식으로 보여주고 있다. 한참 어머니의 생전 행적을 좇는 과정에서 '나'는 막 목욕을 마치고 나온 가정부에게 달려들지만, 막상 남성이 죽어버리는 경험을 한다. 그러나 어머니에 대한 분노가 달램으로 바뀌면서, 자신을 치유하는 방법은 결국 '불무당'이 되는 길밖에 없다는 결론을 내리고, 아내를 강간하듯이 범했을 때 '나'의 남성성이 회복된 것이다.

이런 의미에서 텍스트에서 드러나는 악마적 에로티즘은 '나'가 찾아야 할 '우리의 것'의 상징적 가치를 드러낸다고 볼 수 있다. 그것이 가진 위반과 전복의 의미가 결국 '나'와 '우리'의 생명적 공간을 확보하는 것과 관련되기 때문이다. 이렇게 악마적 에로티즘은 인간의 생명성을 억압하는 모든 제도와 금기를 위반하는 그 순간, 인간은 진정한 생명성을 얻을 수 있다는 텍스트적 의미를 얻게 된다.

4. 결론

살펴보았다시피, 『불의 딸』은 기독교라는 외래종교와 샤머니즘이라는 우리 민족 원시 종교의 대립을 바탕으로 한 개인의 정체성을 찾아나가는 여행에 '민족정체성 찾기'라는 보다 큰 과제가 얹혀져 있는 소설이다. 개인의 정체성과 민족이라는 집단적 정체성을 동일화시키면서 그동안 '외래의 것'에 의해 억압 받고 고통 받았던 '나'와 '우리'의 몸을 치유하기 위해서는 '나의 것'과 '우리의 것'을 다시 회복시키고 돌봐야된다는 것이 이 텍스트의 주요 의미이다.

이런 의미에서라면, 『불의 딸』이 우리에게 던져준 반성적 질문은 표면적으로 제시되고 있는 '기독교'나 '무당'이라는 구체적 종교 차원에 머물러 있는 것이 아니라고 할 수 있다. 오히려 '기독교'나 '일본신사'로 표상된 '외래적인 것'의 식인성 혹은 공격성, 그리고 그것에 의해 공격 받고 죽임을 당하는 '우리의 것'('무당'으로 표상된)이 무엇이냐에 그 질문의 초점이 놓여야 한다.

텍스트에서 충분히 드러나고 있는 바와 같이 '외래적인 것'을 폭력적이고 강제적인 성격을 띤 제국주의적 문화 권력으로 볼 때, '우리의 것'은 이에 억압 당하고 상실 당하는 소수 민족 문화의 형식으로 볼 수 있다. 이른 바, 서구적 문화 형식으로 이해되는 제국주의적 문화 권력의 소수 민족 문화에 대한 폭력에 가까운 침식력을 문제 삼아야 한다는 것이다.

이런 측면에서 텍스트 분석을 통해 밝혀진, 원시적 생명력과 '악귀적'으로 표현되고 있는 악마적 에로티즘은 상당한 함의를 가질 수 있다. 원시적 생명력은 폭력적 서구 문화로부터 소수 문화가 지켜내야 할 정체성에 다름 아니며, '악귀적'은 물질적 풍요와 찬란한 과학문명을 동반한 서구적 근대의 '빛'에 대한 소수 문화의 저항적 몸짓이며, 에로티즘은 바로 서구적 사유로 만들어낸 모든 제도와 규칙에 대한 위반의 형식으로 읽을 수 있는 것이다.

이렇게 텍스트적 의미를 보다 확장시켜 읽는다면, 『불의 딸』은 단순히 샤머니즘 자체에 대한 종교적 관심이 아닌, 제국주의적 성격을 노정한 서구 문화가 범람하는 이 시대에 소수 문화 혹은 우리 민족 문화의 자리가 어디인가를 묻는 반성적 질문을 던져주는 작품이라고 할 수 있다. 민족적 정체성에 대한 지나친 집착으로 보일 정도의 이분법적 구도가 일면 수구적으로 읽힐 위험이 있음에도 불구하고, 『불의 딸』의 문학적 의의는 바로 이 지점에 놓여 있다고 볼 수 있다. 세계에 위와 같은 문화적 대립이 존재하는 한, 『불의 딸』이 가진 텍스트적 의미는 항상 현재적일 것이기 때문이다.

'섬'의 신화적 모성성
– 임철우의 『그 섬에 가고 싶다』 –

1. 들어가며

한국문학사에서 작가 임철우를 한마디로 규정짓는다면 '광주' 일 것이다. 1981년 단편 「개도둑」으로 등단한 이후 '광주항쟁의 작가'로 알려질 만큼 「봄날」, 「수의」, 「불임기」, 「직선과 독가스」, 「사산하는 여름」 등 수많은 단편들부터 80년 5월에 대한 '기억 투쟁'의 성과[1]로 평가 받는 대하소설 『봄날』을 상장시키기까지 '광주'를 지속적으로 발언해온 작가이다. 그만큼 20여년에 가까운 그의 소설 이력이 거의 광주민중항쟁과 분단문제에 초점이 맞추어져 있다 해도 과언이 아니다.

그러나 80년대 내내 거의 강박증처럼 '광주'와 '분단'에 집중해오다 90년대를 넘어서면서 자신의 유년 체험에 바탕을 둔 장편소설들인 『그 섬에 가고 싶다』(1991), 『등대 아래서 휘파람』(1994)을 연달아 발표하면서 또 다른 소설 세계를 선보이게 된다. 이른바 '서정성의 세계'이다.

일반적으로 임철우의 소설 세계를 설명할 때, 광주와 분단문제와 같은

---

[1] 양진오, 『임철우의 『봄날』을 읽는다』, 열림원, 2003, p.18.

'역사'와 위의 소설들에서 드러나는 '서정'이라는 두 가지 축으로 접근한다. 물론 「사평역」(1983), 「달빛 밟기」(1987), 「아버지의 땅」(1984)과 같은 80년대에 쓰여진 작품들도 일정한 사회성과 '역사'를 서정적 방식으로 풀어내 오기도 했지만, 90년대에 들어서 쓰여진 서정적 장편소설들은 현상적으로 볼 때 '역사'와 연맥되어 있는 소설과 다루어지는 내용들이 너무나 판이하게 다르게 드러난다. 예를 들어, 작가가 실제 유년을 보낸 '평일도'를 대신하고 있는 '낙일도'는 두 경향에 따라 너무나 다른 모습으로 묘사된다.[2] 일각에서는 임철우 소설의 서정적 경향에 대해, '광주'에 집중하는 작품들이 이 세상이 병들었다는 임상보고서였다면, 서정 소설들은 그에 대한 처방전이라는 방식으로 설명[3]하기도 하고, 또 한편으로는 과거로 돌아가는 '향수의 소설화'에 대한 우려를 감지[4]하기도 한다.

그러나 임철우에게 있어 이 두 가지 축은 현상과 본질처럼 서로 겹쳐져 있는 것이지, 따로 구분되는 것이 아닌 것으로 보인다. 문학이 세계의 부정성에 대한 비판적 인식과 미래에 대한 전망을 담보하는 예술적 양식이라면, 이 장편소설들에서 제시되는 아름다운 세계인 유년의 '섬'인 '낙일도'는 세계의 부정성을 극복하고 미래를 확보하기 위해 필요한 힘의 원천이자, 그 지향점일 수 있기 때문이다. 이러한 지향적 가치 때문에 반드시 극복되어야 할 대상으로서 세계의 부정성은 오히려 더욱 선명해질 수 있다.

---

2) 『그 섬에 가고 싶다』와 『등대 아래서 휘파람』에서 '낙일도'는 한 소년의 성장과정을 중심으로 평화와 안식, 공동체적 아름다움이 숨쉬는 공간인 데 반해, 「붉은 산, 흰새」, 「불의 얼굴」의 '낙일도'는 분단의 비극이 살아 숨쉬고 있는, 그래서 극적인 긴장감으로 충일한 공간으로 나타난다.(서영채, 「광주로 가는 먼 길」, 『한국소설문학대계』 83권, 동아출판사, 1995, p.493.)
3) 곽재구, 『등대 아래서 휘파람』 발문(한양출판, 1993) 참조.
4) 김만수, 「서정과 서사—임철우론」, 『문학의 존재영역』, 세계사, 1994, p.91.

이 논문은 바로 이러한 측면에서 임철우의 서정적 장편소설들에 대한 접근이 이루어져야 한다는 시각에서 출발한다. 따라서 본 논문은 『그 섬에 가고 싶다』[5] 분석을 통해 임철우의 소설적 지향점이 궁극적으로 어디에 설정되는지를 살펴보게 될 것이다.

2. 신화적 공간으로서의 '섬'

텍스트는 16개(인간은 별이다/못난이별/생일날 아침/우리 이모 옥님이/목포의 눈물/약산 할멈의 기둥뿌리/곱사등이 별/돼지꿈/잘한다, 업순네!/소동이 아저씨/천하장사 황설봉씨/우리 사촌 봉묵이형/안녕, 칠성이형/동백꽃/별)의 독립된 이야기로 구성되어 있다. 프롤로그에 해당하는 〈인간은 별이다〉를 제외하고 〈못난이별〉과 〈별〉은 현재의 '나'에 의해 진술되는 겉이야기이며, 〈생일날 아침〉부터 〈동백꽃〉까지는 과거 유년 시절의 '나'와 관련된 속이야기로, 텍스트는 액자구조의 형식을 취하고 있다.

따라서 텍스트의 전체구조는 세 개의 층위로 나뉘어져 있는 셈이다. 과거 유년의 시간대인 속이야기 층위, 현재의 시간대인 겉이야기 층위, 그리고 이 액자구조 전체를 감싸고 있는 프롤로그 〈모든 인간은 별이다〉 층위가 그것이다. 〈모든 인간은 별이다〉는 액자구조를 구성하고 있는 어떤 이야기 시간대로부터도 자유로운 무시간성을 가지고 있으며, 서술 또한 고차서사적 서술의 형태를 띠고 있다. 고차서사 기호가 텍스트를 해독

---

[5] 이 논문에서 분석 대상인 텍스트는 2000년판 『그 섬에 가고 싶다』(살림)이다.

하는 중요한 규약임을 전제할 때[6], 〈모든 인간은 별이다〉는 텍스트 의미를 해독하는 데 있어 일종의 방향타 역할을 하는 기능을 갖고 있다고 할 수 있다.

그렇다면, 이 프롤로그에서 제시된 텍스트의 규약은 무엇인가. 제목 그대로 '모든 인간은 별이다' 라는 것이다.

> 한때 우리는 모두가 별이었다.
> 저마다 꼭 자기 몫만큼의 크기와 밝기와 아름다움을 지닌 채, 해 저문 하늘녘 어디쯤엔가에서, 꼭 자기만의 별자리에서 자기만의 이름으로 빛나던, 우리 모두가 누구나 다 그렇게 영롱한 별이었다.
>
> — p. 15

'그 별들이 실상은 모두가 한때는 이 지구를 찾아와 살다 간 수없이 많은 사람들'이며, 사람들은 이 세상에 살다가 다시 별들의 고향인 창공으로 돌아가는 것이다.

이렇듯 지구상에서 태어난 사람들은 모두 한때 별이었는데, '그런 놀라운 비밀'을 우리들이 어느샌가 까마득하게 잊어 먹은 채 살고 있다는 것이다. 잊긴 했지만 우리 자신들이 여전히 별이라는 것은 부인할 수 없는

---

6) 서사물 내에는 그 서사물의 규약에 관해 명시적으로 이야기하는 대목들로 구성되는 부분이 있을 수 있는데, 이를 고차서사 기호(metanarrative sign)이라 한다. 이 고차서사 기호의 가장 중요한 기능은 체계화와 해석의 기능이다. 이런 측면에서 이 기호는 텍스트의 여러 부분들과 그 밑바탕이 되고 있는 규약들에 대한 주석이라 할 수 있다. 즉 그 서사의 언어적·사회-문화적 또는 상징적 의미를 설명해줄 수 있는 것으로, 주어진 하나의 텍스트가 어떻게 이해될 수 있는가, 어떻게 이해되어야 하는가, 또 어떻게 이해되기를 원하는가와 관련된 정보인 것이다(G. Prince, 『서사학』, 최상규 역, 문학과지성사, 1988, pp.175~194 참조). 본 텍스트의 〈모든 인간은 별이다〉는 뒤에 이어지는 에피소드들을 관통하는 하나의 규약으로서의 기능을 하고 있다.

사실이다. 한때 별이었음을 증명하는 것은 다름 아닌 우리 누구나의 마음 속에 '조금씩은 아름답고 맑은 지느러미 하나쯤 아직 지니고 있'다는 것으로 표현되고 있다. 그런데 이젠 이 지느러미를 사용하는 방법을 잊어버린 상태다.

'별', '지느러미'에 대한 '기억'과 '망각'은 '나'를 두 개의 존재적 차원으로 구별짓게 한다. 창공에 '별'로 반짝이던 우주적 존재로서의 '나'와 그것을 망각한 채 일상에 묻혀 사는 지구적 존재로서의 '나'가 그것이다. 따라서 공간 또한 '우주'와 '지구'라는 두 개의 공간으로 자연스럽게 분할된다. '우주'는 물론 우리가 망각했거나 상실해버린 신화적 공간이며, '지구'는 모든 인간적 일상들이 존재하는 현실의 공간이다.

프롤로그에서 분할된 두 개의 공간은 액자구조를 형성하고 있는 겉이야기와 속이야기의 공간적 특성에 그대로 대응된다. 겉이야기는 이미 성인인 '나'가 살아가고 있는 '도시'라는 현실의 공간이며, 속이야기는 유년의 '나'가 살고 있는 '섬'이라는 탈일상적이고 탈현실적인 공간을 각각 배경으로 하고 갖고 있다. 우주적 존재로서의 '나'가 지구에 사람으로 내려오는 순간, 창공에 대한 기억과 자신이 별이었다는 사실을 망각하고 살듯이, 이미 성인이 되어 도시적 삶을 살고 있는 '나'는 나의 유년 시절이 들어 있는 섬에 대한 기억을 접어둔 채 살아가고 있는 것이다. 이런 점에서 '우주'와 '섬'은 텍스트에서 동질적 공간으로 포개어지면서, '섬'은 신화화된다. 두 공간은 시간적 차원에서도 동질성을 갖는다. '우주'와 '섬'은 '나'의 과거이며, '지구'와 '도시'는 '나'의 현재이다.

'우주'와 '섬'이 공간적 동질성을 갖는다는 보다 명확한 증거는 '할머니'라는 매개체이다. '나'가 '별'이라는 우주적 존재였음을 깨닫게 해준 이는 바로 할머니였다.

- 애야. 잊지 말어라. 예전에 너는 별이었단다. 저 한량없이 넓고 높은 하늘에 떠서 반짝이고 있다가, 어느 날 땅으로 내려와 우리 집에 다시 생겨난 그런 귀하고 소중한 별이었다는 사실을 잊어서는 안된다이. 알았지야?

(중략)

인간은 모두가 별이다

그 놀라운 비밀을 내게 처음으로 가르쳐 준 사람은 바로 할머니였다. 유리알 같이 투명하고 고운 별들이 머리 위로 금방이라도 후두둑 쏟아져 내릴 듯한 어느 여름밤, 모깃불을 피워 놓고 하늘을 올려다보며 나는 할머니의 무릎 위에서 그 이야기를 들었던 것이다.

그 여름밤 이후, 어린시절의 나는 줄곧 별들과 함께 살았다.

— pp. 30~31

모두가 잊고 살아가는 우주의 비밀을 '나'에게 알려주는 할머니는 그 자체로서 이미 우주적 존재라 할 수 있다. 이러한 속성을 가진 할머니는 또한 나의 유년의 '섬'의 기억을 꽉 채우고 있는 인물이다. 13개의 에피소드로 구성되어 있는 속이야기의 출발과 끝 에피소드는 모두 할머니와 관련되어 있다.

'할머니'라는 기호는 비단 두 개의 공간의 동질성을 의미할 뿐 아니라, 텍스트의 구조상 그 중간에 놓여있는 겉이야기의 '나'가 '섬'의 공간으로 회귀할 수 있도록 매개체 역할을 하기도 한다.

현재이자 현실의 공간인 '도시'에서 살고 있는 '나'가 어떻게 과거의 공간인 '우주'와 '섬'의 공간으로 들어갈 수 있을까. 물리적으로는 불가능하다. 왜냐하면 바로 '죽음'이라는 것이 가운데 가로 놓여 있기 때문이다. '지구'의 '나'가 '우주'의 '별'로 되돌아가기 위해선 '죽음'의 상태에 이르러야 한다. 마찬가지로 이미 성인이 된 '도시'의 '나'가 유년의 '섬'으로 돌아가기 위해선 그 죽음에 상응하는 상징적 장치가 있어야 하는데, 그것이 바로 할머니의 죽음이다.

텍스트에서 현재의 '나'가 과거의 '나'의 이야기인 속이야기로 전화되는 기점은 〈못난이별〉의 핵심서사인 '할머니의 죽음'에 의해서이다. 새벽에 할머니의 부음을 전화로 전해 들은 현재의 '나'는 아파트 옥상으로 올라가 하늘의 '별'을 보면서 '할머니'와 연결된 유년의 '나'의 이야기 세계로 들어가게 된다. 할머니의 죽음은 물리적으로 돌아갈 수 없는 섬으로의 회귀를 상징적으로 드러내는 장치인 것이다.[7] 이를 그림으로 나타내보면 다음과 같다.

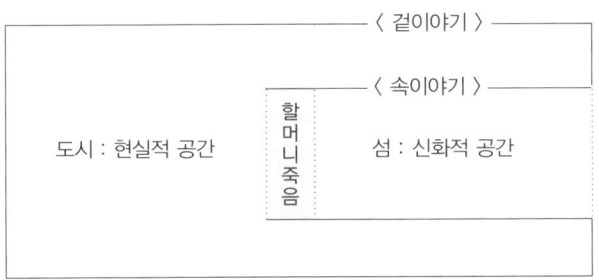

이렇듯 '할머니의 죽음'이라는 상징적 죽음을 통해 '나' 혹은 '인간'의 본향인 '섬' 혹은 '우주'로 회귀하게 된다. '도시'라는 현실적 공간에서

---

[7] 엘리아데에 따르면, 인간이 초월적 세계를 지향하기 위해서는 종교적 행위를 통해 신들과 교섭이 가능한 곳으로 들어가기를 소망하게 된다(M. Eliade, 『성과 속』, 이동하 역, 학민사, 1983, p.131 참조). 텍스트에서 할머니의 죽음은 바로 '나'가 신화의 공간으로 들어가기 위한 '제의' 혹은 엘리아데 의미의 '종교적 행위'에 해당한다고 할 수 있다.

'죽음'을 통해 '섬'이라는 신화적 공간으로 들어가게 되는 것이다. 이 과정은 이미 성인이 되어 '도시'라는 부정적 세계의 원리에 익숙해진 '나'가 '우주'라는 신화적 공간에 존재하는 '별'을 만나기 위한 필연적 장치라고 할 수 있다. 이러한 우주의 '별'들이 존재하는 유년의 '섬'은 완벽한 하나의 신화적 공간인 것이다.

3. 생명의 '자궁' 혹은 바다

3-1. 모성적 생명성의 공간

그렇다면, 텍스트는 본향 회귀를 통해 만난 신화의 공간에서 무엇을 보여주려 하는가. '나'가 '도시'에서 망각한 채 살았던, '별'에 대한 진실을 만나는 것이다. 따라서 속이야기 에피소드들은 할머니의 비밀스런 얘기를 전해들은 이후 '나'가 어린시절 줄곧 같이 살아왔던 '별'들을 만나고 스스로 별이 되기 위한 여행이라 할 수 있다. 13개의 에피소드는 '나'가 '섬'에서 우주의 '별'들을 하나씩 만나는 과정을 보여준다.

텍스트에서 '나'가 '별'을 만나는 것은 역설적으로 죽음이라는 방식을 통해 이루어진다. 바람난 남편 때문에 정신을 놓고 급기야 목숨을 놓아버린 넙도댁의 신산한 삶을 다룬 〈목포의 눈물〉, 곱추 반임이의 어린 죽음을 다룬 〈곱사등이 별〉, 군대 가서 주검으로 돌아온 '칠성이형' 얘기인 〈안녕, 칠성이형〉, 나병을 앓은 어린아이의 생죽음을 담은 〈동백꽃〉에 이르기까지 에피소드 상당수가 죽음과 관련이 있다.

이 에피소드들의 또다른 특징은 바로 대부분의 주인물들이 여성이라는 것이다. 이야기에서 남성 인물들은 거의 찾아볼 수 없을 정도로 거의 모든 이야기들의 주체가 여성이자, 여성의 신산스런 삶들을 담아내고 있다. 또한 이 여성들은 모두 모성적 개념에 가까운 여성들로 나타난다.

이렇듯 속이야기는 가까운 '여성'과 '죽음'이라는 두 축을 통해 '나'가 '별'을 만나면서 인간이 얼마나 아름다운 존재이며, 그 존재를 아름답게 만드는 이유가 또 역시 인간에게 있음을 깨달아가는 과정을 보여주고 있다.

> 나는 두 손을 가슴에 얹은 채 눈을 크게 떴다. 그리고는 밤하늘에 이제 막 새로 태어난 낯선 별 하나를 찾아내려고 애를 썼다. 나는 알고 있었기 때문이다. 새로 생겨난 그 반짝이는 작은 별이야말로 바로 반임이 누나의 별이라는 사실을……. 그리고 그 별은 이제 더 이상 등에 흉한 혹덩이 따윈 달고 있지 않을 것이라는 사실도 말이다.
>
> — p. 128

> 그날 밤, 별은 유난히도 총총하니 맑았고, 뒷산 솔숲 어딘가에서 이름모를 밤새가 자꾸만 쪽쪽, 쪽쪽쪽 울어 대었다. 할머니 곁에 누워 있는데, 문득 칠성이형의 씨익 웃고 있는 얼굴이 눈앞에 어른거렸다. 나는 나른한 잠 속으로 젖어들어 가면서 혼자 그렇게 중얼거렸다.
> "칠성이형, 안녕……."
>
> — p. 250

위 인용문은 〈곱사등이 별〉 마지막 부분으로, 꼽추에다가 늘 병약해서 학교도 다니지 못하고 집안에만 혼자 지내던 반임이 누나가 약 한 첩 제대로 써보지 못하고 시름시름 앓다 죽어버린 내용이다. '죽음'에 대한 막연한 공포감을 갖고 있던 '나'가 반임이 누나의 죽음을 할머니의 '별'에 대한 상상력으로 연계시켜 죽음을 자연스럽게 받아들이고 있는 장면이다. 공포감은 사라지고, 그 자리에 별이 된 한 존재의 아름다움이 채워지고 있다.

아래 인용문은 〈안녕, 칠성이형〉 마지막 부분이다. 똑똑하고 공부 잘했던 칠성이 형이 군대에서 사고로 한줌의 재로 변해 들어온 내용으로, 무사히 장례를 치룬 날 밤 '나'는 죽은 칠성이 형이 어느새 하늘의 총총한 별로 변해있음을 안다.

사실 일상적인 판단으로 볼 때, 어린 평생을 곱추로 살다 약 한 번 못 쓰고 죽어버린 반임이 누나나, 사인도 밝혀지지 않은 채 주검으로 돌아온 젊은 칠성이 형의 죽음은 지극히 비극적이다. 그러나 텍스트에서 이들의 죽음에 대한 유년의 '나'의 느낌은 이러한 일상적 상식의 선을 넘는다. 비극과 절망이 어느샌가 편안한 안식과 친근함으로 전화되어 있다.

한 인간의 비참한 죽음이 지나치도록 비극적이거나 절망적이지 않은 이유는 '나'의 '별'에 대한 인식 때문이다. 유년의 '나'는 그들이 모두 창공의 '별'이 된 것이라 믿었기 때문이다. 어린 '나'의 이러한 상상력이 허망한 동화 같은 느낌이 아니라, 텍스트 내에서 현실적 힘을 갖는 이유는 바로 그 '별'이 모성의 생명성이라는 탯줄로 연결되어 있기 때문이다.

텍스트에서 죽음과 관련된 에피소드들은 대부분 어리거나 젊은 목숨들의 죽음을 주로 그려내고 있다. 그리고 이 죽음은 대개 여인들의 신산스런 삶이 얹혀져 있는 형국을 하고 있다. 칠성이 형의 죽음에는 남편이 바닷일 하다 빠져 죽은 이후 딸 둘, 아들 하나를 혼자 힘으로 키워온 과부 금당도댁의 삶이 얹혀져 있으며, 〈목포의 눈물〉의 넙도댁의 죽음에는 눈앞에 보이는 섬에 딴살림을 차린 남편에 대한 증오와 어린 자식들에 대한 그리움이 얽혀져 있다. 반임이 누나의 죽음에는 곱사등이 자식에게 약 한 첩 해 줄 수 없는 절통한 심정의 어미가 얽혀 있고, 〈동백꽃〉의 나병에 걸린 어린 아이의 죽음에는 반신불수된 남편 대신 행상으로 삶을 꾸려가야 하는 안타까운 아낙의 삶이 결려 있다.

따라서 어리거나 젊은 목숨들의 죽음 또한 일반적인 죽음의 형태가 아니다. 억울하고 강제된 죽음들이다. 이러한 죽음들이 극도의 슬픔을 가지면서도 죽음 자체가 절망으로 빠지지 않은 이유는 그 죽음보다도 더 절통한 어미 혹은 여인들의 비나리 때문이다.

> "아이고오. 이 불쌍한 년아. 잘 가거라아. 한 많고 설움 많은 이눔의 세상, 미련없이 잘도 떠나가거라아. 아이고오오. 뭣헐라고 이 모진 세상을 애당초 찾아 왔었드냐아. 이제라도 부디부디 좋은 세상 찾아가서, 남들처럼 성하고 잘난 몸을 얻어가꼬, 못다누린 행복을 배 터지게 누림서 살아라아. 아아이이고. 불쌍한 내 딸. 잘 가거라. 반임아아……."
>
> 울음소리는 어느새 노래가락으로 변해 담장을 넘어오기 시작했다.
>
> – p. 125

딸 반임이의 주검을 붙들고 통곡하는 어미의 비나리이다. 절규에 가까운 어미의 축원은 보다 건강하고 축복된 다음 생에 대한 약속이다. 어미의 비나리로 인해 어린 목숨의 안타까운 죽음은 극단의 절망을 피할 수 있다. 이런 측면에서 어미의 비나리는 어린 자식의 비극적 죽음에 대한 일종의 씻김의 행위이다.

칠성이 형의 뼛가루가 들은 상자를 들고 군인들이 마을에 들어오려는 것을 동네 친구들이 막아서서 험악한 분위기가 되자, "붕어처럼 두 눈이 퉁퉁 부어오른" 금당도댁이 나서 누군가의 자식들일 그들에게 술추렴를 해주면서 함께 아들 장례를 치르는 것 또한 마찬가지로 아들의 비극적 죽음에 대한 씻김 행위라 할 수 있다.

현생의 억울한 죽음을 씻겨주는 이러한 행위들은 결국 모성의 더 큰 생명성이라 할 수 있다. 젊은 죽음들 뒤에 바로 이러한 모성의 생명성들이 단단히 받혀져 있으며, 더불어 보다 나은 다음 생에 대한 약속들이 담긴 축원을 동반하고 있어, 유년의 '나'에게 그들의 죽음은 공포와 비극이 아니라 안식을 동반한 아름다운 '별'로 다시 살아나는 의미로 전화되는 것이다.

3-2. 생명적 '섬'과 반생명적 '도시'

안타까운 죽음들이 안식을 동반한 아름다운 별로 다시 탄생한다는 것은 '나'의 유년의 '섬'이 생명의 모태와 관련됨을 의미한다고 할 수 있다.

> 남녘의 바다는 해마다 봄을 잉태한다.
> 긴 겨울 내내 청동빛으로 푸르딩딩한 몸뚱이를 느리게 뒤척이며 거대한 파충류처럼 둔중한 신음을 토해내기도 하고, 때로는 여러 날씩 밤낮으로 끙끙 안간힘을 써대기도 해가며 바다는 제 몸 깊숙한 자궁 안에 봄을 받아서 키운다.
> 그러다가 이윽고 때가 오면 바다는 몸을 풀어, 뭍을 향해 제 새끼를 떠나보내곤 하는 것이다.

그것은 해마다 되풀이되는 바다의 출산이다.

— p.84

봄 바다의 출산에 관한 서술로 이루어진 〈낙일도의 사랑〉은 유년의 '섬'이 생명성을 갖는다는 것을 은유적으로 보여주는 에피소드이다. 바다가 어머니의 자궁이자, 양수라면 그 위에 둥실 떠 있는 '섬'은 곧 태아이자, 새 생명이다. 따라서 나의 유년의 '섬'에 살고 있는 사람들은 모두 바다가 출산한 생명들이다. 〈돼지꿈〉에서 '나'가 세상에 태어나던 날의 장면은 바다의 생명성이 곧 유년의 '나'의 생명성, 더 나아가 '섬'의 생명성과 연결되어 있음을 보여준다.

드디어 뱃속에 웅크리고 앉은 내 눈앞이 조금씩 트이기 시작했다. 맨 처음으로 눈이 부시게 환한 햇살이 새어 들어왔고, 이어 바람소리, 파도소리 그리고 어머니와 할머니의 힘찬 고함소리가 훨씬 더 또렷하게 들려오고 있었다. 나는 마지막 안간힘으로 사지를 버둥거리며 조금씩 조금씩 바깥을 향해 온몸을 밀어내기 시작했다. 이윽고 머리통이 서늘해지면서 몸뚱이가 훨씬 가벼워졌을 때, 나는 마침내 이 낯선 행성에 무사히 도착했다는 사실을 깨달았다.

— p.138

만삭이 된 몸으로 시어머니의 밭일을 따라나선 어머니가 결국 '바다가 내려다 보이는 고개 기슭'에서 '나'를 출산하는 장면이다. 할머니의 환호성과 함께 태어난 '나'는 〈생일날 아침〉에서처럼 세상에 하나뿐인 귀하디 귀한 존재이다. 귀하디 귀한 유년의 '나'는 단순한 개별자가 아니다. '나'가 "영롱하게 빛나던 하늘의 맑은 별"이었던 것처럼 섬사람들 모두가 '나'와 "똑같은 고향을 지닌 똑같은 별들"이었음을 상기할 때, '나'는 곧 '섬' 전체의 생명성을 뜻한다고 할 수 있다. 따라서 유년의 '나'와 '섬'과 '바다'와 '별'은 모두 생명성이라는 공통의 기의를 갖는 기표들인 셈이다.

유년의 '섬'이 갖는 이러한 생명성은 속이야기 전체를 지배하는 하나의 원리이다. 속이야기의 생명성은 '도시'와 현재의 '나'를 중심으로 하는 서술 층위인 겉이야기의 반생명성과 대립되면서 텍스트의 액자구조는 각각 뚜렷한 세계성을 지닌 방식으로 구조화된다.

물리적인 시간이 흐르면서 유년의 '나'는 생명성의 공간인 '섬'을 정신적·육체적으로 떠나야 하는 시점에 이르게 되는데, 이때 '나'는 막연히 동경해오던 '도시'로 정작 떠나야 한다는 말을 듣는 순간 기쁨보다는 오히려 슬픈 느낌을 감지한다.

> "아암. 올 가을에는 우리 식구 모두 광주로 이사를 가기로 했단다. 그것 때문에 느이 엄니가 내려 온 거여. 할아부지랑 이 할마이도 다 같이 갈란다. 철이는 참말 좋겄다. 앞으로는 광주에서 학교를 댕기게 되었으니 말여. 안 그러냐 춘례야?"
>
> 할머니가 내 엉덩이를 토닥거리며 말했다. 그 놀라운 이야기에 나는 귀가 번쩍 열리는 것 같았다.
>
> 하지만 어째서일까. 눈물은 자꾸만 흘러 나오는 거였다.
>
> — p. 263

아버지의 직장 문제로 큰형과 큰누나 아버지, 어머니가 이미 도시에 나가 살고 있는 상황에서, 늘상 어머니 사랑에 목말라하던 '나'는 가족 모두가 이제 '광주'로 이사해야 한다는 말을 들었을 때, '눈물'이 흐르는 것이다. 막연한 느낌을 동반한 이 '눈물'은 자신의 생명성의 근원인 '섬'과 '바다'와 '별성(性)'을 상실한 채 어른으로 성장해 나가야한다는 것을 감지한 근원적 슬픔이다. 또한 나의 유년의 생명성이 성인의 '도시'에 의해 제압 당할 것이라는 근원적 공포라 할 수 있다.

실제 '도시'는 나의 근원이었던 '섬'을 오래되고 낡은 것, 녹슨 것으로 배제시키고, 놀라운 속도감으로 새로운 것들을 추구해나가는 공간이다.

> 이젠 낡음과 오래됨은 분명한 죄악인지도 모른다. 시간의 녹이 묻어 있는 것은 그 무엇이건 새롭고 생경한 또 다른 것들에 의해 허물어지고 부서지고 대체되어져 가고 있었다. 그 놀라운 속도감과 과감함, 단호함은 어째선지 내겐 으레 까닭모를 불안과 두려움을 안겨 주곤 하는 거였다.

또한 '도시'가 '섬'의 생명성을 제압할 것이라는 막연한 느낌은 실제로 현실화된다. 곁이야기 〈못난이 별〉에서 이민을 결정한 친구의 발언은 '도시'가 반생명적 공간임을 여실히 보여준다.

> "(상략) 얌마, 난 이 땅이 실어졌다. 사람이 사람을 더 이상 믿지 못하게 만드는 나라, 사람이 사람다운 대접을 받을 수 없는 나라…… 이런 무섭고 끔찍한 고향이 이젠 싫어졌다. 그래서 떠나겠다는 거다. 내가 천국이나 오아시스를 찾아 여길 버리고 가겠다는 게 아니라, 그냥 지쳐서…… 더는 버틸 힘도 꿈도 없어져서, 그냥 도망치겠다는 거라구. 용서해라 비웃어라. 아무래도 난 좋으니까, 짜식들아……"

"유난히 착하고 여린 심성의 소유자였"던 친구는 그 때문에 주변 사람들에게 실컷 이용 당하고, 직장 잃고, 가진 재산마저 대부분 사기 당한 채, 결국 가족들을 데리고 이국으로 떠나기로 결정했던 것이다. 성인이 된 현재의 '나'는 "어마어마한 몸집의 공룡처럼 무섭고 비정해 보"이는 콘크리트 거대한 아파트에서 살고 있고, 내가 아이와 함께 산책이랍시고 나가는 길목엔 청각을 상실한 채 울타리에 유령처럼 갇혀 있는 개들이 지키고 있다. 여름 식용으로 키우기 위해 송곳으로 어린 강아지 때부터 양쪽 고막을 뚫어버리면 소리를 듣지 못하게 되어 짖는 법도 잊게 된다는 것이다. "듣지도 짖지도 할 줄 모르는 그놈들이 할 수 있는 일이란 다만 배를 채우고 피둥피둥 살찌는 일뿐"인 것이다. 이렇듯 도시는 '섬'이 가진 생명적 속성과는 완전히 대립되는 반생명적 공간으로 드러난다.

4. 신화성 지향을 위한 소통 구조

상론한 것처럼 생명적 속성을 띤 속이야기와 반생명적 속성을 띤 겉이야기는 각각 과거 유년의 '섬/나'와 현재 성인의 '도시/나'에 대응된다. 뚜렷하게 대비되는 두 세계성 중 텍스트의 궁극적 의도가 생명적 세계를 향해 있음은 물론이다. 이는 텍스트의 액자구조가 갖는 형식과 관련되는데, 표면적으로 겉이야기와 속이야기는 시제와 세계성의 차이로 완강한 대립을 보여주고 있지만, 심층적으로는 두 세계가 소통할 수 있는 통로를 만듦으로써 텍스트 전체의 서사적 의미를 모성적 생명성 지향이라는 주제로 초점화시키고 있는 것을 볼 수 있다.

속이야기는 〈생일날 아침〉부터 〈동백꽃〉까지 13개의 이야기들이 독립적으로 배치되어 있다. 이 이야기들은 '나'가 태어나서 광주로 이사 나오기 이전까지 생활했던 낙일도의 일상들이 연대기적 순서에 상관없이 배치되어 있다.

이 이야기들에는 봄부터 겨울까지 4계절만 존재할 뿐 분명한 시간의 흐름이 없다. 대략 9년여의 시간적 흐름이 하나의 덩어리로 존재한다는 것은 기억의 편이성을 위한 것이 아니라, 낙일도라는 공간의 탈일상적 특성을 설명하고 있는 것으로 보인다.

낙일도에서 존재하는 유일한 시간적 개념은 4계절의 흐름이다. 삼월 초닷새인 '나'의 생일날 벌어진 에피소드를 담고 있는 〈생일날 아침〉부터 겨울이야기를 담고 있는 〈동백꽃〉에 이르기까지 각 이야기들에서 유일한 시간적 표지는 '계절'이지만, 이 4계절은 순환적 구조를 갖기 때문에, 명확히 말해서 직선적 시간의 흐름을 갖는 연대기적 시간 개념은 아니다. 오히려 텍스트에서 4계절의 순환은 신화적 코드[8]이다. 속이야기의 처음과 끝인 '봄'과 '겨울'은 각각 '탄생'과 '죽음'과 관련된 에피소드를 갖고 있다.

〈생일날 아침〉은 '나'의 일곱 번째 생일날, 할머니가 치성을 드리기 위해 정갈한 몸가짐과 마음으로 우물가에 나갔다가 먼저 와 부정한 빨래감을 내놓는 '벌떡녀'와 한바탕 싸움을 한 끝에 결국 우물을 차지하고 치성을 드리게 된다는 내용이다.

"영험하신 삼신 할마이네. 오늘 하고도 삼월 초닷새날이 바로 우리 귀하고 귀한 손주 철이가 귓구멍이 빠진 날이올습네다. 모쪼록 부디부디 빌고 또 비옵나니, 그저 어쨌거나 건강하고 탈없이 숙숙 자라설라무네, (중략)

---

[8] N Frye, 「문학의 원형들」, 『문학의 원형』, 이상우 역, 명지신서, 1998, pp.145~164 참조.

아무쪼록 이 못나고 늙은 할망구는 그 소원 한 가지만 간절나게 빌고 또 비옵네다……."

손자에 대한 할머니의 사랑이 담긴 축원에서 한 개인의 탄생이 얼마나 귀한 것인지를 읽을 수 있다.

〈동백꽃〉은 '겨울밤'에 '나'가 할머니 무르팍에서 듣는 옛이야기를 담고 있다. '일정시대'에 근근이 살아가던 젊은 내외가 있었는데, 남편이 바닷일을 하다 반신불수가 되어버리자 아낙이 행상을 다니기 시작했다. 어린 딸아이를 업고 다니던 중 우연히 딸아이가 나병에 걸린 사실을 알게 된다. 이 사실이 알려지면 동네에서 살 수 없게 될 것이라는 공포에 결국 행상을 나가는 척하고 공동묘지를 찾아가 이장해간 무덤 속에 아이를 넣어 놓고 내려와 버린다. 며칠 후 아이는 그 구덩이에서 나오지 못한 채 동백꽃잎만 가슴에 안고 잠들어 있는 것처럼 죽어 있었다는 이야기이다.

이렇듯 속이야기는 '봄-탄생'에서 '겨울-죽음'까지 4계절의 순환에 따라 삶과 죽음의 순환을 보여주고 있다. '섬'이라는 공간을 규정하는 시간이 순환적 시간이라면, '도시'라는 공간을 규정하는 것은 바로 직선적 시간 개념이라 할 수 있다. '놀라운 속도감'과 흘러가버린 과거에 대해 '시간의 녹'이라 발언할 수 있는 것은 직선적 시간관에 의해서만 가능하다. 순환적 시간으로 보자면 시간은 녹슬 수가 없다. 다시 돌아오는 것이기 때문이다. 그러나 녹이 슨다는 것은 영원히 회귀할 수 없는 이미 지나가버린 혹은 폐기의 대상이다.

그러나 '도시'가 갖는 이러한 반생명성을 핵심으로 하는 겉이야기는 속이야기와의 구조적 소통에 의해 순환적 시간으로 회귀할 가능성을 갖게 된다.

겉이야기는 할머니의 죽음을 모티프로 한 〈못난이 별〉과 '나'의 아이에 대한 상념을 모티프로 한 〈별〉로 이루어져 있다. 죽음은 순환적 시간에서 겨울에 해당되며, 아이는 탄생과 관련된 봄에 해당한다. 이때 겉이야기의 죽음(겨울)은 속이야기의 처음 에피소드인 탄생(봄)으로 연결되면서 순환적 고리를 형성하게 되며, 속이야기의 끝인 죽음(겨울)은 겉이야기의 끝인 탄생/아이(봄)과 연결되면서 순환적 고리를 형성한다. 특히 각각 연접되고 있는 겉이야기와 속이야기 에피소드들은 모두 본질상의 친연성을 갖고 있다. 〈못난이별〉 죽음 모티프의 주인공인 할머니는 〈생일날 아침〉의 '나'의 생일날 서사를 이끌어가는 주체이자, '나'의 생명적 유년을 형성하는 주인공이기도 하다. 그리고 〈동백꽃〉에서 죽어간 아낙의 아이는 〈별〉의 '나'의 아이와 '어린 딸'이란 점에서 친연성을 갖고 있다. 그리고 겉이야기의 끝인 탄생은 다시 겉이야기의 시작인 죽음과 연결되면서 전체적으로 텍스트는 순환적 시간을 바탕으로 한 원환을 형성하게 된다. 이를 그림으로 표시하면 다음과 같이 정리할 수 있다.

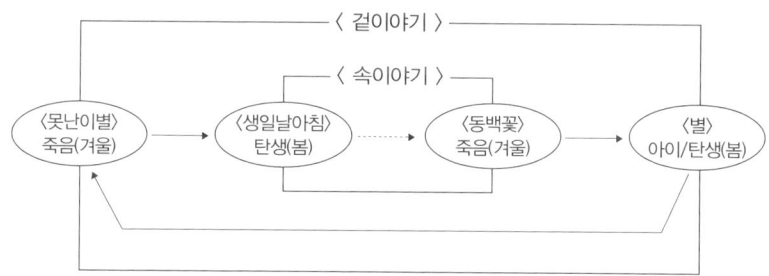

그림에서 볼 수 있듯이 겉이야기와 속이야기가 죽음(겨울)→탄생(봄)→죽음(겨울)→탄생(봄)이라는 순환적 구조를 보여주는 것은 서사의 궁

극적 지향점이 모성적 생명성을 바탕으로 한 신화적 세계를 향하는 것이라 말할 수 있다. 텍스트의 액자구조가 단순히 시제를 달리하는 서사 층위를 구분하는 데 그치는 것이 아니라, 두 층위 간에 소통할 수 있는 통로를 만들어냄으로써, 텍스트가 전체가 모성적 생명을 가진 신화성을 지향하는 형식으로 구조화되고 있는 셈이다.

'도시'에 살고 있는 성인인 현재의 '나'가 모성적 생명성을 지닌 유년의 '나'의 '섬'으로 회귀한다는 것은 물리적으로 불가능하지만, 그래도 '도시'의 반생명성을 견디어내고 극복할 수 있는 유일한 방법은 '나'가 그 생명의 '섬'으로부터 왔다는 사실을 망각하지 않는 것이다. 마찬가지로 인류가 현재 반생명적 삶의 질서에 의해 지배되는 '지구'적 삶을 건강하게 견디어내기 위해서는 우리가 '별'로부터 왔다는 사실을 역시 망각하지 않는 것이다. 이 두 개 층위의 메타포는 결국 현재의 우리가 우리 자신의 생명의 뿌리인 신화적 세계, 다시 말해 모성적 생명성으로 충만한 신화적 세계를 우리 정신의 한 켠에 두고 기억해야만 개인을 제압하는 세계의 반생명적 질서를 이겨낼 수 있다는 것이다. 우리가 이러한 신화성을 잃는 순간, 결국 견디지 못하고 '이민을 떠나는 친구'처럼 세계에 의해 우리 스스로가 제압당하게 된다. 그것이 세대를 거쳐 끊임없이 반복[9]될지라도, 결코 망각해서는 안 되는 이유이다.

---

[9] 쿠르트 휘브너에 따르면 신화적 원형이란 하나의 기원사(紀源史)로, 그 언제인가 그 어떤 성스러운 본질이 처음으로 그 어떤 특정행위를 완수했고, 그 이후에 이 사건이 늘 동일하게 반복되는 것을 가리킨다(Kurt Hübner, 『신화의 진실』, 이규영 역, 민음사, 1991, pp.175~184 참조). 본 텍스트에서 메타서사기호였던 〈모든 인간은 별이다〉라는 규약과 이와 관련한 속이야기 에피소드들은 이러한 '기원사'적 성격을 갖는 것이라 볼 수 있으며, 세대를 이어가는 반복적 행위는 결국 텍스트의 궁극적 의미가 '기원사'가 갖는 신화적 생명성의 원천으로 향하고 있음을 보여주고 있다 할 수 있다.

그래. 사람은 누구나 한때는 별이었단다……. 나는 꿈을 꾸듯 그렇게 되뇌이고 있었다. (중략) 하지만 어째서일까. 지금 이 순간, 나는 어린 시절 고향집 안마당에서 모락모락 모깃불을 피우며 할머니가 내게 들려주시던 그 이야기를 다시금 내 딸아이에게 되풀이 해 주고 있었다.

- p.273

할머니가 '나'에게 '별'의 존재를 전해주었듯이 '나' 또한 나의 '딸아이'에게 그 비밀에 대해 일러준다. 현재의 '나'가 이미 성인이 되어버린 상태임에도 불구하고 이렇게 비밀을 알려줄 수 있는 이유는 할머니의 죽음을 통해 어느 정도 그 생명성을 회복했기 때문으로 보인다. 나의 '딸아이' 또한 성인이 되면서 '별'의 존재를 잊어가게 되겠지만, 그래도 '나'는 딸에게 그 비밀을 일러주어야 한다. 그래야만 '별'이라는 생명성이 우리에게서 영원히 사라지지 않을 수 있기 때문이다.

이런 측면에서 세대를 물리는, 생명을 지향한 순환성과 서로 소통하는 텍스트의 액자형 서사구조는 서로 상보적 관계에 있다고 말할 수 있다.

5. 나가며

지금까지 살폈듯이, 『그 섬에 가고 싶다』는 80년대 내내 세계의 부정성에 대해 집중해오던 작가가 미래에 대한 전망의 모습으로 제시해 놓은 하나의 모델이라 할 수 있다. 비록 유년이라는 과거적 형식으로 제시되어 있지만, 오히려 유년이 갖는 생명적 속성으로 인해 과거는 '녹슨 시간'으로 폐기되지 않고 미래의 모습으로 다시 살아나고 있다. 텍스트를 분석한 결과는 다음과 같다.

텍스트의 전체구조는 과거 유년의 시간대인 속이야기, 현재의 시간대인 겉이야기, 그리고 이 액자구조 전체를 감싸고 있는 프롤로그로 구분되는, 세 개의 층위로 나뉘어져 있다. 전체 텍스트의 고차서사 기호적 속성을 가진 프롤로그에서 제시된 규약은 제목과 동일하게 '모든 인간은 별이다'라는 것이다. 여기서 '별'은 '우주'적 의미를 가지면서, 인간이 지향해야 할 생명의 원천으로 제시된다. 이러한 규약 하에 겉이야기와 속이야기는 뚜렷한 대립을 보여준다. 먼저 겉이야기는 이미 성인이 된 현재의 '나'가 살아가는 '도시'라는 시공간적 의미를 갖는다. 이 '도시'는 인간이 자신의 본질인 '별성(性)'을 상실해버린 곳으로, 세계의 부정성을 상징한다. 반면, 13개의 에피소드로 이루어진 속이야기는 과거 유년의 '나'가 살아가는 '섬'이라는 시공간적 특성을 갖는다. '섬'은 모성적 생명성을 가진 곳으로, '우주'의 '별성(性)'을 고스란히 담보하고 있는 곳이다.

표면적으로 뚜렷하게 대립하고 있는 듯 보이는 두 차원의 시공간은 겉이야기와 속이야기의 구조적 소통에 의해 순환적이고 신화적인 시공간으로 합치되게 된다. 다시 말해, 두 서사층위의 에피소드들이 죽음(겨울)→탄생(봄)→죽음(겨울)→탄생(봄)이라는 순환적 구조를 보여주고 있는데, 이는 서사의 궁극적 지향점이 모성적 생명성을 바탕으로 한 신화적 세계를 향하는 것이라 할 수 있다. 텍스트의 액자구조가 단순히 시제를 달리하는 서사 층위를 구분하는 데 그치는 것이 아니라, 두 층위 간에 소통할 수 있는 통로를 만들어냄으로써, 텍스트가 전체가 모성적 생명을 가진 신화성을 지향하는 형식으로 구조화되고 있는 셈이다.

이렇듯 『그 섬에 가고 싶다』는 '나'가 '별'을 만나면서 인간이 얼마나 아름다운 존재이며, 그 존재를 아름답게 만드는 이유가 또 역시 인간에게 있음을 깨달아가는 과정을 보여주고 있는데, 바로 이것이 '별성(性)'이라는 것이며, 이것만이 부정적 세계를 극복하고 견딜 수 있는 힘의 원천이라는 것을 말하고 있다.

한국 소설에 나타난 테러리즘

1. 서론

'폭력'은 현대 사회를 설명할 수 있는 새로운 분석개념이 될 만큼 현재 우리 삶을 규정하는 중요한 요소 중 하나이다. 따라서 문학이 인간의 삶을 반영하는 예술적 양식임을 굳이 생각하지 않더라도 폭력은 사랑이나 죽음만큼 중요한 문학적 화두로 여겨져 왔다. 우선 우리 근현대문학사만 보더라도 전쟁과 분단, 이데올로기, 왜곡된 자본, 계급갈등, 군사독재정권 등 무수한 폭력적 인자들이 인간다운 삶을 어떤 방식으로 위협하고 있는가를 다양한 방식으로 다루어 왔음을 알 수 있다.

지금까지 이러한 세계의 폭력성과 관련한 근현대 문학 연구는 주로 '폭력'의 객체들을 중심으로 폭력이 개인에게 미치는 파장들, 즉 개인의 정신적 육체적 상처를 통해 세계의 폭력성을 고발해내는 데 주안점을 두어 왔다.

그러나 세계가 이미 폭력적 질서에 의해 규정당하고 있음을 전제한다면, 폭력을 행사하는 주체 또한 이러한 세계 질서로부터 자유로울 수 없음은 물론이다. 그 주체 또한 역사적 실존이며, 세계를 구성하는 인자이기 때문이다. 따라서 우리는 폭력을 행사하는 주체의 모습 안에서 세계의 폭력성을 역으로 읽어낼 수가 있게 된다.

　이런 측면에서 본고는 한국 소설에 나타난 '폭력' 주체의 모습을 통해 세계의 폭력성에 대한 접근을 시도하고자 한다. 하지만 '폭력' 개념 자체가 너무 방대하기 때문에, 여기서는 폭력 주체의 입장이 보다 선명하게 부각되는 '테러리즘'을 다루고 있는 소설로 제한하기로 한다. 테러리즘[1]은 폭력 중에서도 가장 직접적이고 극단적인 형식이라고 할 수 있으며, 뚜렷한 목적의식을 수반하는 행위이기 때문에 폭력 주체의 존재 상황을 보다 잘 드러내 줄 수 있다고 본다.

　이러한 조건에 어느 정도 부합하는 작품으로 선우휘의 「테러리스트」, 송기숙의 「테러리스트」, 「추적」, 『오월의 미소』, 정찬의 「얼음의 집」[2]을 선정하였다. 주인공들이 모두 테러리스트이거나 이와 관련된 줄거리로 이루어져 있는 공통점을 가지고 있는 이 소설들은 역사적 실존으로서의 테러리스트의 행위와 그 원인에 대한 진지한 고뇌를 통해 세계의 폭력성을 역설적으로 보여주고 있다는 점에서 본 논문의 취지에 적합하다고 본다.

---

[1] 테러리즘(Terrorism)은 동기, 대상, 범위, 주체, 이념 등의 포함여부 그리고 학자들과 전문가들의 시각에 따라 달리 정의됨으로써 정의에 관한 논쟁은 아직까지 진행 중인 상태이지만, 이를 바탕으로 잠정적 정의나마 내려보자면, '뚜렷한 정치적 목적이나 동기를 가지고 폭력을 사용하거나 위협하여 심리적 충격과 공포심을 불러일으킴으로써 소기의 목표와 요구를 관철하려 한다는 것'이다. 한편, 테러리즘의 약어로 테러(terror)를 사용하지만, 두 개념은 현격한 차이가 있다. 테러가 "모든 인간들이 심적으로 느끼게 되는 극단적인 두려움의 근원이 되는 특정한 위협이나 자연적 현상"을 말한다면, 테러리즘은 목적을 위해 폭력을 체계적으로 활용하는 것을 말한다.(구광모, 『테러와 국제사회』, 고려원, 1982 ; www.terrorism.or.kr 참조)

[2] 텍스트는 선우휘의 「테러리스트」(『동서한국문학전집』 19, 동서문화사, 1987), 송기숙의 「테러리스트」(『테러리스트』, 흐겨레, 1986), 「추적」(『어머니의 깃발』, 심지출판사, 1988), 『오월의 미소』(창작과 비평사, 2000), 정찬의 「얼음의 집」(『완전한 영혼』, 문학과 지성사, 1993)을 대상으로 한다.

2. 테러리즘을 드러내는 세 가지 방식

1) 매개된 공적 폭력과 사적 복수의 결합

선우휘의 「테러리스트」는 해방 후 '서북청년단' 활동을 했었던 '걸'과 그 동료들을 중심으로 테러의 대상도 명분도 사라져버린 상황에서 자신들의 존재방식을 찾아내지 못하는 테러리스트들의 혼란스러움을 통해 개인을 도구화시키는 국가 테러리즘[3]의 정체를 잘 보여주는 소설이다.

'걸'은 해방 직후 평북 시골서 공산당 본부를 습격하고 그 길로 남한으로 내려와 우익 행동대인 서북청년회의 일원으로 테러를 자행한 인물이다. 그러나 전쟁이 끝나고 남한 사회에서 좌익이 제거됨으로써 이념 갈등이 잠잠해지자 '걸'과 그의 동료들은 새로운 환경에 처하게 된다. 이제 더 이상 '때려잡을 빨갱이'가 없어진 상황에서는 더 이상 할 일이 없게 된 것이며, 이로 인해 생계의 위협까지 받기에 이른른다. 현재는 출세한 친구들의 술이나 한잔씩 얻어 마시면서 하릴없이 다방에 죽치고 앉아 공산당과 싸우던 때의 이야기로 소일하며 지낼 뿐이다.

이들은 비록 테러리스트이긴 하지만, 그들의 행위는 국가에 의해 암묵적으로 승인된 폭력이라는 특징을 갖는다. 이들의 테러리스트로서의 존재의 선택은 명확한 정치적 의도를 전제한 자기 신념에 기초하지 않는다. 사

---

[3] 국가 테러리즘(State Terrorism)은 국가가 정치적 억압과 사회의 통제를 위해 사용한 수단으로서, 특히 전체주의적 성격이 강한 국가에서는 국가정책 수단으로 채택되기도 한다. 이들 국가에서는 국민들에게 공포분위기를 조성하고, 공표된 국가의 정치, 경제, 사회 목표 및 국가이데올로기에 대한 충성심을 고취시키기 위해 체포, 구금, 고문, 사형 등이 가해진다.("테러리즘의 발생 원인", www.terrorism.or.kr)

실 이들이 표방하는 정치적 의도는 '반공'과 관련된 미군정과 이승만 정권의 의도이며, 따라서 이들의 행위는 국가에 의해 매개된 폭력이라고 볼 수 있다. 국가에 의한 정치목적 달성의 수단으로서의 테러리즘이 개인에게 매개되어 실현되는 것이다.[4]

그러나 또 한편으로 이들은 표면적으로는 '공산당을 쳐부수자'라는 공적 목적 아래 모인 준공권력을 가진 집단이지만, 내부적으로는 이들이 거의 모두 북한 사회주의 체제에 의해 파탄나버린 가족사에 연루되어 있다는 점에서 사적 복수의 성격을 동시에 가지고 있다는 특징을 갖는다.

> 「…… 형님, 원수를 가푸야 하디 않소? 나 이남으루 온 댐에 우리 아바지 잡아다 가두와서 죽게 한 놈덜 난 그대루 둘 수 없수다.……」
>
> — p. 1155

인물들이 활동하고 있는 '서북청년회'라는 단체의 역사적 성격이 그러하거니와 사실 '걸'과 동료들에서 보여지는 테러리즘은 개인의 사적 복수심에 국가의 정치적 의도가 교묘히 얹혀져 있는 경우이다. 국가로서는 무자비한 폭력의 결과가 가져올 일정한 도덕적 책임감으로부터 자유로우면

---

[4] 국가는 권력의 제도화된 형태이며, 합법적 폭력의 독점체로서 존재한다. 그러나 때로는 합법성이 억압적 폭력의 장애물로 등장할 때, 국가는 스스로 탈합법화 과정을 시도하게 되는데, 이러한 방법 중의 하나가 합법성의 테두리 밖에서 폭력을 행사하는 초제도적인 집단에 대한 의존으로 나타난다.(Yves Michaud, 『폭력과 정치』, 나정원 역, 인간사랑, 1990, pp.174~176 참조.) 국가 테러리즘으로서의 '서북청년단'의 테러 행위는 이러한 선상에서 설명될 수 있다. 1946년 9월 총파업과 10월 항쟁 이후 미군정은 군·경찰의 물리력을 보강해줄 우익청년조직을 구상하게 되는 이때 결성된 것이 서북청년회이다. "조국의 완전 자주독립 전취, 균등사회의 건설, 세계평화의 건설"을 강령으로 내건 이들은, 미군정과 이승만 정권의 비호 아래 좌익에 대한 본격적인 테러 활동을 벌여 나간다.(류상영, "해방 이후 좌·우익 청년단체의 조직과 활동", 『해방전후사의 인식 4』, 한길사, 1989, pp.96~99 참조)

서 동시에 국가의 정치적 의도를 강력하게 실현시킬 수 있는 가장 효율적인 방식을 선택했던 것이다. 이러한 중층적 의도에 의해 매개된 폭력을 자행하는 개인은 '도구적 기능'으로서만 존재할 뿐이다.

'도구적 인간'은 자신을 도구화시킨 주체에 의해 존재감을 획득할 수밖에 없다. '걸' 또한 국가 권력이 매개시킨 폭력 행위를 통해 자신의 존재감을 확인할 수밖에 없었다. 그것은 '빨갱이를 때려잡자'라는 정치적 의도를 실행시키는 '테러리스트'로서의 존재감이다. 국가의 정치적 의도와 사적 복수의 강렬한 열망이 결합되어 만들어진 테러리스트에게 복합적인 현실 판단은 끼어들 여지가 없게 된다. 타도해야할 폭력 대상에 대한 선명한 적대감만 있을 뿐이다. 그 적대감만이 테러리스트의 생명이다.

그러나 문제는 '공산당 타도'의 현실 상황이 어느 정도 정리되어 더 이상 '걸'과 같은 주먹이 필요 없게 된 데서 발생한다. 상황 종료는 '걸'의 주먹이 더 이상 도구로서의 가치를 갖지 못한다는 것을 의미한다. 따라서 생계까지 막연해져버린 상태에서 '걸'은 나름대로 자부심을 가져왔던 '테러리스트'로서의 자신의 존재가 걷잡을 수 없이 흔들리고 있음을 감지하지만, 여전히 상황은 명료하지 않고 혼란스러울 뿐이다.

'걸'의 이러한 혼란스러움은 그의 테러 행위가 중층적 성격을 가지고 있었음에 연유한다고 볼 수 있다. 남한의 상황 종료와 함께 폭력을 매개시켰던 개인에게서 공권력은 빠져나간 상황이지만, '걸'로서는 자신의 가족이 남아있는 이북에는 여전히 공산당이 존재하며, 이 부분은 아직 해결되지 않은 상황이기 때문이다. 다시 말해 사적 복수의 측면이 아직 해결되지 않은 상태인 것이다.

따라서, 선거판에서 선거 연설 도중 연사가 "새로운 평화적 통일 방안을 수립함으로써 이 숨막히는 현실을 타개하고"라고 했을 때, '걸'이 이에 대해 격렬한 의문을 표시하는 것은 너무나 자연스러운 일이다.

    — 평화적? 싸우지 않고 가만히 하자는 뜻일게다. 그러면 빨갱이들하구 싸우지 않고 될 수 있다는 뜻이 아닌가? 그럴 수가 있나? — (중략)
    「국제정센 모르갔수다. 근데 빨갱이들하구 싸우디 않구 어드케 조용히 통일이 되갔소?」

— p. 1159

'빨갱이는 무조건 쳐부숴야 한다'는 지상명령 하에 테러를 자행해 온 그에게 선거판에서 구호로 외쳐지는 '평화적 통일'은 이해 못할 현실이다. 자신의 질문에 사람들은 연사더러 빨갱이라고 소리지르면서 소동이 일자 '-나는 몰라서 물어볼라구 항건데, 그 새끼덜은 와 갑재기 덤벼들어 그 사람을 틸라구 했을까-'라는 '걸'의 독백은 현재 상황에 대한 그의 의문이 얼마나 절실한지를 극명하게 드러내고 있다.

연사의 연설에 대한 '걸'의 또 하나의 의문은 "일부권력층이 아니고 전 국민이 모두 잘살 수 있는 진정한 균등사회—"라는 부분에 있다. '서청'의 강령 중의 하나이기도 했던 '진정한 균등사회 건설'은 '걸'과 자신의 친구들이 목숨을 걸고 빨갱이를 쳐부순 다음에 막연하게나마 기대하는 사회의 모형이었을 것이다. 그런데 현실은 당장 하릴없이 일상을 견디는 자신의 처지, 친구 '용수'의 목숨과 맞바꾸면서까지 '빨갱이'들로부터 목숨을 구해주었더니 자신들을 따돌리는 '김가'와 같은 무리들, 그리고 그 무리들을 위해 주먹을 쓰는 친구 '길주'의 행위 등을 생각할 때 그 기대에 완벽히 배치되어 있는 상황이다. 자신의 '테러' 행위가 결국 경멸해마지 않던 '김가' 같은 자들의 이익을 위한 것이었던 것에서 인간으로서의 자신의 존재 이유와 존재 방식에 대한 의문이 솟구칠 수밖에 없으며, 따라서 이전에는 선명했던 것들이 혼란스럽고 무엇인지 더욱더 판단을 할 수 없게 만드는 것이다.

연사를 빨갱이라며 달려드는 청년들의 모습을 보며 그들과 자신들이 다르다는 것을 설명하고 싶지만 뚜렷한 논리를 찾아낼 수 없는 '걸'의 내면의식은 이러한 혼란스러움을 그대로 드러낸다.

　- 그 따우덜 하능 것과야 달랐디 - 무엇이 - 그때야 어디 지금터렁 펜안했나, 결사적이댔디
　- 그루구 또 빨갱이하구는 말이 안되거덩. 그러니까 티야디 거주뿌리만 하거덩-그루구-그치는 빨갱이 아니거덩, 말루 하야디, 그루구 -
　더 중요한 무엇이 있을 것 같은데 걸의 머리에는 좀처럼 떠오르지가 않았다. (중략)
　-그 새끼덜과는 다르디, 절대로 다르디, 같에서야 안되디-
　그러나 그것은 어디까지나 직감에 그치는 것이었다. 아무리 해도 뚜렷이 따르는 논리를 찾아낼 수는 없었다.
　-나는 바보가 되고 말았구나-

　　　　　　　　　　　　　　　　　　　　　　　- p. 1160

그의 주먹은 유일하게 빨갱이만을 향해 있었다. 이것이 '걸' 자신의 폭력 행위를 시정잡배들의 주먹과 구분하게 해주는 유일한 기준이며, 테러리스트로서의 자신의 존재가치를 보장해주는 근원이었다. 그러나 이젠 그런 존재의 자존심을 설명하기 위한 기준조차 흔들린다. 존재에 대한 어떤 명료한 대답도 들을 수 없는 현실 앞에서 개인은 낭패스러울 수밖에 없다.

> 무엇 때문에 걷어차는 것인지, 무엇 때문에 얼싸안고 돌아가는 것인지, 그저 이렇게 하지 않고는 견딜 수 없는 안타까움이 똑같이 두 사람의 마음을 뒤끓게 했다. (중략) 둘은 서로 얼싸안다시피 부축하고 마치 상한 짐승처럼 어슬렁어슬렁 어두운 길을 걸어나갔다. 저편에 사람들이 오가는 화려한 거리가 보이고, 악기점의 노랫소리에 뒤섞여 악을 쓰고 있는 선거운동의 스피커 소리가 들려왔다.
>
> — pp. 1161~62

'김가'의 하수인들에게 이유 없이 테러를 당하는 '겔'을 '길주'가 구해준 후, 둘이 육탄전을 벌이는 이 장면은 도구적 기능을 상실해버린 개인들의 상처 입은 뒷모습을 잘 보여주고 있다. 분명 빨갱이는 처부숴야 했던 존재였고, 다른 이유는 따질 여유도 없이 오직 그 대상을 향한 테러 행위에만 몰두해왔을 뿐인데, 이젠 그 도구적 기능을 상실하면서 동시에 사회적 존재로서의 자아까지 상실해버린 '상한 짐승'으로서의 모습만 남아 있을 뿐이다. 이렇게 도구화된 개인의 비극적 모습에서 역으로 국가 테러리즘의 야만적 속성을 읽어낼 수 있다.

2) 역사적 심판으로서의 대안적 폭력

송기숙의 「테러리스트」, 「추적」, 『오월의 미소』는 공적 폭력을 쓸 수 있는 통로가 원천적으로 폐쇄되거나 공적 폭력이 제대로 기능을 하지 못할 때, 폭력 대상에 대한 역사적 심판으로서의 테러리즘을 보여주고 있는 소설들이다.

먼저, 「테러리스트」는 일제강점기 전국을 떠돌면서 일인들을 습격, 살해를 주로 하는 테러리스트이자 독립투사인 한 '사내'에 관한 이야기이다. 그는 현재 부상을 입고 산골 암자에 숨어서 스님의 도움을 받아 치료를 하고 있는 중이다. 그는 세상일과는 상관없이 자신의 수행에만 몰두하고 있는 스님의 행태만 생각하면 울화가 치밀어 만나기만 하면 공격적인 자세로 비꼬면서 팔도의 불제자들의 가슴에 불을 붙일 수 있는 '소신공양'을 할 것을 부추긴다. 그로서는 불쌍한 중생은 아우성을 치는데 '일본놈'에게 바닥까지 뜯긴 중생들이 바친 밥을 먹으면서도 면벽만 행하고 있는 행위는 도저히 용서할 수가 없는 것이다. 그런 스님과 또 말싸움을 하던 도중 토지조사차 산에 들어왔다가 눈 때문에 갇힌 일본인들이 있다는 정보를 듣고 그 날밤 마을로 내려가 일본인 셋 모두를 살해해버린다.

「테러리스트」가 일본제국주의에 대항하기 위한 필요 불가결한 폭력으로서의 테러리즘을 보여주고 있다면, 「추적」과 『오월의 미소』는 우리 역사에서 반민족적 반역사적 행위를 했었던 인물들에 대한 심판의 한 방식으로서 테러리즘을 제시하고 있다.

「추적」은 일제강점기에 독립운동가이자 동시에 테러리스트로 활동했던 한 '영감'의 이야기를 다루고 있다. '영감'은 일본유학 도중 독립운동에 투신해 동지들과 함께 일본 천황 납치계획을 세우게 된다. 천황이 살고 있는 궁성 밑으로 땅굴을 파고 들어가 납치를 해서 독립을 흥정하자는 것이었다. 한 동지를 아편중독자를 만들면서까지 어렵사리 작업 자금을 모으게 되는데, 그 동지 중의 하나이자 자신의 가장 절친한 친구였던 '박가'가 모아놓은 자금을 몽땅 갖고 행적을 감춰버린다. 어렵게 자금을 모아 일을 다시 시작하지만, 일을 시작한 지 반 년 만에 관동대지진이 일어나 실패하고 만다. 해방 이후 교편을 잡고 조용히 지내다 정년퇴직을 한 후 자신들의 독립운동 활동을 정리해야겠다는 생각 하에 '박가'의 행적을 추적해 그를 극적으로 만난다. 그러나 오히려 '영감'은 '박가'에 의해 정신병원에 갇히게 되고, 의사조차 자신의 말을 믿어주지 않는 어처구니없는 상황에 빠지자, 결국 '영감'은 자신의 양말을 풀어 올가미를 만들어 '박가'를 살해해 버린다.

『오월의 미소』는 5·18때 시민군으로 참여했던 '정찬우'를 중심으로 두 개의 큰 이야기가 축을 이루고 있다. 하나는 5·18항쟁 때 겪은 엄청난 심리적, 육체적 상처들을 끌어안은 채 삶을 살아나가는 인물들의 일상을 풀어내면서 폭력을 휘둘렀던 진압군이나 광주시민 모두가 동일한 피해자라는 인식을 바탕으로 상처받은 피해자들끼리의 화해를 보여주고 있다. 당시 공수부대원에게 겁간 당해 아이를 낳고, 미쳐버린 뒤 고통스런 20년 삶을 끌어오다가 결국 고향 바다에 몸을 던져버린 '영선'과 진압군 장교로 광주에 투입되었다가 약혼녀에게 파혼 당한 후 독신으로 살아오던 중 낚시를 갔다가 같은 바다에 빠져 죽은 '김성보'의 영혼결혼식이 그 정점이다.

또 하나의 이야기 축은 아직까지 밝혀지지 않은 5·18 책임자들에 대한 역사적 심판과 관련된다. 항쟁 당시 같이 시민군 활동을 했었던 친구 '유용찬', 유용찬이 대학다닐 때 같이 '굿패' 활동을 했었던 '최서홍'과 그의 굿패들, 그리고 역시 항쟁 당시 시민군 활동을 했던 '김중만'을 중심으로 진행되는 데, 이들은 모두 책임자도 밝혀지지 않은 상황에서 '화해'라는 기만적 몸짓으로 '전두환'을 사면시킨다는 것은 도저히 용납할 수 없다는 생각을 갖고 있다. 김중만, 유용찬은 항쟁 관련 피해자들에 대한 보상금을 신청하지 않을 정도로 강경하다. 어설픈 보상금 몇 푼으로 모든 상황을 일단락시킬 수 없다는 생각에서이다. '정찬우' 또한 우연히 '최서홍'과 연결되면서 '총'과 '수류탄'을 소지하게 되고 언제든지 그것을 사용할 수 있을 만큼 훈련도 게을리 하지 않는다. 그러던 어느날 '김중만'이 5·18책임자 중의 하나인 '하치호'란 자를 쇠파이프로 쳐서 살해해 버린다.

세 작품 모두 테러리즘을 근간으로 하고 있으며, 여기서 테러리즘은 반역사적, 반민족적 대상에 대한 '사적 심판'으로서의 성격[5]을 보여주고 있다. 물론 이때의 '사적'이란 개인적 복수심 차원이 아닌, 정치적 목적이 뚜렷한 비공식적 폭력의 형식을 그대로 보여준다는 의미에서이다.

이 작품들이 보여주듯이 이러한 '사적 심판'은 두 가지 경우에 설득력을 얻을 수 있는데, 먼저 「테러리스트」의 배경처럼 공적 폭력을 쓸 수 있는 통로 자체가 폐쇄되어버린 경우이다. 일반적으로 약소국의 탈식민화 과정에서 행하는 독립투쟁은 제국주의에 대항하기 위한 유일한 투쟁수단으로 테러리즘이란 폭력 사용을 수용시킬 수밖에 없게 되는데, 일제 강점기를 배경으로 한 「테러리스트」의 테러리즘은 이런 선상에서 이해할 수 있다.

또 하나는 공적 폭력이 제 기능을 다하지 못한다고 판단했을 경우에 이러한 사적 심판으로서의 테러리즘이 필요불가결한 대안이라고 본다.

> 국민들이 자신들의 폭력을 공권력이란 이름으로 당신들한테 위임한 것은 그 폭력으로 사회질서를 바로 잡으라는 것인데 안두희 같은 작자 하나

---

[5] 임규찬은 『오월의 미소』를 분석하면서 이를 '민중적 폭력'으로 규정하고, 이 행동은 우발적, 단발적, 자연발생적 성격을 갖는다고 설명하고 있다.(임규찬, "전투적 민중성과 '오월'의 정치학", 『송기숙의 소설세계』, 임환모 엮음, 태학사, 2001, p.338 참조) 그러나 민중적 저항행동이란 의미에서 '민중적 폭력'이란 용어는 타당성이 있지만, 텍스트의 인물들의 행위나 이와 관련된 실제 역사적 사건들은 뚜렷한 정치적 의도와 치밀한 계획을 바탕으로 하고 있다는 점에서 '민중적 폭력'의 성격을 우발적, 단발적, 자연발생적으로 설명하는 것은 문제가 있다고 본다.

처단을 못하니까 공권력의 원주인들이 이렇게 나서는 거다, 이러고 경고를
해야 한다, 이겁니다.

- 『오월의 미소』, p.219

'최서홍'이 이끄는 굿패들이 펼친 〈백범의 미소〉라는 마당굿의 한 대목이다. '백범 살해'라는 역사적 범죄자를 처단해야 하는 몫은 분명 공권력에 있지만, 공권력이 그 역할을 제대로 해내지 못했기 때문에 결국 '사적 폭력'이 대신 행해질 수밖에 없다는 것이다. 물론 마당굿의 '안두희 테러'에 대한 이 논리는 한국의 근현대사 전체로 확장될 수 있으며, 이는 「추적」에서 독립투쟁 자금을 빼돌린 '박가'에 대한 테러로, 『오월의 미소』에서는 5·18책임자 '하치호'에 대한 테러로 나타난다.

이러한 '역사적 심판'으로서의 테러리즘 논리 뒤에는 작가의 몇 가지 독특한 인식이 전제되어 있다.

첫째, '폭력'의 성격 규정에 대한 재고이다. 일반적으로 폭력은 반인간적이며, 반민주주의적이기 때문에 건강한 사회에서는 반드시 추방되어야 할 해악으로 생각되는 개념 중 하나이다. 그러나 이러한 생각 안에는 폭력을 독점한 강자의 논리가 숨어 있다고 본다.

목소리 1 : 폭력은 폭력을 부르고 작은 폭력은 큰 폭력을 정당화시킨다 이거지? 그런 점이 있지만 그런 논리를 일반화시킬 때 그건 강자의 논리가 되고 만다는 사실을 알아야 해. 월남전 때 미군들이 베트콩더러 '이놈들아, 비겁하게 숨어서 뒤통수치지 말고 당당하게 나와서 싸우자' 이런 소리하고 뭐가 다르며, 너희같이 힘없는 놈들은 불란서나 미국처럼 힘센 놈 밑에 눌려 살라는 소리하고 다를 게 뭐야? 거꾸로 베트콩 전투본부에 스며들어 폭

탄을 던진 미군 그린베레가 한 짓은 미군들이 한 짓이니까 테러가 아닌가?

— 같은 책, pp. 170~171

폭력은 폭력을 부르기 때문에 끊어야 할 고리라는 것은 약자의 폭력적 대항을 사전에 봉쇄시켜버리는 강자의 논리일 뿐이라는 것이다. 폭력을 독점한 자는 자신들의 공식적 폭력 행위를 정당화하면서 이에 대항하는 약자의 비공식적 폭력에 대해서는 반인간적이고 반민주적인 비겁한 '테러' 행위로 규정한다. 이런 논리에 따르면, 미국 대통령의 명령으로 미군이 일본에 원자폭탄을 던진 공식적 행위는 세계평화를 위한 것이며, 백범의 지시로 이봉창 의사가 일본군 장성한테 폭탄을 던진 비공식 폭력 행위는 비겁한 '테러'가 된다.

이미 힘의 균형이 무너져버린 상태에서 이 오만한 폭력으로부터 약자가 벗어날 수 있는 유일한 방식은 바로 폭력일 수밖에 없다는 것이다. 폭력을 규정하는 강자의 논리에 빠져 부당한 일을 보고도 못 본 체하는 것은 패배주의에 다름 아니다. "새치기하는 사람은 말로 꾸짖거나 꿀밤을 먹이고 안두희처럼 민족지도자를 죽인 자나, 국민을 학살하고 정권을 찬탈한 자들은 총으로 쏴야"한다는 것이다.

두 번째, 약자의 폭력이 설득력을 얻기 위해서는 반드시 공적 도덕성에 입각해야 한다는 것이다. 물론 이때의 공적 도덕성이란 다름 아닌 역사적 정당화와 관련된다.

저놈은 바로 이 세상에서 응징을 받아야 하고 저놈을 응징할 사람은 나밖에 없다는 것이네. 이것을 내 개인의 입장에서 말하면 독립투사로서의 또 하나의 내 생애를 완결짓는 중대한 일이기도 하네. 그렇다고 저 작자를

> 죽일 생각은 없으나 이런 흉악한 조직을 가지고 생사람을 이렇게 질식시키려는 것을 보니 이런 경우야말로 테러를 정당화해주는 경우가 아니고 무엇이겠나?
>
> — 「추적」, p. 342

「추적」에서 '영감'이 '박가'를 살해한 이유는 첫 번째, 독립투사로서의 자신의 생애를 완결짓는 일과 관련된다. 어쨌든 거사자금을 갖고 잠적해버린 '박가'는 반민족적 인물이며, 현재 상황에서 그를 응징할 수 있는 길은 '공적 심판'은 불가능한 상태이며, 따라서 역사적 심판으로서의 '사적 심판'의 방법 외에는 대안이 없다는 점이다. 두 번째, 자신의 사적 조직을 가지고 생사람을 감금시키고 정신병자 취급을 하여 간접 살인하려는 행위는 '비인간적' 행위로 테러를 정당화시켜준다는 것이다. 이렇듯 '영감'의 '박가' 살해는 반민족성, 반인간성에 대한 처단이라는 공적 도덕성을 바탕으로 하고 있다.

마찬가지로 「테러리스트」의 '사내'의 테러 행위는 약소국의 독립 투쟁이라는 측면에서, 『오월의 미소』에서 '하치호'를 살해하는 것은 반역사적 인물에 대한 처단이라는 측면에서 동일한 의미를 갖는다.

셋째, 이러한 테러리즘은 두 가지 정치적 효과를 갖는다. 하나는 지금까지 살폈듯이 반역사적, 반민족적 대상에 대한 역사적 심판으로서의 기능이며, 두 번째는 우매한 민중을 정치적으로 격발시키는 것이다.

> 바로 그렇게 뭉개는 태도를 국민들 앞에 보여야 국민들이 납득을 합니다. (중략) 망치가 가벼우니까 못이 솟았던 거예요. 작자를 아무지게 몰아쳐서 진실을 하나하나 밝혀내면 그 사건이 얼마나 치욕스런 사건인지 국민

들도 새삼스럽게 분노할 것이고, 그 일에 무심했던 자신들을 다시 돌아보
게 된다, 이거요.

- 『오월의 미소』, p.218

역사적 심판으로서의 테러리즘이 궁극적으로 지향하는 지점은 바로 이 '계몽적 폭발성'으로서의 기능일 것이다. 그 폭발성을 유도해내어 애초에 못이 못 올라오도록 망치 전체를 단단하게 만드는 것이다. 자신들의 무지와 용기 없음으로 방관했던 것들이 자신의 삶을 얼마나 치욕스럽게 만들었는지를 분명하게 인식시키고 분노하게 만들어 다시는 굴욕의 역사를 반복시키지 말자는 것이 이 테러리즘이 갖는 계몽적 발상이다.

결국 여기서 역사적 심판으로서의 테러리즘은 올바른 미래를 확보하기 위해 필수 불가결한 것으로 제시되고 있음을 볼 수 있다.

3) 권력을 향한 욕망의 실현 과정

「얼음의 집」은 고문기술자로 변모한 한 테러리스트를 통해 폭력과 인간의 권력 욕망의 연관성을 다루고 있다.

일제강점기에 아버지를 따라 일본으로 건너간 '나'는 관동대지진 이후 참혹했던 조선인 살육의 와중에서 천신만고 끝에 살아난다. 인쇄소에서 인쇄공으로 일하다 사회주의 영향을 받게 되면서, '정준영'을 만나게 된다. 정준영은 당시 무정부주의자였던 박열과 그의 애인 후미꼬에 대한 열정으로 가득 차 있었으며, 박열과 후미꼬가 계획했던 천황암살이 실패로 돌아가자, 그 계획을 대신 실행하기로 결심한다. 이 계획을 들은 '나'는 불현듯 이 엄청난 기회를 정준영에게 빼앗길 수 없다는 생각에 결국 정준

영을 살해해버린다. 살해혐의로 체포된 '나'는 당대 최고의 고문기술자로 불리워지던 '하야시'의 고문을 받으면서 자신의 천황 암살 계획을 말하게 되는데, 이를 들은 '하야시'는 뜻밖에도 '나'가 열망하는 완벽한 권력자로 만들어주겠다는 약속과 함께, '나'를 자신의 후계자로 삼게 된다.

이 소설에서는 폭력이라는 점에서는 동일하지만, 목적과 성격이 다른 두 개의 테러리즘을 구분하고 있다. 하나는 무정부주의자인 박열, 후미꼬의 테러리즘으로, 혁명가의 폭력이다. 두 사람이 천황암살음모로 구속되어 법정에 섰을 때, 박열은 자신의 활동에 대해 "일본의 정치적 경제적 실권을 가진 모든 계급 및 그 간판과 더불어 이에 종속하는 자에 대하여 폭탄을 사용할 것을 목적으로 하고 있었다."고 진술했으며, 후미꼬 또한 "지상에 있는 권력의 타도가 궁극적 목적"임을 밝히고 있다. 이들은 세상의 개조를 꿈꾼 혁명가였으며, 권력을 부정하는 테러리스트였다.

또 하나의 테러리즘은 권력을 지향하는 욕망과 관련된다. 이 욕망은 "군중을 짐승으로 만들며, 죽음의 더미로 만들려는 소름끼치는 욕망"이며, "군중을 향한 지칠 줄 모르는 욕망"을 실현시키기 위한 방식으로 폭력을 선택한다. 더 이상 짐승이 되지 않겠다는, 그리하여 군주, 권력자를 지향하는 욕망, 이것은 인간 생명을 움켜쥐고 있다는 권력자를 욕망하는 폭력이다.

'나'를 고문했던 '하야시'는 정준영을 죽이고 '나'가 대신하려 했던 천황암살 계획 속에서 바로 이 후자의 테러리즘을 읽어낸다. 조선인으로서 '나'는 사회주의와 무정부주의의 영향을 받긴 했지만, '나'의 천황암살기도는 더 이상 민족적인 차원도 이데올로기 차원도 아니다. '나'가 천황암살을 계획하고 있던 정준영을 살해한 이유는 '나를 박해하는 자들이 감히 쳐다볼 수조차 없는 그 존재를 움켜쥔다는' 욕망을 실현시킬 기회를 빼앗길 것을 우려한 때문이었다.

> 박해와 상처로 얼룩진 내 삶은 흔적도 없이 사라지고 경탄과 숭앙과 복종이 비처럼 쏟아져 내리는 황금빛 옥좌가 나를 기다리고 있었다. 내가 그 자리에 앉으면 나를 박해했던 모든 이들이 무릎을 꿇고 이마를 조아릴 것이다. 나는 하늘에 떠 있을 것이고, 그들은 땅에 머리를 박고 있을 것이다. 나는 그들을 처형할 수 있고, 그들은 처형을 기다리며 떨고 있을 것이다. 나는 하늘이고, 그들은 땅이며, 나는 명령하는 자이고, 그들은 복종하는 자이다. 나는 선택된 인간이고, 그들은 한갓 인간의 떼일 뿐이다.
>
> – p.194

'나'를 박해하는 자들조차 무릎을 꿇는 존재의 생명을 내 마음대로 할 수 있다는 것은 그동안 '나'가 박해받고, 상처받고, 훼손된 내 삶을 완벽하게 치유시킬 수 있는 유일한 방식으로 생각된다. 천황 암살 기도는 '나'를 박해한 세상에 대한 적의에서 비롯된 것이며, 이러한 적의야말로 "인간의 떼", 군중의 존재로서 머물지 않겠다는 정신의 표현이다.

'나'는 권력을 명령과 복종의 관계로 파악하고 있으며, 이러한 관계를 만들어내는 것은 폭력이며, 또한 폭력만이 이를 지속시킬 수 있다고 본다. 이로써 폭력이 곧 권력이라는 등식이 성립된다. '명령하는 자'의 권좌에 오르기 위한 방법이 '천황살해'이며, 복종하는 자에 대한 '처형'을 통해 경탄과 숭앙을 지속시키는, 폭력을 통한 '인간에 대한 인간의 지배'로 권력을 인지하고 있음을 볼 수 있다.[6]

그러나 '하야시'는 나의 이러한 욕망에 대해 '어리석은 권력자'라는

---

[6] Strausz-Hupe는 폭력을 "인간에 대한 인간의 권력"으로 풀이하고 있으며, Bertrand de Jouvenel은 "명령하는 것과 복종하는 것. 이것이 없다면 권력은 존재하지 않는다"고 본다.(Hannah Arendt, 『폭력의 세기』, 김정한 역, 이후, 1999, p.64)

평가를 내린다. '나'가 계획했던 천황암살은 그 가능성이 희박하거니와 설령 천황을 암살할 수 있다 할지라도 그 대가가 죽음이라면 진정한 권력자는 그 길을 선택하지 않는다는 것이다. 그것은 혁명가나 사랑에 빠진 몽상가의 길이다. 진정한 권력자는 언제나 살아 남음을 꿈꾼다. 그리하여 '나'는 최고의 권력자가 될 수 있는 가장 현실성 있는 방식을 제시한 '하야시'를 따라 고문기술자로 변신하게 된다.

고문 대상자를 선택하는 데 있어 고문자의 권력은 머리카락 한 올도 없다. 철저한 무권력일 뿐이다. 그러나 선택된 고문 대상자가 명령에 의해 고문자의 손안으로 들어오는 순간, 그는 비로소 권력자가 된다. 말하자면 명령이 고문자를 권력자로 만든다. 이렇게 보면 고문자도 권력의 도구일 뿐이지만, 그것은 죄가 아니다. 박해받는 자의 자리에 서지 않기 위해 선택한 행위일 뿐이다. "나는 더 이상 박해받지 않을 것이며, 더 이상 상처입지 않을 것이며, 더 이상 짐승일 수 없"다는 '나'의 열망이 권력자를 꿈꾸게 하고, 그 꿈은 고문이라는 폭력적 방식에 의해 실현될 수 있었던 것이다.

> 서 있는 자와 꿇고 있는 자. 옷 입고 있는 자와 벌거벗은 자. 사지를 움직일 수 있는 자와 묶여 있는 자. 이 두 존재 사이에 가로놓여 있는 강, 이 두 존재 사이에 입을 벌리고 있는 골짜기를 너는 보았는가. (중략) 그래서 수많은 꿇고 있는 자와 벌거벗은 자와 묶여 있는 자들은 서 있는 자와 옷 입고 있는 자와 움직일 수 있는 자들의 자리를 강탈하기 위해 피를 흘리며 강을 건너고 골짜기를 기어오르고 있다.
>
> — p.218

세계에는 군중과 권력자만 존재한다. 이것이 '나'가 세계를 바라보는 방식이다. 권력자는 서 있는 자, 옷 입고 있는 자, 움직일 수 있는 자의 이름이며, 군중은 꿇고 있는 자, 벌거벗은 자, 묶여있는 자의 이름이다. 이러한 군중의 떼로부터 탈출하는 유일한 방법은 스스로 권력자가 되는 것이다. 그 권력자가 될 수 있는 가장 손쉬운 방식으로 테러리즘, 고문과 같은 폭력적 방식이 선택된다.

'나'가 열망하는 권력은 이 폭력 행위 과정에서 눈 앞 상대의 모든 것을 거머쥐고 있다는 충족이 발생하는 순간부터 생기는 것이다. 테러리스트, 고문기술자는 상대방의 생명을 거머쥐고 있다는 면에서 신과 같은 존재이다. 따라서 '나'의 폭력, 테러리즘은 완벽한 신적 권력을 지향하는 인간 욕망의 발현으로 볼 수 있다.

3. 세계의 폭력성과 역사에 대한 질문

테러리즘은 일정한 정치적 의도를 실현시키기 위한 하나의 방식이라는 점에서 본질적으로 도구적일 수밖에 없다. 따라서, 모든 수단이 항상 그것이 추구하는 목적을 통해 정당화를 필요로 하듯이 테러리즘 또한 그 의도에 따른 정당화를 통해 테러 행위의 합리성을 확보하게 된다.

앞서 살펴보았듯이 작품들에서 보여지는 다양한 양상의 테러리즘 또한 그 정치적 의도가 무엇이건 간에 나름대로 정당화를 바탕으로 하고 있음을 볼 수 있다. '반공'이라는 공적 이데올로기와 가족사에 연루된 사적 복수의 결합, 반역사성에 대한 심판, 비참한 약자로 머물지 않겠다는 의지 등은 인물들의 입장에서 보자면 자신들의 테러 행위를 정당화해주는 전제들이다.

그러나 그것이 정당화를 바탕으로 한다고 해서 정당성을 획득하는 것은 결코 아니다.[7] 폭력이 어떤 목적에 바탕하든, 근본적으로 인간성과 생명의 가치를 침해하고 훼손하고, 박탈하는 행위라거나 인간을 사물의 차원으로 전락시키는 비인간적 행태를 가리킨다는 것에는 이론의 여지가 없기 때문이다.

사실 폭력이 어떤 정치적 의도 하에 수단화되든 상관없이 근본적으로 '반생명성'과 '비인간성'에 노출되어 있음을 위의 작품들이 잘 보여주고 있다.

> – 고문자는 고문 대상자를 생명체로 보아서는 안 된다. 그는 생명체가 아니라 사물이다. 고문 대상자가 왜 사물이 되어야 하는가? (중략) – 사물의 턱을 깎아보라. 그것은 결코 비명을 지르지 않는다. 사물의 뼈를 부숴보라. 그것은 결코 비명을 지르지 않는다. 사물의 살을 뜯어보라. 역시 비명은 없다.
>
> – 「얼음의 집」, p.216

권력이 무수한 생명체들 위에 유일한 존재로 군림하는 것이라면, 권력자는 그 생명들을 한 손에 거머쥐고 있는 자이다. 이러한 권력자가 되기를 욕망하는 자가 자신이 다룰 고문대상자를 생명체로 인식해서는 절대로 자

---

7) Hannah Arendt는 권력과 폭력을 설명하면서 정당성과 정당화를 구분하고 있는데, 그 자체로 목적인 권력은 '정당성'(legitimacy)을 필요로 하며, 도구인 폭력은 '정당화'(justification)를 필요로 한다는 것이다. (위의 책, 84~85쪽 참조) 이러한 논리를 참조하자면, '정당성'은 '목적' 자체가 이미 확보하고 있어야 하는 것이고, '정당화'는 미래에 위치하는 목적과 관계되는 수단이 필요로 하는 것에 불과하다. 따라서 본질적으로 도구인 폭력은 정당화될 수는 있지만, 결코 정당성을 가질 수는 없다.

신의 의도대로 다룰 수 없다. 그를 '사물로 인식하는 것'만이 권력을 향한 첫걸음이다.

또 한편으로, 강자에 대항하기 위한 약자의 폭력이라고 해서 폭력의 이러한 본질로부터 자유로울 수는 없다. 「테러리스트」(송기숙)는 역사적 도덕성과 테러 행위 탐닉의 경계에서 위험스런 줄타기를 하는 테러리스트의 행위가 이미 폭력의 반생명성에 노출되어 있음을 보여주고 있다.

> 조물주가 종족번식을 위해서 준 섹스를 원래의 목적과는 달리 쾌락만을 분리시켜 향락하듯, 테러리스트는 살인, 방화, 약탈 등 테러 자체의 긴장에만 탐닉하는 수가 있어. 창녀나 색한과 마찬가지로 이때 테러리스트는 광폭한 무뢰한이 되는 거지. 우리의 경우 독립이라는 명분 때문에 그런 배덕이 윤리성을 획득한다고 할 수 있는데, 이 테러를 통해서 발현되는 자신의 존재 가치를 너무 미화시켜 영웅화한 나머지, 객관적으로는 불요불급한 테러를 아무거리낌 없이 자행하거든. 따지고 보면 아편쟁이나 색한처럼 테러에서 오는 긴장 쪽을 더 추구하고 있는지 몰라.
>
> − p.15

> 순간적이었지만 이런 생각뿐만 아니었다. 이 몸뚱이는 보리자루처럼 칼을 맞아도 미동도 않은 채 허여멀끔한 웃음 같은 표정으로 맥없이 죽어져 버릴 것 같아 꼭 살아 버둥거리는 것을 확인하고, 그 살아 있는 생명을 죽이고 싶었던 것이다.
>
> − p.24

인용문은 테러리스트의 인간성까지도 파괴시켜버리는 생명 탐닉의 위험성에 늘상 노출되어 있는 테러리스트의 존재 상황을 잘 보여주고 있다. 위 인용은 역시 같은 테러리스트인 '사내'의 동료가 전하는 말로, '테러 자체의 긴장에만 탐닉'할 수 있는 테러리스트의 위험성을 적나라하게 지적하고 있다. 실제 그 위험성에 이미 노출되어 있음을 두 번째 인용문이 보여준다. '사내'가 일본인 셋을 살해한 뒤, 자신의 행적을 수습하기 위해 그 사실을 알고 있는 스님을 죽이려 하는 장면으로, 치밀한 계획 하에 스님 살해를 시도했지만, 대의와는 상관없이 '살아 버둥거리는 생명을 죽이고 싶다는', 자신의 순간적인 욕망 앞에 결국 '사내'는 칼을 내리고 그대로 돌아서게 된다. 독립 투쟁이라는 민족적 대의를 위한 테러리즘이라 할지라도, '테러' 행위 그 자체가 가지고 있는 반생명적 폭력성은 '테러리스트' 스스로를 비인간화시켜 버릴 수 있다는 것을 알 수 있다.

그렇다면, 이제 질문은 이러한 반생명성과 비인간성을 근간으로 한 테러리즘에 인물들이 몰두하게 만드는 이유는 무엇인가로 넘어가야 한다. 바로 이것이 위의 작품들이 궁극적으로 말하고자 하는 바이기도 할 것이다.

폭력은 우리 삶을 규정하는 본질 중의 하나임은 이론의 여지가 없거니와, 강자의 폭력은 차치하고라도 약자의 폭력이 정당화될 수 있는 것도, 폭력이 이미 삶의 질서가 되어버린 세계임을 역설적으로 의미한다. 앞에서 다룬 작품들 또한 다양한 방식으로 테러리즘을 말하고 있지만, 궁극적으로는 우리의 현재를 규정하고 있는 세계의 폭력성과 그 폭력적 질서에 감염된 인간 역사의 비극성에 대한 질문이라고 할 수 있다. 이 작품들에 전경화되고 있는 테러리즘 너머로 우리는 그 테러리즘을 산출시킨 폭력적 세계의 모습들을 읽어낼 수 있다.

「테러리스트」(선우휘)의 '걸'과 그의 동료들의 철저히 도구화된 삶은 국가 테러리즘을 기반으로 한 공포정치의 야비한 폭력성을 역설적으로 보여주고 있으며, 「테러리스트」(송기숙), 「추적」, 『오월의 미소』에서는 '폭력을 독점한 자의 오만이 만들어낸 세계'에 대한 질타를 만날 수 있다. 그 오만의 실체는 5·18을 비롯한 한국현대사를 폭력의 시대로 만들어버린 반역사적 인물들에서부터 약소국을 식민화 시킨 제국주의의 폭력성까지 다양하게 나타난다.

「얼음의 집」 또한 예외는 아니다. '나'가 테러리스트, 고문기술자로 변신하면서 권력을 욕망했던 근본적 원인은 관동대진진 참사 때 참혹하게 당했던 '조선인'으로서의 역사적 경험에 연유하며, 이 경험이 '나'가 세계를 '강자/약자'라는 이분법적 구도로 바라보는 데 결정적으로 작용한다. 그에게 '약자'는 짐승, 배고픔, 벌거벗음, 비천함이며, '강자'는 이 모든 것을 관장하는 자이다. 이 폭력적 구도로 짜여진 세계에 대한 경험은 그에게 '강자'가 되기 위한 권력을 욕망케 하며, 그 실현방법으로 역시 테러리즘, 고문이라는 폭력적 방식을 선택하게 되는 것이다.

결론적으로 지금까지 다루었던 작품들은 국가테러리즘의 정체, 대안으로 극단의 방식을 선택하게 만드는 현실의 정치적 상황, 권력을 향한 욕망의 문제까지 결국 드러내는 방식은 차이가 있을지라도 반생명적, 비인간적 폭력성에 기초한 인간의 역사에 대한 하나의 질문이라고 할 수 있다.

4. 결론

지금까지, 폭력 주체의 존재를 가장 극단적 방식으로 드러낸 테러리즘을 통해 세계의 폭력성을 고발하고 있는 세 작가의 작품들을 살펴보았다.

선우휘의 「테러리스트」는 테러의 대상도 명분도 사라져버린 상황에서 자신들의 존재방식을 찾아내지 못하는 테러리스트들의 혼란스러움을 통해 개인을 도구화시키는 국가 테러리즘 야만적 속성을 보여주고 있다.

송기숙의 「추적」, 「테러리스트」, 『오월의 미소』는 공적 폭력을 쓸 수 있는 통로가 원천적으로 폐쇄되거나 공적 폭력이 제대로 기능을 하지 못할 때, 폭력 대상에 대한 역사적 심판으로서의 테러리즘을 보여주고 있다. 이 때 테러리즘은 역사적 정당성을 가진 약자로서의 폭력으로서 폭력을 독점한 강자에 대항하기 위한 필요불가결한 대안으로 제시된다.

정찬의 「얼음의 집」은 고문기술자로 변모한 한 테러리스트를 통해 폭력과 인간의 권력 욕망의 연관성을 보여주고 있다.

이 소설들에서 폭력 주체에게 '폭력'이 의미화 되는 방식은 각기 다르게 나타나고 있지만, 폭력 주체로서 전경화되고 있는 인물들의 존재를 역사적 실존으로 인식하는 순간, 우리는 그 지점에서 폭력적 근현대사의 실체를 발견할 수 있다. 이는 결국 폭력으로 감염된 세계에서는 폭력의 주체이든 객체이든 그 세계 질서로부터 자유로울 수 없다는 것을 의미한다. 이렇게 볼 때, 이 소설들은 '테러리즘'이라는 동일한 프리즘을 통해 우리 역사와 현재의 삶을 구성하고 있는 폭력성을 이야기하고 있다는 점에서 우리 세계의 본질을 정면에서 만나는 모습들을 보여준다고 할 수 있다.

소설과 폭력
- 5·18항쟁소설을 중심으로 -

1. 서론

한국 현대사에서 거대한 전환점을 이룰 만한 역사적 변화를 가진 1980년대에는 그 객관적인 외부 조건의 변화와 아울러 문학 내적인 조건 역시 상당한 변모를 겪었다. 문학(운동)의 이념을 둘러싼 논쟁이라든지 문학가 조직의 변화, 새로운 문학 세대의 등장 등 80년대의 문학은 당대 현실 속에서 벌어지고 있는 제반 역사적 동력으로서의 현실운동을 예술적으로 개괄 반영하고, 이를 통해 당대 민중들의 현실적인 이상 및 미적 이상을 형상화하는 데 집중하고 있었다.

사실에 대한 규명조차 금기시되었던 1980년대초의 상황 속에서 '광주'의 문학적 수용은, 역시 객관적인 반영의 기율이 보다 느슨한 시장르에서 시작하여 항쟁과정의 사실을 복원하여 전달하는 보고문학을 거쳐 윤정모의 「밤길」을 시작으로 소설로 본격적으로 다루어지기 시작한다.

지금까지 5·18과 관련하여 창작된 소설들로는 여러 개의 작품들을 단행본으로 묶은 『일어서는 땅』, 『부활의 도시』 두 권의 소설집이 있으며, 한편으로 이 주제에 대해 끊임없이 글쓰기를 해온 임철우와 정찬, 홍희담의 일련의 소설들, 그리고 양적 성과물과는 상관없이 각각 하나의 작품들로도 상당한 무게를 성취한 이순원과 최윤의 소설들이 이에 해당한다. 이 소설들의 공통된 정서는 무엇보다도 5·18이 공권력을 독점한 국가에 의해 자행되었다는 점에서, '짐승의 시간'과 '짐승의 논리'로 파악되는 세계의 폭력성에 근간을 두고 있다.

본고는 광주항쟁 관련 소설에 대한 첫 연구라는 점에서 그 정신적 근간을 이루고 있는 '폭력성'의 문제에 초점을 맞추기로 한다. 세계의 폭력성이 텍스트에 어떻게 구현되고 있으며, 폭력성이 발현되는 논리들, 나아가 그에 대한 개인적 대응들과 구원 방식을 살펴본 뒤, 그 문제점까지 짚어보기로 한다. 여기서 분석할 작품은 정찬의「완전한 영혼」,「새」,「슬픔의 노래」, 최윤의「저기 소리없이 한 점 꽃잎이 지고」, 임철우의「봄날」,「수의」,「직선과 독가스」, 한승원의「어둠꽃」, 홍희담의「그대에게 보내는 편지」, 이순원의「얼굴」, 문순태의「일어서는 땅」등 대략 10여 편에 해당한다.

2. 개인의 자폐적 윤리의식

2-1. 강요되는 망각들

문학은 우리 사회가 은폐하고 있는 혹은 잠재된, 고백되지 않은 모습들을 드러내 보여주는 기능을 한다. 텍스트들에서는 항쟁과 관련된 우리 사회 내면의 모습들이 의외로 정직하게 드러나 있음을 볼 수 있다. 이 모습은 대부분 자폐적 방식을 동반하고 있다.

텍스트들에서 5·18항쟁은 어느 누구에게든지 절대 기억하고 싶지 않은 과거이다. 비록 변혁운동 측면에서 분수령적 의미를 갖고 있다할지라도 그 물질적 정신적 피해는 너무 엄청난 것이었기 때문이다. 직간접적 피해를 받은 일반 시민이었건 진압군으로서 살육을 저질렀던 행적을 가진 자였건 간에 누구를 막론하고 항쟁이 가져다 준 파장은 모두를 정신적 불구로 만들 만큼 강력한 것으로 자리잡고 있다. 따라서, 이들에겐 그 과거에 대한 '기억' 자체가 못 견디는 폭력적 상황일 수 있다. 개인들은 그 기억과 연결된 외부와의 모든 통로를 스스로 차단하고 자신의 내부로만 향하는 경향을 보여주고 있다.

텍스트에서 드러나는 자폐적인 심리현상은 폭력적 정황과 맞서 있는 개별자들의 불안과 공포감에서 연유되는 것으로, 그 폭력이 자신의 삶을 어떻게 만들어가버릴지 알 수 없다는 데서 생겨나는 심리적 반응이라고 할 수 있다. 따라서, 이 불안감으로부터 자신을 보호하기 위해 이들이 본능적으로 선택한 방식은 다름 아닌 '망각'이다. 자신이 당하거나 행한 그 모든 폭력적 과거사들을 머릿속에서 몰아내는 것이다.

> 그의 기억 상실은 대체로 부분적이었다. 어떤 기억에서 특정한 부분이 지워져 있어 시간이 자연스럽게 연결되지 않는다거나, 혹은 또렷해야 할 기억이 희미해졌다거나 하는 정도였다. 그런데 유독 5월 16일 이후의 시간들만은 그의 머릿속에서 하나도 남김없이 깡그리 사라져버려 의사를 곤혹스럽게 했다.
>
> — 「새」, p.124

5월 16일 이전부터 시위에 계속 참여하고 있었던 '박영일'은 5월 20일 정오 무렵에 공수부대원 '김장수'에 의해 뇌를 다쳐 혼수상태로 병원에 실려와 다음날 깨어나지만, 자신이 왜 병실 침대에 누워있는지도 모르며, 시위는 끝까지 평화적이었고 아무런 불상사가 없었다는 것으로 기억하고 있다. 결국 그는 무자비한 진압을 목격했던 5월 17일 이후의 모든 일을 자신의 기억으로부터 완전히 몰아내버린 것이다. 의사는 이런 망각 현상에 대해 정신이 특정 부분의 기억을 억압하고 있기 때문일 것이라고 하면서, 기억하고 싶지 않은 끔찍한 일들에 대한 정신의 무의식적 도피라는 진단을 내리게 된다.

이렇듯 항쟁 진압 과정에서 보여지는 일련의 폭력적 상황을 도저히 받아들일 수 없다는 심리에서 배태된 기억상실과 같은 방식은 항쟁 과정에서 직접 피해를 당했던 인물들의 거의 일반적인 정신상태로 나타난다.

그러나 이러한 '망각'이라는 방식이 보다 문제적이 되는 부분은 부끄러움이 배태한 '죄의식'과 연결될 때이다. 이는 대부분 항쟁에서 도망치거나 살아남았다는 것이 부끄러움으로 전이되어 이를 의식적 무의식적으로 잊고자 하거나, 다른 한편으로 당시 진압군으로 광주에 내려왔던 경력을 가진 자들이 자신들의 과거행적을 아주 지워버리기 위한 필사적인 몸부림을 보여주는 대목에서 잘 나타난다. 전자는 항쟁 당시 현장에서 도망치거나 어떤 이유로든 살아남아있다는 것이, 후자는 무자비한 살육을 저질렀다는 것이 이들에게는 정도의 차이 없이 모두 죄의식으로 내면에 기록되어 있다. 이들은 거의 대부분 정신질환자나 편집증, 피해과대망상자로 현실세계에 비쳐진다.

> 무슨 이야기로 내 성한 몸을 변명할 수 있을 까. (중략) 사람들은 누군가를 기다리고 있을지도 몰라. 눈을 부릅뜨고, 어쩌면 손에는 몽둥이를 들고. 난 못 해. 오빠가 그러자고 해도 난 그 환한 빛 속을 걸어 집까지 갈 수가

없어. 나는 결코 검은 휘장 얘기를 오빠한테 해줄 수가 없어. 그것만은 절대로.

− 「저기 소리없이 한 점 꽃잎이 지고」, p.739

「저기 소리없이」는 항쟁 중 시위 현장에서 어머니의 죽음을 목격한 '나'가 항쟁 이전에 이미 죽음을 당한 오빠를 찾아 떠돌아다니는 여정을 그리고 있다. 인용문은 '나'의 의식상태를 묘사하고 있는 부분으로, 현장에서 자기 혼자 살아남았다는 죄의식은 마을 사람들이 몽둥이를 들고 기다리고 있을 거라는 공포감을 동반하고, 결국 그 기억을 지워버리기 위해 자신의 손으로 '검은 휘장'을 친다. 기억에 대해 '나'가 스스로 선택한 방어막은 '검은 휘장' 외에도 '밤', '졸음', '흰 페인트칠'로 나타나는데, 이것들은 '나'의 의식상태를 마치 '반수면'과 같은 혼미한 정신상태로 몰아가게 되며, 나아가 텍스트 전체의 분위기가 '기억'을 거부하는 '반수면' 상태에 있는 듯한 효과를 드러내고 있다.

이런 망각에의 염원은 진압군의 경력을 가진 인물에게도 마찬가지로 나타난다.

어느덧 세월은 그렇게 흘렀으며, 그 세월동안 그는 제대 이후 줄곧 그때 그곳에서의 일을 잊으려 노력했었다. 가능하다면 그 도시의 이름조차 기억하고 싶지 않았다. 그때 나는 그곳에 갔었는가. 그리고 그곳에 정말 그런 일이 있었는가. 우리는, 나는 그랬었는가.

− 「얼굴」, pp.104~105

'김주호'는 항쟁 당시 진압군으로 내려왔던 인물이다. 현재는 도시 이름조차 기억하고 싶지 않은 그의 심리상태가, 당시 광주라는 실제 지명과 80년 5월이라는 구체적인 시간이 '그곳', '그때' 라는 무표화된 방식으로 표현되고 있는 데서 잘 드러나고 있다. 따라서 새로 시작한 삶에서 과거 행적 따위는 어느 누구도 알지 못해야 한다. 그만큼 그들의 과거는 은폐되어 있다.

> 그가 그때 광주 안에 얼룩무늬 옷을 입고 나타났고, 그날 광장을 향해 총을 날렸고, 방망이를 휘둘러대던 사람이라는 것을 아는 사람은 아무도 없었다. 중매를 선 사촌 누님이나 취직자리를 알선한 매부인 고근홍 상무까지도 그 사실을 알지 못했다. 공수부대에 몸을 담고 있기는 했지만, 자기가 소속되어 있는 부대는 그 무렵 부산에 있었다고 거짓말을 했다. 서울에 살고 있는 그의 아버지나 어머니나 동생들까지도 그렇게 알고 있었다. 그들에게 그는 사실대로 말을 할 수가 없었다.
>
> — 「어둠꽃」, p. 34

자신의 가족에게조차 사실을 알리지 못하는 '이종남'과 마찬가지로, 제대 후 은행에 복직한 '김주호'(「얼굴」) 또한 은행에 날마다 입금차 들르는 중소기업의 경리인 '박은영'이라는 여자에게 호감을 갖고 접근하지만 그녀가 광주출신이라는 것과 오빠가 항쟁 때 죽었다는 과거사를 듣고는 본점으로 자리를 옮겨 연락을 끊어 버릴 만큼 '그 도시'의 기억으로부터 도망치고 싶어한다. 일상인으로서의 정상 생활이 위태로울 만큼 안간힘을 다하는 모습들이다.

이런 '망각'에의 열망은 급기야 과거 시위 진압 현장에 자신이 없었음을 확인하고자 하는 '현장부재증명'에 대한 집착에까지 이른다.

> 타자기에 꽂힌 흰 종이에 '오월은 아직도 계속되고 있다'가 찍히는 것을
> 끝으로 테이프는 끝이 났다. 없다 확실히 어느 곳에도 (중략) 정말 어느 곳에
> 서도 그의 모습은 보이지 않았다. 벌써 열 번도 넘게 확인하는 테이프였다.
>
> – 「얼굴」, p.103

'김주호'는 퇴근 후 광주항쟁 관련 테이프를 틀어놓고 처음부터 끝까지 꼼꼼하게 살펴보면서, 자신의 얼굴이 혹시 거기에 찍혀 있는지를 확인하면서 새벽을 맞는 것이 일상이 되어 버렸다. 만일 주위 사람들이 본 그 테이프들 속에 자신의 얼굴이 찍혔다면, 자신의 전력이 들통나고 말 것이라는 공포감에 때문에, 그 테이프들에 자신의 얼굴이 없음을 확인한 후에야 잠을 이룰 수가 있는 것이다. 처음에는 단순히 얼굴이 찍혀있는지를 확인하고자 테이프 한 개에서 시작한 일이 점점 편집광적 수집으로 변해가고 그 모든 테이프에서 자신의 얼굴이 없음을 하나하나 확인해가면서 마치 그 '현장'에 자신이 없었음을 증명하는 듯한 심리현상을 보이게 된다. 그러나 현장부재증명이라는 것이 결국은 사건 장소가 아닌 다른 곳에 있었다는 증명인데, '광주'에 대한 기억이 이미 알리바이를 허위로 댈 수 없을 만큼 '김주호'에게는 강력한 것이기 때문에, 단지 비디오테이프에 없다는 것으로 현장 부재를 스스로에게 증명하고 안도감을 얻는 그의 행위는 기억 혹은 '현장' 자체가 공포와 직결되어 있음을 말해준다. 이쯤되면, 이들에게 그 과거에 대한 기억은 단순한 '사건'에 그치는 것이 아니라 '괴물'일 수밖에 없다.

아내 앞에서의 피의 칼을 찾고 있었던 기괴한 존재는 기억이 만든 괴물이었다. 그 괴물을 사라지게 하는 유일한 방법은 박영일을 만나지 않는 것

이었다. 그를 잊어 버림으로써 괴물은 다시 녹슨 살과 뼈가 되어 시간의 땅 속에 묻힐 것이라고 김장수는 생각했다.

- 「새」, p. 136

항쟁 당시 진압군으로 출동했던 '김장수'는 자신이 그 당시에 죽여버렸다고 생각했던 '박영일'이 우연한 기회로 일상에 끼어들면서 그 기억들까지 온전히 살아나게 된다. 성실하게 일궈온 공장일을 팽개치면서까지 박영일의 주변을 맴도는 집착 속에서 그는 당시 자신이 맛보았던 살육의 쾌감이라는 '괴물'을 기억해낸다. 이 괴물을 잊기 위해 노력하지만, 기억의 고통 속에 아내 구타와 가출로 이어지는 일상의 파괴만이 남아있을 뿐이다. '아내의 웃음 소리가 있고, 아들의 재롱에 행복해하는 아버지가 있는 과거의 평온 속으로' 돌아가고 싶은 그는 '1980년 5월에 마땅히 죽었어야 할' 박영일이 이 평온을 깨뜨렸다고 생각하고, 평온을 다시 찾기 위해서는 박영일을 기억이 만든 괴물과 함께 망각 속으로 다시 밀어 넣는 수밖에 없다고 생각하고 결국 그를 살해하고 만다.

이렇듯 기억이 동반하는 불안과 공포와 일상의 파괴로부터 자신들을 지켜내기 위한 본능적인 방어욕구가 '망각'이라는 형태로 나타나고 있지만, 흥미로운 것은 텍스트들을 감싸고 있는 분위기가 오히려 공포의 현장적 지속이라는 것이다. 요컨대, 망각에 대한 집착은 악몽적인 사태로써 체험한 5월의 현재적 상황으로부터 벗어나지 못하고 있음을 의미하는 것이고, 이는 다름아닌 망각이라는 것이 결국 기억의 현재성에 놓여 있음을 설명하는 것이기 때문이다.

또한, 불안으로부터의 도피로서 망각 행위는 본능적인 방어욕구라는 점에서 내부적인 것보일 수도 있지만, 궁극적으로 그 근원은 이 기억과 관련된 모든 것을 용납하지 않는 외부 상황에 있기 때문에, 강요되는 망각으로서의 폭력성을 동반하고 있다고 볼 수 있다.

3. 독백 내부의 이중 자아

앞의 논의에서 드러나듯이 망각이란 것이 곧 기억의 현재성을 역설적으로 설명하고 있다는 사실은 텍스트들에서 그대로 찾아볼 수 있다. 과거에 대해 완전한 망각을 얻어낼 수 있다는 것은 환상이다. 그 망각에 집착할수록 오히려 기억은 더 선명해지게 되는 법이기 때문이다.

> 그날이 꼭 어제 같은데, 아무리 멀리, 오랫동안 도망쳐도 내 뒤를 꼭 붙어 따라오는 그날. 조금만 뒤돌아 보아도 사방 어디에서나 번쩍 눈 앞에 마주서는 그날.
> ─「저기 소리없이 한 점 꽃잎이 지고」, p. 768

특히나 이런 망각에의 집착이 '죄의식'에 바탕하고 있을 때, 더욱더 끈질기게 기억은 중심에 버티고 서있는 모습을 볼 수 있다. 텍스트들에서 이런 죄의식은 항쟁에서 살아남은 자들이나 진압군이었던 가해자들이나 모두 자신의 행위들에 대한 동일한 '범죄의식'에 바탕을 두고 있다.

> 내 끔찍한 범죄의 자리. 나 혼자 살아 남으려고 나는 엄마의 손, 팔, 흰 눈자위를 내 발로 짓이겼어.
> ─ 같은 책, pp. 783~784

주변 사람들이 자기를 주시하는 것만 같았다. 자기들끼리 이야기를 하고 시시덕거리는 것을 보면 꼭 자기를 비웃는 듯싶기만 했다. 다들 그때 그가 얼룩무늬 옷을 입고 <u>총질 칼질을 했다</u>는 사실을 알고 있는 것 같았다.

-「어둠꽃」, p. 35

이들의 범죄의식은 자아 내부의 '부끄러움'이라는 윤리적 측면에 근거하는 것이기 때문에, 자연스럽게 자아 내부의 목소리를 만들어내게 된다. 이는 텍스트상에 '독백'이라는 형식으로 나타나고 있다. 죄의식이 동반될 때 독백 형식은 필연적으로 고백의 형식을 띠게 된다. 독백이 자기 자신과의 새로운 관계를 지향하는 형식임을 염두에 둘 때, 고백의 성격을 가졌다는 것은 무엇인가 또 다른 자신을 향해 고해하는 과정을 포함한다. 이때 자아는 무엇인가를 고백(고해)하는 '나'와 그 고백의 수취자인 '나'라는 두 개의 자아로 분열될 수 있는데, 텍스트들에서 보여지는 이중 자아(double)는 모두, '고백하는 나'의 치부를 드러내는 도덕의 현현으로 드러나고 있다. 이 도덕적 자아들은 대부분 상처난 양심을 상징하는 일그러진 모습으로 비쳐진다.

밖에는 아마도 긴 굴을 지나고 있었을거야 어두웠고 여닫이 문에 붙은 유리창에 비친 한 얼굴을 보았어. 마치 창 저쪽 편에 붙어서서 감시하듯이 나를 바라다보는 난생 처음 본 얼굴. (중략) 나는 그 얼굴에서 시선을 뗄 수가 없었어. 내 창자가 감추고 있는 악취의 강도만큼 일그러진 얼굴. 내 긴 긴 여행의 유일한 동반자.

-「지기 소리없이 한 점 꽃잎이 지고」, pp. 765~766

이때 대개 고백하는 '나'는 현실적 세계를 바탕으로 하는 존재이며, 수취자인 '나'는 완벽한 도덕적 결정체로서의 '나'라는 성격을 갖게 된다. 따라서 도덕적 자아가 갖는 윤리성에의 지향성은 현실적 자아에게 죄의식과 회환을 선사하며 끊임없이 '고백'의 행위를 하도록 부추기게 마련이다. 이 기억과 관련된 죄의식은 그들의 내부에 도덕적 자아를 만들어내고 그것들은 언제 어디서든지 현실적 자아 주위를 맴돌며 달라붙어 있는 형국이다. 따라서 이들은 항쟁과 관련된 모든 기억을 잊기를 꿈꾸지만 절대로 망각할 수 없는 이유는 바로 그들 내부에 이와 같은 도덕적 자아를 품고 있기 때문이다.

텍스트들에서 보여지는 두 개의 자아는 단순히 고백하고 그것을 일방적으로 수취하는 단선적 관계가 아니라, 정확하게 독립된 두 개의 목소리로 문면에 드러나며, 특히 도덕적 자아로서의 '나'는 현실적 자아인 '나'에게 무섭도록 죄의식을 자극하는 극단화된 양태로 나타난다. 그 자극의 방식은 현실적 자아가 그토록 잊고자 하는 그 현장에 대한 증언이다.

　— 그래 그 순간 내가 뭣을 했는지 내가 가르쳐주지. 자 잘 봐. 내가 세세하게 말해주지. 너는 눈을 똑바로 뜨고 엄마 복부의 구멍에서 흘러 나오는 검은 액체를 바라보았어. (중략) 그런데 소용돌이 속에서 굳어져 버린 엄마의 손이 너를 놔주지 않았어. 너는 이미 마른 장작처럼 쓰러지는 엄마의 무게에 끌려가면서 다른 손으로, 그래 잔인하게 엄마 손가락의 갈쿠리를 하나씩 떼어내려 했어. 그 다음에 너는 어떻게 했지. 눈을 크게 뜨고 그 일 분도 안 될 순간에 네가 한 일들을 천천히 머릿속에서 하나하나 다시 돌려봐. 독이 퍼져 네 몸을 태우더라도, 억눌려진 뜨거운 호흡에 네 피가 말라 가루가 되어버리더라도. 너는 급기야 한 발로 엄마의 내팽개쳐진 팔을 힘껏 누

르고 네 손을 **빼어냈어**. 엄마의 근육살이 발 밑에서 미끈거렸지. 너는 사력을 다해 밟았어. 그리고는 무더기로 이동하는 무리를 피해 달아났지.

— 같은 책, p. 783

　무대는 오월의 봄날입니다. (중략) 무대는 아비규환입니다. 살이 찢기고 피가 튀는 소리, 두개골이 깨어지고 뼈가 바수어지는 소리. 그 비명과 울부짖음. 대지는 입을 벌려 피를 받고, 빛은 잔혹의 중심에서 춤을 춥니다. 빛의 춤 속에서 한 남자가 비틀거리며 나오고 있습니다. 그의 두 손은 피에 젖어 있습니다. 무대는 일순간 정적에 잠기고, 어둠이 천천히 내려앉습니다. 그는 낭자한 피내음에 흠칫 놀랍니다. 대검에 가슴 깊숙이 찔려 믿을 수 없다는 듯 그를 멍하니 보다가 짚풀처럼 쓰러진 청년의 얼굴이 오버랩됩니다.

— 「슬픔의 노래」, pp. 263~264

　그는 비디오를 껐다. 오늘도 그의 얼굴은 나오지 않았다. 없다 어느 곳에도
　불을 끄자 방안 가득 칠흑 같은 어두움이 몰려오고, 꺼진 텔레비전 화면 속에 분명 예전의 그였을 철모를 쓴 얼굴 하나 바깥쪽의 그를 향해 아까부터 총을 겨누고 있었다. 오랜만이다, 너 그래, 오랜만이다, 너

— 「얼굴」, p. 138

　자신이 그토록 피하고자 했던 기억인, 항쟁의 현장에서 총에 맞아 쓰러진 어머니를 구해내지 못하고 오히려 어머니에게 잡힌 자신의 손목을 **빼** 내기 위해 몸부림쳤던 과거를 결국은 하나하나 고백하듯이 기억해내고 있

다. 두 번째는 당시 진압군이었던 '박운형'이 연극 무대위로 올라가 즉석에서 모노드라마를 연출하는 부분으로 자신의 과거 행위를 마치 사진 찍듯이 묘사해보이고 있다. 세 번째는 자신의 모습이 비디오 테이프에서 보이지 않는 것을 확인하고서야 잠들었던 '김주호'가 끝내는 비디오테이프가 아닌 자신의 내면에서 자신의 과거 범죄행위를 증언하는 과거 현장의 '나'를 발견하고 마는 부분이다. 부재증명에 집착은 역설적으로 현장검증을 반복하는 행위로 읽혀질 수 있는 것이다.

도덕적 자아는 인간의 차원을 넘어서서, 신 '야훼'의 모습과 같은 극단적인 형상으로 겹쳐지기도 한다.

> (고개를 들어 대답하라. 아직 온전히 살아 있는 자여. 어디에 있느냐. 네 아우 아벨이 어디에 있느냐. 어느 흙더미 속에 그를 산 채로 파묻어 놓고 지금 너 홀로 돌아온 것이냐.)
>
> — 「봄날」, p. 192

이 인용문은 '상주'의 일기장의 한 부분으로, 그의 일기장은 상주 자신을 대변하는 부분과 항쟁 때 자신의 집 골목에서 죽은 친구 '명부'와 야훼가 복합된 이미지를 대변하는 부분이 교차되면서 서술되고 있다. 상주 자신의 도덕적 자아라고 할 수 있는 후자를 대변하는 부분은 나타난 바와 같이 일기 중간 중간에 괄호로 처리되어 목소리를 구분하고 있다. 항쟁에 참여하지 못하고 도망쳐나와 집에 숨어있던 상주는 도청 진압이 있던 항쟁 마지막날 누군가가 대문을 두드리는 소리를 들었으나, 무서워 나가보지도 못하고 밤을 새우게 된다. 다음날 자신의 집 근처에서 시체로 발견된 명부를 발견하고는 전날 밤 자신의 집 대문을 두드린 사람이 명부였을 거라는 생각에 엄청난 죄의식 속으로 빠져들어간다. 야훼의 목소리로 들리는 위 인용은 바로 이런 상주의 죄의식이 만들어낸 자신의 도덕적 자아의 목소리로, 자신이 문을 열어주지 않은 행위는 마치 자신의 형제 아벨을 죽인 카인과 같다는 질책을 스스로에게 던지고 있다.

도덕적 자아에 신의 권위를 부여하는 것은 이미 두 개의 자아가 수평적 관계에서 수직적 관계로 전이되었음을 의미한다. 따라서, 범죄 사실을 질타하는 신의 목소리는 죄의 댓가를 묻는 노여움을 동반하게 된다.

> 나 야훼가 선고한다. 다마스커스가 지은 죄, 그 쌓이고 쌓인 죄 때문에 나는 다마스커스를 벌하고야 말리라. 나 야훼가 선고한다. 가자가 지은 죄, 그 쌓이고 쌓인 죄 때문에 나는 가자를 벌하고야 말리라. 나 야훼가 선고한다. 띠로가 지은 죄, 그 쌓이고 쌓인 죄 때문에 나는 띠로를 벌하고야 말리라.
> —「슬픔의 노래」, p. 265

> (보라. 네가 버리고 온 그의 피가 어두운 땅 속에서 나를 부르며 울부짖고 있다. 네 두 손이 그의 순결한 피를 땅 위에 흩뿌려지게 했고 땅은 입을 벌려 그 피를 마셨노라. 기억하라. 이제 너는 저주를 받으리라. 부정한 네 손으로 하여 더럽혀진 이 대지로부터 영원히 추방당하게 하리라. 아무리 가슴을 쥐어 뜯고, 풀어헤친 머리채로 통곡하며 뉘우친들 끝끝내 너는 용서받지 못하리라. 늦었다. 모든 것은 이미 끝나지 않았더냐.)
> —「봄날」, pp. 192~193

기독교적 원죄 의식이 그 죄를 씻기 위한 유일한 방법으로 속죄양으로서의 제물을 바쳐야 함을 역설하고 있는 것처럼, 텍스트들에서 인물들은 자신의 범죄에 대한 죗값을 치루기 위한 방법을 결국 자신 내부에서 찾게 된다. 이는 자폐적 의식이 선택할 수 있는 유일한 방식으로, 그들은 자신 스스로를 제물화하는 희생제의라는 방식을 택하고 있다. 이는 일상의 파기와 부유, 신체적 자해, 상징적 죽음의 반복 등의 양태로 드러나고 있다.

> 이 액체가 창피스러운 나의 호흡을 정지시키고, 구더기들이 우글거리는 심장을 터뜨리고 바싹 마른 여름 나뭇가지에 불이 붙듯이 삐뚜르게 삐뚜르게만 흐르는 나의 핏줄들, 수치스러운 기억처럼 질길 대로 질겨진 채 뼈에 달라붙어 있는 나의 살가죽, 그리고 윙윙 대며 신음 소리만을 울리는 내 뼈를 남김없이 태워, 수분 한 방울 남기지 말고 태워, 흔적 없이 먼지로 사라지게 해달라고 빌고 빌었지.
>
> ―「저기 소리없이 한 점 꽃잎이 지고」, p. 764

> 운형이는 진찰이라는 명목으로 수술대에 올라가 제복 입은 이들에 의해 고문 당하다 끝내 죽는 역할을 맡았는데, 그가 고통을 받는 이유는 세계의 구원 때문이었습니다. (중략) 연극은 운형의 죽음으로 막을 내렸는데, 그 녀석은 연극이 끝났는데도 일어나지를 않았대요. 이상하게 여긴 동료 배우가 가보니 몸이 뻣뻣이 굳어 있어 정말 죽은 줄 알았나봐요. 달려온 의사는 히스테리성 마비현상이라고 진단했습니다.
>
> ―「슬픔의 노래」, pp. 267~268

히스테리성 마비현상은 '정신적으로 간절히 원하면 그것이 육체로 전환되어 나타나는 일종의 정신병'이다. 타인에 의한 죽음을 절실히 갈망함으로써 사람을 죽인 자신의 행위에 대한 구원을 바라는 상징적 죽음이다.

이렇게 볼 때, 텍스트들에서 보여지는 자해, 죽음이라는 방식은 앞의 카인과 아벨의 알레고리가 보여주는 것처럼 신화적 모티프에서 온 것이며, 이 죽음의 의미가 결국 속죄양으로서의 희생행위임이 분명해지는 순간이다.

이렇듯 텍스트들이 보여주는 내부지향성은 자신의 내면의 발견과 더불어 도덕적 자아의 질타, 그리고 자신 스스로를 제물화시키는 행위로 나아감으로써 정신적 자폐성의 극단을 보여주고 있다. '광주'의 윤리적 무게에 짓눌려 파생된 자폐적 구조를 통해 오히려 사회의 다른 형식들과 변별되는 문학의 중요한 본질을 읽어낼 수 있다. 변혁운동이나 계급성, 역사적 낙관성 등과 같은 '사회 현상들의 커다란 범주'를 고찰하는 데서 보여지는 화려함보다도 '개인성 속으로 깊이' 내려옴으로써 당대의 집단적 정신 상황을 어떤 형식보다도 정직하게 드러내고 있다는 사실이 그것이다.

그러나 다른 한편으로 인물들의 자폐적 행위들은 사실 세계에 대한 고발이라는 역설적 의미를 갖고 있다. 그들의 죄의식은 기실 개인적 몫으로 감당할 수 없는 거대한 시대사적 조건이었고 그들의 인간적 의지의 바깥에서 가해진 것들이었다. 그들이 책임질 수 없는 죄를 자신의 죄로 받아들이고 그것에 신음하면서 결국 그 구원의 가능성들을 개인의 희생행위 안에서 찾고자 하는 것은 이 세계가 갖는 폐쇄성과 무책임성을 고발하고 있는 것에 다름아니다. 오히려 그들을 죄인이라고 믿게 만들 만한 어떤 단서의 발견도 없이, 그들의 희생제의를 있게 만든 현실 체계의 폭력성을 폭로하고 있는 것이다. 이는 세계의 실체를 선명하게 드러낼 수 있는 서사적 전략으로 읽힐 수 있다.

4. 폭력성 발현의 원리

'5·18'이 공권력을 가진 집단에 의해 조직적으로 이루어진 폭력형태라는 점에서, 텍스트들의 중심적 주제 또한 직간접적으로 폭력의 양상에 관련될 수밖에 없는 것이 사실이다. 텍스트들에서는 폭력이 세계의 주요한 구성원리로 파악되고 있다. 이 세계는 교활하고 끔찍스런 폭력, 개인들의 의지와는 무관하게 외부로부터 주어지는 일방적이고 압도적인 폭력으로 이루어져 있다.

텍스트들에서는 폭력성이 '항쟁'을 통해 세계에 발현되는 몇 가지 원리들을 보여주고 있는데, 단순히 폭력의 물리적, 단발적 차원이 아니라, 은밀하고 조직적이며 계보적이면서도 그것의 파장이 개인에게 어떤 치명타를 가할 수 있는가를 잘 나타내고 있다.

먼저, 폭력성은 한 시대나 특수한 공간에만 국한된 단발성의 차원이 아니라 계보적 성격을 가진다는 것이다.

> 그는 일제 때 처자식을 남겨둔 채 노무자로 끌려가서 소식이 없는 아버지와, 스무 살 나이에 반란군이 되어 개죽음을 당한 형, 그리고 구두통 대신 총을 메고 울부짖다가 흔적조차 없어져 버린 아들 토마스를 생각하면, 그의 가족이 내림으로 환란의 검은 구름 속에 갇혀 있는 것 같은 불안 때문에, 하루하루의 삶이 부질없이 느껴졌다. 비극적 운명의 밧줄에 결박당한 듯한 압박감과 절망감에 모든 희망을 잃었다.
>
> — 「일어서는 땅」, p.26

박요셉은 5·18항쟁 때 자신의 아들 '토마스'를 잃은 인물로 자식이 죽은 후 실성해버린 아내를 데리고 힘겹게 삶을 살아간다. 아내는 일년 열두 달 중 열한 달은 실성해 있다가 유독 5월만 되면 제정신으로 돌아온다. 그렇지만 그의 기억은 항상 80년 5월 토마스가 죽기 직전에 머물러 있는데다, 아들의 죽음을 인정하지 않고, 아들을 찾으러 광주로 떠나자고 남편을 채근한다. 벌써 5년째 아내를 데리고 광주로 향하지만 그는 아들을 찾아 떠나는 아내의 뒷모습을 보면서 사십년 전, 여순 사건 때 아들이 반란군이 되어 행방을 감추었다는 소식을 듣고 여수까지 어머니를 따라 동행하던 기억이 되살아나곤 한다. '계절만 다를 뿐, 사십년 전의 과거와 오늘이, 살아 움직이는 모든 것들의 통행이 차단된 대로(大路) 위에서 일치하고, 더구나 두 여인이 똑같은 모습으로 하나가 되고 있다는' 사실이 서글플 뿐이다.

 이와 같이 폭력의 계보성을 제기하는 문제는 비단 여순 사건 이외에도 6·25 이후 빨치산의 전력 문제, 자유당 시절, 현 학생운동의 모습들 같은 한국 근현대사뿐만 아니라 아우슈비츠, 보스니아 내전 등 비극적 세계사와도 겹쳐져 있음을 확인할 수 있다. 일련의 저항사로도 읽힐 수 있는 이러한 겹쳐짐들은 근대 이후 인류사에 내재된 계보화된 폭력사에 대한 고발을 그 이면에 담고 있다고 할 수 있다. 문제는 인용문에서 드러난 바와 같이 폭력성이 계보화될 경우 그것이 개인에게는 '비극적 운명'으로 읽혀져 개인의 비전을 상실케 만들어버릴 수 있다는 것이다. 이는 어떤 물리적 폭력보다도 심각한 형태의 폭력이라 할 수 있다.

 한편, 이렇게 유독 근대 이후의 폭력사를 문제삼고 있는 이유는 그것 뒤에 그 전대에 비해 훨씬 더 조직적인 메커니즘이 작동되고 있다고 보기 때문이다.

역사의 어느 페이지 속을 뒤적이더라도 대학살의 피와 마주칩니다. 학살은 세대와 세대에 걸쳐 끊임없이 자행되었으니까요. 하지만 아우슈비츠 학살은 새로운 모습을 보여주고 있습니다. 매일 수천 명을 뽑아 죽이고 화장을 하는 치밀한 메커니즘에 의해 이루어졌으니까요. 광포와 격정이 아니라 과학에 의해 이루어지는 냉정한 대량학살이었지요. 그래서 아우슈비츠는 인간이란 어떤 존재인가?라는 새로운 물음을 요구한다고 학자들은 말하고 있습니다. 이 물음 속에 가해자가 독일인이고 피해자가 유대인이라는 인종적 구분을 담는다면 표피적 의미밖에 도출할 수가 없다고 봐요.

— 「슬픔의 노래」, p.251

보스니아내전의 비극을 보라. 죽고 죽이는 아비규환을 인종의 문제라 생각하는가? 천만에. 그것은 욕망의 비곗덩어리로 숨쉬고 있는 인간의 문제다.

— 같은 책, p.243

여기서 인간의 욕망의 문제는 말그대로 야만성과 광기 같은 인간의 짐승적 충동의 문제가 아니라, 다름아닌 '권력에의 욕망'을 일컫는다. 특히 근대 이후 이 권력에 대한 욕망은 순간에 그리고 단선적으로 폭발하는 것이 아니라, 은밀하고도 치밀하게 세계를 움직여 나가는 실체이다. 문제는 모든 개인들이 자신의 욕망들을 실현시킬 수 있는 것이 아니라는 것이다. 소수의 욕망에 의해 장악된 권력은 다수의 개인들의 욕망들을 부추기고 길러내어 그것을 자신의 권력을 유지하는 데 도구화시킨다. 이때 개인들이 경험하는 욕망의 실현 곧 권력이란 가짜—권력일 수밖에 없다. 여기서 발견되는 것은 철저하게 도구화된 개인일 뿐이다.

사실, 일방적인 폭력 앞에서 개인들은 살륙을 당하기도 하지만, 더 무서운 것은 바로 이런 소수의 욕망에 의한 일련의 매커니즘 작동이 개인의 인간성을 파괴한다는 점이다. 왜곡과 파괴 뒤에 오는 것은 존재 자체의 상실이다. 텍스트들은 이 문제를 폭력의 감염성이라는 차원에서 5·18 현장에 진압군으로 투입되었던 인물들의 심리를 통해 고발하고 있다. 이는 권력자가 단순히 진압군을 조종하는 것이 아니라, 당시 진압군 스스로가 이 폭력성에 감염되어 야만적 폭력의 행사자로 둔갑한다는 것이다.

> 광주에서, 저는 그렇게, 했습니다. 칼이 몸 속으로 파고들 때 칼날을 통해 생명의 경련이 손안 가득 들어오지요. 그 경련이란, 뭐라고 할까요. 생명의 모든 에너지가 압축된 움직임이라 할까요. 그러니까 한 인간의 생명이 손안에, 이 작은 손안에 쥐어져 있다는 것이죠. 마치 어떤 물질처럼. 그 물질은 돌멩이처럼 단단한 것이 아닙니다. 달걀처럼 으깨지는 것이지요. 생각해보세요. 자기와 똑같은 한 생명을 그렇게 쥘 수 있다는 것은 그것은 그것은 상상할 수 없는 쾌감입니다.
>
> — 같은 책, p. 275

권력의 속성이란 것이 그것을 갖지 못한 자들의 모든 것을 한 손에 쥐고 행사하는 것이라면 텍스트들은 바로 이런 권력자의 폭력성이 감염성이 있음을 폭로하고 있다. 다시 말해, 권력자는 자신들의 욕망의 실현을 위해 개인들의 파괴적 욕망을 길러내고 끄집어내며, 도구화된 개인들은 진짜 힘을 가진 권력자에 의해 이 파괴적 욕망을 실현함으로써 '가짜-권력' 혹은 '사이비-권력'을 갖게 되는 희열을 느끼게 되는 것이다. 개인들은 인간의 생명을 좌지우지할 수 있다는 신적 위치까지 넘볼 수 있게 하는 희열 때문에, 소수의 욕망에 의한 폭력적 매커니즘에 감염되어 그 자신이 야만적 폭력의 행사자로 쉽게 둔갑해버리는 것이다. 이러한 폭력의 감염성은 인간 존재 자체의 상실과 바로 직결된다. 결국 5·18이 소수의 권력에 대한 욕망이 '공권력'이라는 조직적인 매커니즘을 매개로 이루어진 학살이었다는 점에서 아우슈비츠를 통해 제기된 '인간이란 무엇인가?'라는 근원적인 질문을 피할 수는 없게 된다.

폭력성이 지향하는, 절대성에 대한 인간 욕망의 문제는 그 폭력에 대한 대응 논리에서 발견되는 절대성 혹은 그것에 내재된 또다른 형태의 폭력성에 대한 반성을 유도한다.

> 나는 세계의 실체에 닿은 유일한 길 위에 서 있다고 믿었다. 타락하고 오욕투성이인 세계가 지향해야 할 절대적 세계의 모습. 그곳으로 향하는 유일한 길. 곧고 선명한 그 길은 나의 소중한 삶의 길이었다. 인간의 눈앞에 수많은 길이 있지만, 오직 그 길만이 세계의 심연을 향하고 있었다. 그것은 끊임없는 싸움의 길이었지만, 또한 나를 절대화함을 뜻한다. 그 길 위에 서지 않은 자를 질타하는 나의 절대성. 이 절대성은 예언자적 열정을 낳는다. 이 길을 믿지 않는 자, 너희들은 악한 자이며, 멸망하리라.
>
> —「완전한 영혼」, pp. 906~907

지성수는 '세계가 객관적으로 존재하며, 이 세계를 진보의 방향으로 움직이게 하는 객관적 진리가 있다고 믿'고 선과 악을 절대적으로 구분하며 '세계의 악에 대한 증오로 무장된 실천가'이다. 그런 그가 광주항쟁 때 자신을 위해 진압군에게 상해를 입었던 '장인하'와의 만남과 혹독한 고문을 통해 변혁 운동이 가질 수 있는 또다른 폭력적 논리의 문제를 깨닫게 된다. 80년대 이후 지상의 천국을 만들려는 노력들은, 우리들의 마음 속에 들어 앉은 혁명적 사상에 대한 확신이 만들어내는 도그마, 적과 동지의 구분이 만들어내는 증오와 원한의 감정 등 그들이 증오하고 파괴하려는 것들의 기만적인 속성들을 어느 사이 닮아 가고 있는 것이다. 인간의 진정한 자유를 획득하기 위한 변혁 논리가 인간에 대한 사랑을 그 바탕에 두지 않았을 때, 자신의 논리에 포섭되지 않는 인간의 무게가 느껴질 리 없다. 폭력적 사회에 대한 변혁을 목표로 할지라도 그것이 하나의 목소리만 용납할 때, 인간의 무게를 재는 방식 또한 그 논리의 저울로 달게 되는 우를 범할 것이다. 지성수의 독백은 절대적 권력을 극복하기 위한 변혁운동이 그 자체를 절대로 세우는 우를 범함으로써, 또 하나의 권력을 낳는다는 것을 말하고 있다. 운동논리 자체가 단선적 사고에 집착할 때, 그것은 자신이 대항하고자 하는 폭력성과 결국은 쌍생아적 존재에 불과할 수밖에 없다는 것이다. 이러한 반성은 변혁운동을 특정한 사상성의 문제가 아니라, 인간 현실의 본질적인 실존성의 차원에서 받아들이는 것으로 이해할 수 있다.

살핀 바와 같이, 폭력성이 발현되는 몇 가지 원리들에 대한 성찰은 5·18이 단순히 역사적 사건으로서 드러내는 현상적인 문제보다도 권력과 인간 욕망 그리고 폭력이라는 더욱더 인간의 본질에 가까운 문제로 인식될 수 있는 통로를 열어두고 있음을 알 수 있다.

5. 세계에 대한 대응과 구원의 방식

5-1. '식물적 정신'과 신성(神性) 획득

그렇다면 이러한 폭력적 세계로부터 개인을 구원할 수 있는 작가적 대안은 무엇일까? 텍스트상으로는 다양한 편차를 보이긴 하지만, 크게 나누어서 세계의 폭력성을 무력화시키는 방식으로 나타나거나 혹은 자폐적 공간에서 빠져나와 현실을 껴안기 위한 노력이라든지 은유적인 방식으로나마 세계의 진실을 알리려는 처절한 노력들로 나타난다.

전자는 대부분 정찬의 작품들에서 보여지는 것으로서 관념적 색체를 상당히 띠고 있는 것이 특징이다. 그는 타락한 세계에 대한 저항의 형식으로 순결한 원초적인 의식의 영역을 설정한다. 그것은 역사적 세계와 신화적 세계라는 서로 대립적인 구조 위에서 설명된다. 전자는 인간과 신이 자연의 일부가 되어 자유롭게 공존하는 공간으로, 모든 것이 원환을 이루면서 살아숨쉬는 역동적인 공간이다. 이 신화적 세계에 직선적인 시간과 역사가 도입되고, 이성과 관습과 질서, 문명 등으로 무장한 인간들이 난무하면서 역사적 세계가 도래하고 결국은 세계가 온통 폭력으로 감염되었다는 것이다. 따라서 인간이 폭력이 없는 이 신화적 세계로 가기 위해서는 일종의 자격이 요구되는데, 그것은 다름아닌 '식물적 정신'이라는 어린아이와 같은 순결한 정신의 획득을 통해서만 가능하다. 이 식물적 정신은 '악을 모른 정신'이다. 악을 모른다는 것은 무지를 의미하는 것이 아니라, 악이 부여한 '고통에 대응하는' 자세를 가리킨다. 그것은 다름 아닌 '바람이 불면 흔들리고, 비가 오면 젖고, 짐승의 이빨이 들어오면 찢기고, 꺾으면 꺾이고, 자르면 잘리는' 식물적 태도이다.

> 며칠이 지나자 벌레떼들이 그를 향해 새까맣게 기어왔다. 그는 조용히 이불 위에 누웠다. 내 너희들에게 먹히리라. 내 몸뚱이가 갈기갈기 찢기더라도 결코 굴복하지 않으리라. 너희들이 생명이라면 내 몸을 뜯어먹을 것이며, 내 몸을 다 뜯어먹으면 무엇을 먹을 것이냐. 먹을 것이 없어 허우적거리다 마침내 죽으리라.
>
> — 「새」, p.138

'박영일'은 항쟁 때 공수부대에게 폭행을 당한 후 그 기억을 잊기 위해 술을 마셔대다가 종국에는 알콜중독자가 되어버린다. 몇번의 병원 신세를 지면서도 고쳐지지 않다가 자신의 망가진 모습에 어머니가 자살한 이후, 결국 그 고통을 이겨내기 위해서는 고통을 감내하는 것이 유일한 길이라는 것을 깨닫게 된다. 인용문은 '박영일'이 흔히 점진섬망이라고 일컬어지는 알콜중독의 증세인 환촉, 환각과 싸우는 장면으로, 그는 벌레들에게 뜯어 먹힌 자신의 처참한 몸에서 뜻밖에도 5·18때 죽은 희생자들의 모습을 발견한다. 그리고 그 순간 '생명의 물소리'를 듣게 되고, '광주'가 고통이 아니라 세계에 대한 '사랑'의 한 방식이었음을 깨닫는다. '사랑이란 신성의 또 다른 표현'(「슬픔의 노래」)으로 '광주'는 우리가 '신성'을 획득할 수 있게 된 하나의 통로가 된다.

이렇게 '박영일'이라는 희생제의는 우리 사회에 대한 '광주'의 희생제의라는 방식으로 확대되면서, 세계를 폭력으로부터 구원할 수 있는 하나의 방식을 제시하게 된다. 즉 그것은 5·18이라는 희생제의를 통해 폭력의 정체를 세계에 드러내 보이고, 폭력적 세계가 부여한 고통을 고스란히 감내함으로써 폭력성 스스로를 무력화시킨다는 것이다. 폭력은 '인간에 의한 인간의 끝없는 살해 가능성'을 갖기 때문에 그것이 스스로 무력화되어 없어지지 않는 한 폭력으로부터의 구원은 요원할 수밖에 없기 때문이다.

5-2. 세계를 향한 전언(傳言)

폭력적 세계에 대한 개인들의 또다른 대응은 앞의 다소 관념적 대안에 비해 은유적 방식이나마 진실을 알리기 위한 몸짓을 보인다든지, 혹은 자폐성에서 빠져나오기 위한 노력들을 보임으로써 현실적인 목소리를 가지고 있다.

먼저, 자폐의식에서 서서히 벗어나려는 노력들은 자해에 가까운 자기 제물화를 감행했던 근원에 대한 자가진단으로 시작한다.

> 솔직히 얘기해 보게. 상주 자넨 그 사람이 다른 누구도 아닌 명부라고, 아니 꼭 그래야만 한다고, 기어코 명부가 아니어서는 안된다고, 스스로에게 그렇게 믿기를 강요하고 있는 건 아닌가?
>
> —「수의」, p.209

현장에서 만나자던 명부와의 약속을 지키지 못한 '상주'의 죄의식이 명부가 죽던 날 저녁 자신의 집을 두드리던 누군가의 목소리가 틀림없이 명부였을 거라는 확신으로 스스로 전이시켜버린 사실을 의사와의 대화를 통해 하나하나 되짚어 나가고 있다. 그것은 우리들의 죄의식이 만들어낸 강박관념일 뿐, 그 이상은 아무것도 아니라는 사실이다. 그리고 그 부끄러움이나 죄의식은 '도피'이자 '패배'를 의미하기 때문에 결국은 그 '자신의 감옥으로부터' 걸어나와 싸움을 시작해야 된다는 주변의 목소리에 귀를 기울이게 된다.

> 밖을 내다봐, 상주야. 싸움은 아직 끝나지 않았어. 어서 건강한 얼굴로 돌아오렴, 우리에게로. 병기가 가만히 손을 잡으며 그렇게 속삭이고 있었다.
>
> — 같은 책, p.216

텍스트의 결말은 내부로만 향하던 그의 의식이 세상의 목소리를 듣게 되면서 살아남은 자들의 '싸움'을 위해 세상으로 발을 내딛는 것을 암시하고 있다. 이는 역사적 존재로서의 자신를 다시 찾고자 하는 자아의 미약한 몸짓의 시작이다. 세계에 대한 대응은 그 폭력의 정신적 파장으로부터 자기 자신을 이끌어내는 데서 비로소 시작할 수 있는 것이다.

개인들의 또다른 대응방식은, 우리들의 '일상' 안에 비틀린 모습으로 존재하면서 우리들 현재의 의식 안에 '광주'의 기억을 끊임없이 전언하는 방식으로 드러나고 있다.

> 라면상자 안에는 헤아릴 수 없이 많은 편지봉투가 쌓여 있었다. (중략) 겉봉이 뜯긴 것도 있었지만 봉한 채로 있는 것이 태반이었다. 겉봉에는 온갖 사람들 이름이 써 있었다. 박관현 윤상원 신영일 박용준 홍비오 전인하 김영빈 카터 김대중 노신 윤기현 김양래 윤장현 고리끼 황석영 똘스또이 최권행 윤한봉 김영심 김상윤 정현애 박형선 윤경자 최연석 박경희 박효선 김현장 김영애 오창규 임영희 정향자 김은경 이강 홍성담
>
> — 「그대에게 보내는 편지」, p.266

'박형일'은 항쟁에 관련되어 감옥에 들어갔다가 혹독한 고문을 받은 뒤 정신이상을 보이지만 그대로 방채되어 버린 것이 문제가 되어 뇌수함몰증이라는 진단을 받고 정신병원에 수용되어 있는 인물이다. 그의 현재

의식상태는 정확하게 80년 5월에 머물러 있다. 항쟁 때 이미 죽어버린 인물들이 그의 기억 속에서는 살아 움직이며, 항쟁은 여전히 진행 중이다. 그는 항쟁이 지금 어떻게 진행되고 있으며, 그리고 그와 관련된 한반도의 문제가 무엇인지에 대해 자신의 주변에 아직 살아있다고 생각하는 사람들에게 날마다 편지를 쓴다. 그러나 그의 편지는 겉봉도 뜯기지 않은 채 쌓여져 갈 뿐이다.

받을 사람없이 박스 채 쌓여져 있는 그의 편지뭉치들은 우리들의 망각 속에 뭉쳐져 있는 '광주'에 다름아니다. 그의 편지 쓰는 행위는 일상 속에서 그를 잊고 사는 '영빈'처럼 바로 80년의 '광주'를 잊고 사는 우리들에게 보내는 전언 행위인 것이다.

이외에도 '광주'의 모습이 환취나 환영이라는 은유화된 양태로 드러나기도 한다.

> '저는 지금 정체를 알 수 없는 독가스와 독극물로 인해 날마다 죽어가고 있습니다. 제발 저를 살려 주십시오. – 단식 사흘째.' (중략) 지긋지긋하고 끔찍스러운 이 독가스 냄새는 대관절 어디서 이렇게 꽃가루같이 풀풀풀 날아오는 것일까요. 네. 다른 사람들은 모두 아무렇지도 않게 살아가고 있는데 어째서 하필 나 혼자만 이렇게 고통을 당해야 하는 것인지, 정말이지 난 모르겠다니까요. 선생님. 　　　　　　　　　　– 「직선과 독가스」, p. 384

지방신문 시산만평에 만화를 그리고 있는 '나'는 항쟁이 지난 몇년 후 5월을 맞자 그와 관련된 내용을 그려넣었다가 기관원들에게 붙들려 간다. 백색 방에서 며칠을 지낸 그는 아무런 조사를 받지 않았음에도 불구하고 이미 정신적으로 지쳐버린다. 그는 자신도 모르는 새에 정신적 고문을 받앉던 것이다. 더군다나 풀려나면서 빨치산 전력을 가진 큰아버지의 이름 석 자가 기관원의 입을 통해 그의 뒤통수에 꽂히는 순간 그는 알 수 없는 힘이 자신의 발목을 붙잡고 있다는 사실을 깨닫는다. 그 후부터 그는 이상한 독가스 냄새가 자신의 주위를 싸고 있다는 환취에 더이상 만화를 그릴 수가 없게 되고 직장에서도 쫓겨난다. 그는 독가스 냄새 속에서 항쟁 때 죽은 처참한 모습을 한 희생자들의 환영을 동시에 보게 되고, 자신 또한 독가스 때문에 언젠가는 죽게되고 말 것이라는 생각에 이를 세상에 알리기 위해 피킷을 들고 거리로 나선다. 그러는 그를 사람들은 정신병자 취급을 해버리지만, 그는 독가스의 정체를 세상에 알려야 한다는 생각으로 며칠째 계속해서 그 피킷을 들고 '자신을 살려달라'고 외치는 것이다.

'박형철'과 만화가인 '나'의 정신질환자로서의 비틀린 모습은 바로 우리들의 자화상이며, 뜯어지지 않은 편지뭉치나 '나'를 정신병자 취급하는 '그들의' 웃음은 우리 자신을 향한 비웃음이다. 따라서, 그들의 편지나 피킷 구호는 일상의 망각 지대에 사는 우리들 자신에게로 보내는 전언에 다름아니다. 일상 속에서 완전히 망각해버린 '항쟁'의 기억을 그들은 그 기억과 만나고 있는 자신의 존재를 통해 깨우치고 있는 것이다.

6. 결론

문학이 세계 함의성을 가지고 있다는 것에는 이론의 여지가 없다. 특히 소설은 사회역사적 조건의 의미와 가치를 다른 장르보다 더 직접적으로 밝혀주며 문제 삼기 때문에, 그 형식들은 사회의 '삶의 제형식'들과 끊임없이 교신을 주고받을 수밖에 없다. 이는 소설을 구성하고 있는 형식적 대상들이 작가 정신과, 당대 정신의 형식 혹은 현실의 형식과 겹쳐져 있음을 의미한다. 그러나 문학이 작가가 '세계를 파악하는 형식들인 동시에 발언 형식'이라는 점을 생각할 때, 당대에 대한 철저한 역사의식이 요구되는 것은 마땅하다. 특히 5·18과 같은 특수한 역사적 사건을 문제 삼고 있는 텍스들에서는 더욱 그러하다. 여기서는 앞에서 다루었던 항목들이 역사성의 측면에서 가질 수 있는 몇 가지 문제들을 짚어보고자 한다.

첫째, 자폐의식과 관련된 '광주'의 개별화의 문제이다. 무엇보다도 자폐성은 텍스트의 중심이 개인의 내부로 쏠리는 '독백' 형식에 놓여 있다는 데 근거한 것이었다. 세계와 단절된 개인의 목소리는 당연히 내부로 향할 수밖에 없고 그것의 서술적 형식의 반영이 바로 '독백'이라는 점에서는 문학적 진실에 대한 작가의 지향성을 위한 장치로 볼 수도 있다. 그러나 문제는 텍스트들에서 '독백'이 '고백'이라는 형식을 동반하고 있다는 사실이다. 사실 '고백'은 본래 '나는 아무것도 감출 것이 없다'는 형식으로, 이는 결국 '여기에 진실이 있다'라는 다른 표현에 지나지 않는 것이다. 다시 말해 작가가 독자에게 세계의 진실을 환기시키기 위한 방식으로 이러한 서술방식을 쓸 수 있다는 것이다. 문제는 '여기에 진실이 있음'이라는 전언이 독백 구조가 필연적으로 만들어내는 윤리적 죄의식에 의한 자기제물화와 겹쳤을 때이다.

잘 알려져 있다시피, '독백'은 전통적으로 독자의 연민을 통제하는 가장 효과적인 수단으로 사용되고 있는 서술방식이다. 따라서 독자는 텍스트가 구조화하는 방식에 따라 자연스럽게 독서해나가는데, 이때 자칫 독자는 도처에 흩어져 있는 상호적 폭력을 단 한 개인의 끔찍한 범죄로 대체시킬 수도 있다는 것이다. '광주'가 집단적 차원에서가 아닌 개인의 윤리적 혹은 자폐적 차원으로 텍스트가 남아있는 경우, 독자의 독서행위 또한 자칫 그 경로를 따라 움직일 수 있기 때문이다. 세계에서 개인의 선택과는 무관하게 벌어지는 폭력적 상황 속에서 그들이 어떤 위치에 놓여있든 그것에 대한 죄의식은 기실 개인의 윤리적 차원인 것이라기보다는 집단적 차원에서의 설명되어져야 할 일인 것이다.

두 번째로 문학작품의 현재성이라는 문제이다. 일반적으로 텍스트들은 그것이 생겨난 여러 가지 생성 조건들이 아니라 그 텍스트들이 오늘날에도 존재하는 현재성에 대한 조건들에 대해 질문을 받기 마련이다. 즉 한 텍스트가 현재 우리에게 어떤 적실성 있는 의의를 지니는가 하는 것이다.

텍스트들에서 보이는 폭력에 대한 일련의 성찰은 '광주'가 인류사 전반에 걸쳐 있는 폭력에 대한 일종의 메타포라는 것을 말해줌으로써 이 질문에 답하고 있다. 특히, 폭력의 문제를 단순한 신체적 정신적 상해의 차원이 아니라, 인간의 권력에 대한 욕망과 의사-욕망의 문제로 다루고 있는 것은 상당한 깊이를 보여주고 있다. 인간의 실존의 문제로까지 육박하고 있는 이러한 성찰은 그러나 자칫 폭력이 인간 내부의 문제로 귀결됨으로써 몰역사성의 문제를 제기할 수 있다.

작품이 그것이 생성된 개별적인 연관으로부터 벗어남으로써 더 넓은 연관을 향해 자신을 열어 놓을 수 있다는 것은 사실이지만, 역사에 대한 거리 때문에 그 작품이 초역사적으로 되는 것은 아니다. 초역사적, 현재적이라는 것은 그것들이 무역사적인 영원한 가치를 지니기 때문이 아니라 그 작품들이 보여주고 있는 시대와 나중에 나타나는 시대 사이에 다리를 놓을 수 있기 때문인데, 그것들은 자기시대의 역사적 변증법을 자기 자신 속에 지니고 있음으로써만 동시에 자기시대를 넘어설 수 있다. 이런 점에서 폭력에 대한 성찰이 가진 현재성 또한 그것의 구체적인 역사적 사회적 조건들과 관련되지 않는 한, 관념성을 면할 수가 없다. 문학의 현재성은 문학의 역사성이 특수하게 나타난 양상이며, 바로 이것이 문학의 존재형태를 규정하기 때문이다. 따라서 작가에게 있어 인간 욕망과 관련된 실존의 문제와 구체적 역사성 사이의 긴장관계가 과제로 남게 된다.

세 번째로, 폭력적 세계에 대한 구원의 방식에 관련된 문제이다. 앞에서 '광주'는 우리 사회의 폭력성에 대한 대속(代贖)적 의미로 해석되고 있음을 보았다. 이것은 '광주'가 갖는 '사랑'의 의미, 그리고 그 희생으로서 세계에 '생명의 소리'를 들을 수 있게 해준다는 것에서 대속이 주는 긍정적 의미들을 이해할 수 있다. 그러나 대속으로서의 희생제의가 본래 '사회 구성원 전체를 대체하고 전체에게 봉헌되는, 즉 공동체 전체를 폭력으로부터 보호하는 것이며, 폭력의 방향을 공동체 전체로부터 돌려서 외부의 희생물에게로 향하게' 하는 형식이라는 것을 생각한다면 그리 단순한 것이 아니다. 이 희생제의는 내적 갈등, 숨은 원한, 경쟁심 등 집단 안의 모든 상호 공격 의사에 근거하여 희생물을 제물로 삼아서 행해지는 '집단전이'의 형식이다. 이 형식은 세계의 폭력성을 드러내는 데는 보다 수사적 기능을 할 수 있을지는 몰라도 폭력의 실체로 향한 시선을 무력화시킬 수도 있다는 사실을 알아야 한다.

이를 종합하자면 결국 텍스트의 역사성과 현재성이라는 문제로 귀결될 수 있는 바, 이는 역사적 사실을 충실하게 복원시켜 놓는다고 해서, 혹은 '인간 경험의 제 범주'라는 실존의 문제로만 확대시킨다고 해서, 더군다나 환각, 환취, 환영과 같은 은유적 방식으로는 충족될 수 있는 것들이 아니다. 작가의 올바른 역사인식이 문제되는 곳이 바로 이 지점이다. 그들이 인물로 하여금 세계와 적당한 화해를 거부하게 하는 것처럼 그들은 바로 이 두 가지 요소의 긴장 관계 안에서 벌이는 치열한 싸움을 텍스트를 통해 드러내야 하는 것이다.

문학, 서사, 기호

초판 1쇄 찍은 날 2005년 9월 15일
초판 1쇄 펴낸 날 2005년 9월 20일

지은이 정경운
펴낸이 송광룡
디자인 심미안
펴낸곳 문학들
주소 503-821 광주광역시 남구 양림동 24-18번지 2층
전화 062-651-6968
팩스 062-651-9690
메일 munhakdle@hanmail.net
등록 2005년 8월 24일 제2005 1-2호

값 10,000원
ISBN 89-957132-2-4 03800